실전 코드부터 배우는
실무 활용 파이썬 with 챗GPT

실전 코드부터 배우는
실무 활용 파이썬 with 챗GPT

초판 1쇄 인쇄 2025년 1월 21일
초판 1쇄 발행 2025년 1월 31일

지은이 박찬의
펴낸이 한준희
펴낸곳 (주)아이콕스

편집 윤진호
디자인 프롬디자인
영업 김남권, 조용훈, 문성빈
경영지원 김효선, 이정민

Education by Sympathy

주소 (14556) 경기도 부천시 조마루로 385번길 122 삼보테크노타워 2002호
홈페이지 www.icoxpublish.com
쇼핑몰 www.baek2.kr (백두도서쇼핑몰)
이메일 icoxpub@naver.com
전화 032-674-5685
팩스 032-676-5685
등록 2015년 7월 9일 제 386-251002015000034호
ISBN 979-11-6426-262-5 (13000)

실전 코드부터 배우는

박찬의(박가네데이터랩) 지음

실무 활용

파이썬

with 챗GPT

iCox
Education by Sympathy

엑셀 데이터 분석, 웹 크롤링, 메일 업무, 이미지 작업 등 일상 생활이나 업무를 하면서 반복적인 작업을 해야 할 때가 많이 있습니다. 실무에서의 반복 작업들을 각자의 방법으로 효율화하거나 자동화함으로써 업무에 소요되는 시간을 크게 단축시킬 수 있습니다. 업무 효율화 및 자동화 측면에서 파이썬은 매우 유용한 수단이 될 수 있습니다.

파이썬은 다양한 분야에서 널리 사용되고 있는 프로그래밍 언어로, 간결하고 쉬운 문법으로 누구나 쉽게 입문할 수 있으며 활용성도 매우 뛰어난 것으로 널리 알려져 있습니다. 또한 파이썬과 관련된 활발한 커뮤니티와 방대한 온라인 자료 및 라이브러리는 매우 잘 체계화 되어 있습니다. 누군가가 파이썬으로 구현하고자 하는 알고리즘이 있다면 이를 쉽게 구현할 수 있는 관련 라이브러리가 이미 있을 것이고, 그 과정에서 겪을 만한 시행착오를 이미 겪고 온라인 커뮤니티에 질문을 올려 답변을 구한 사람이 이미 있을 것이라는 말이 있을 정도입니다.

이렇게 유용한 파이썬을 각자의 상황에 활용하기 위해 파이썬 기초 문법부터 학습해야 할까요? 그렇지 않습니다. 실제로 많은 비전공자 분들이 파이썬에 입문하기 위해 기초 문법 공부부터 시작하지만, 실제로 원하는 기능을 구현할 수 있는 능력을 갖추기도 전에 학습 과정에서 이내 포기하는 경우가 대다수입니다.

이 책에서는 지루한 기초 문법 내용 대신 여러 상황에서 활용할 수 있는 파이썬 스크립트를 우선 소개하고 해당 스크립트가 어떻게 활용될 수 있는 지를 알아봅니다. 각 스크립트의 알고리즘을 이해하기 위해 필요한 최소한의 문법적 내용들은 코드의 활용을 알아본 이후에 짧게 소개하는 방식으로 해 입문자 분들이 흥미를 느낄 수 있도록 파이썬의 활용에 초점을 맞추었습니다.

특히 이 책에서는 예제 스크립트를 여러 상황에서 다양하게 활용하기 위해 챗GPT를 적극 활용합니다. 챗GPT는 파이썬 문법과 다양한 라이브러리에 대해 폭넓게 학습되어 있기 때문에, 원하는 알고리즘을 가지는 스크립트를 생성하거나 수정하고 스크립트를 디버깅하기 위하여 현업에서도 폭넓게 사용되고 있습니다.

챗GPT와 같은 인공지능은 프로그래밍 분야에서 떼려야 뗄 수 없는 관계가 되었습니다. 특히 초보자의 입장에서 부족한 프로그래밍 언어 문법 및 기초 지식을 챗GPT로 보완해 코드를 쉽게 수정하고 활용하는 것이 가능합니다. 이 책에서 소개하는 챗GPT 프로그래밍 활용법을 익히고 챗GPT와 함께 하는 파이썬 학습의 시너지를 직접 체험해 보시기 바랍니다.

이 책을 통해 간단한 일상 업무부터 복잡한 현업에서 파이썬이 얼마나 유용하게 활용될 수 있는지를 직접 확인하고 챗GPT와 함께 사용했을 때의 무궁무진한 활용 가능성을 체험해 볼 수 있을 것이라 기대합니다.

이 책을 학습하는 방법

이 책에서는 실무에서 유용하게 사용할 수 있는 파이썬 활용 예제들을 여러 상황에서 다양하게 활용할 수 있도록 챗GPT를 적극적으로 활용합니다. CHAPTER의 앞 부분에 파이썬 스크립트의 기본적인 내용을 설명하고, 이를 기반으로 다음과 같은 형식으로 프롬프트(질문)를 챗GPT에 전달하고 답변을 받습니다. 위쪽은 챗GPT에 전달하는 프롬프트이며, 이에 대한 챗GPT의 답변은 아래쪽에 표시됩니다.

> 😀 아래 코드는 폴더 내 존재하는 [YYYY-MM] 형식의 csv 파일들을 동일한 연도에 해당하는 폴더로 분류해 복사하는 스크립트야. 해당 알고리즘을 기반으로 아래 수정사항을 반영해 스크립트를 수정해 줘.
>
> ① 파일을 분류하는 기준을 동일 연도가 아니라 짝수 연도, 홀수 연도 기준으로 변경해 줘.
> ② '짝수 연도', '홀수 연도' 두 개의 폴더를 생성하고 여기에 각각 짝수 연도, 홀수 연도에 해당하는 파일들을 분류하고 복사해 줘.
>
> 이 곳에 [filename_sorting.py] 스크립트의 내용을 복사해 붙여넣습니다.

> ⚙️ 아래는 파일을 짝수 연도와 홀수 연도로 분류해 각각의 폴더에 복사하는 수정된 스크립트입니다.

```python
import os
import shutil
import re

# 1. 입력 폴더 경로
input_folder = '이 곳에 폴더 경로를 입력합니다'

(중략)

        src_file_path = os.path.join(input_folder, file)
        dest_file_path = os.path.join(dest_folder, file)
        shutil.copy2(src_file_path, dest_file_path)
```

⑤ 수정된 스크립트에서는 다음과 같은 변경 사항이 반영되었습니다.

① 짝수 연도 및 홀수 연도 폴더를 생성합니다.
② 파일명을 검사해 짝수 연도와 홀수 연도에 따라 해당 폴더에 파일을 복사합니다.

이 스크립트를 실행하면 입력 폴더 내에 있는 [YYYY-MM].csv 파일들이 짝수 연도와 홀수 연도 폴더로 분류되어 복사됩니다.

이 책에서 소개된 스크립트는 파이썬 3.12.3 버전이 설치된 아나콘다 가상환경에서 테스트됩니다. 책에서 소개하는 주요 파이썬 라이브러리의 버전은 아래 표에서 확인하시기 바랍니다. 책에서 소개하는 모든 예제 코드는 Windows 운영체제에서 Jupyterlab 혹은 Visual Studio Code 통합 개발 환경을 사용해 테스트했습니다. Jupyterlab 및 Visual Studio Code의 설치 방법은 아래에서 소개합니다.

● 이 책에서 사용하는 아나콘다 가상환경 내 주요 라이브러리의 버전

이름	버전		이름	버전
pandas	2.2.2		pyqt5	5.15.10
plotly	5.22.0		pynput	1.7.7
streamlit	1.32.0		pillow	10.3.0
requests	2.32.2		pillow_heif	0.16.0
beautifulsoup4	4.12.3		piexif	1.1.3
selenium	4.22.0		folium	0.17.0
openpyxl	3.1.3		pytesseract	0.3.10
xlwings	0.31.4			

이 책에서 소개하는 파이썬 스크립트 및 데이터셋, 이미지 파일 등은 아래 링크에서 다운받을 수 있습니다.

🏠 URL https://github.com/Chaneui/python_GPT_application

챗GPT 답변의 다양성

이 책의 원고를 작성하는 시점은 2024년 5월로, 이 책에서 다루는 챗GPT 관련 모든 내용은 GPT-4o 모델을 기반으로 작성되었습니다. 챗GPT는 같은 맥락과 질문에 대해 항상 같은 답변을 하지는 않습니다. 아래 예시에서 챗GPT에게 커피의 긍정적인 효과와 부정적인 효과를 설명해 달라고 질문해 보겠습니다. 다음과 같이 프롬프트를 작성했습니다.

> 💬 **커피의 긍정적인 효과와 부정적인 효과를 간단히 설명해 줘.**
>
> 🌀 **커피의 긍정적인 효과**
> 1. **각성 효과**: 커피의 주성분인 카페인은 중추신경계를 자극해 피로를 줄이고 집중력을 높여줍니다.
> 2. **항산화 성분**: 커피에는 폴리페놀과 같은 항산화 물질이 풍부해 세포 손상을 방지하고 염증을 줄이는 데 도움을 줍니다.
> 3. **인지 기능 향상**: 카페인은 단기적으로 기억력과 인지 기능을 향상시키는 효과가 있습니다.
> 4. **신체 대사 촉진**: 카페인은 신진대사를 촉진하고 지방 연소를 도와 체중 관리에 긍정적인 영향을 줄 수 있습니다.
> 5. **질병 예방**: 연구에 따르면 적당한 커피 섭취는 제2형 당뇨병, 파킨슨병, 알츠하이머병 등의 위험을 줄일 수 있습니다.
>
> 🌀 **커피의 부정적인 효과**
> 1. **수면 방해**: 카페인은 각성 효과로 인해 수면의 질을 저하시킬 수 있으며, 늦은 시간에 섭취하면 불면증을 유발할 수 있습니다.
> 2. **소화 장애**: 과도한 커피 섭취는 위산 분비를 촉진해 속쓰림이나 소화 불량을 일으킬 수 있습니다.
> 3. **불안 증상**: 고용량의 카페인은 불안감, 긴장감, 심박수 증가 등과 같은 증상을 유발할 수 있습니다.
> 4. **카페인 의존성**: 장기간 고용량의 카페인을 섭취할 경우 의존성이 생길 수 있으며, 이를 끊을 때 두통, 피로감 등의 금단 증상이 나타날 수 있습니다.
> 5. **뼈 건강 문제**: 일부 연구에서는 과도한 카페인 섭취가 칼슘 흡수를 방해해 골다공증 위험을 증가시킬 수 있다고 합니다.
>
> 이와 같이, 커피는 적당히 섭취할 경우 여러 건강상 이점을 제공하지만, 과도한 섭취는 여러 부작용을 초래할 수 있으므로 적절한 섭취가 중요합니다.

챗GPT가 커피의 긍정적인 효과를 각성 효과, 항산화 성분, 인지 기능 향상, 신진 대사 촉진, 질병 예방 총 5가지로 설명해 주고 있으며, 동시에 부정적인 효과 역시 수면 방해, 소화 장애, 불안 증상, 카페인 의존성, 뼈 건강 문제 5가지로 설명해 주고 있습니다.

다음 답변은 위와 동일한 프롬프트를 챗GPT와의 새로운 채팅에서 다른 시간에 다시 전달해 받은 결과입니다.

⊚ 커피는 전 세계적으로 많은 사람들이 즐기는 음료로, 긍정적인 효과와 부정적인 효과를 모두 가지고 있습니다. 다음은 그 주요한 내용들입니다.

....

긍정적인 효과
1. 각성 효과: 커피에 포함된 카페인은 중추신경계를 자극해 피로를 줄이고 집중력을 향상시킵니다.
2. 항산화 작용: 커피에는 항산화 물질이 다량 함유되어 있어 세포 손상을 방지하고 노화를 늦출 수 있습니다.
3. 운동 성능 향상: 카페인은 운동 중 지구력을 높이고, 운동 후 피로 회복을 돕는 효과가 있습니다.
4. 인지 기능 개선: 커피는 기억력과 인지 기능을 일시적으로 개선하는 데 도움을 줄 수 있습니다.
5. 질병 예방: 일부 연구에서는 커피 섭취가 특정 질병, 예를 들어 제2형 당뇨병, 파킨슨병, 알츠하이머병 등의 위험을 줄일 수 있다고 보고합니다.

부정적인 효과
1. 수면 장애: 카페인은 수면의 질을 저하시킬 수 있으며, 과도한 섭취는 불면증을 유발할 수 있습니다.
2. 불안감 증가: 높은 카페인 섭취는 불안감과 긴장감을 증가시킬 수 있습니다.
3. 위장 문제: 커피는 위산 분비를 촉진해 위식도 역류 질환이나 소화불량을 유발할 수 있습니다.
4. 심박수 증가: 커피는 심박수를 증가시켜 고혈압이나 심혈관 질환이 있는 사람들에게 부정적인 영향을 미칠 수 있습니다.
5. 중독 및 금단 증상: 장기적인 고카페인 섭취는 카페인 의존성을 유발할 수 있으며, 섭취를 중단했을 때 두통, 피로 등의 금단 증상이 나타날 수 있습니다.

커피는 적절히 섭취할 경우 긍정적인 효과를 누릴 수 있지만, 과도한 섭취는 건강에 부정적인 영향을 미칠 수 있으므로 적정량을 유지하는 것이 중요합니다.

다른 시점에 동일한 프롬프트를 챗GPT에 전달 했을 때 위와 같은 결과를 얻었는데, 두 가지 질문의 차이점이 보이시나요? 우선 두 번째 답변에서는 맨 처음 긍정적인 효과를 설명하기 전에 "커피는 전 세계적으로~"와 같은 도입문이 보입니다. 또한 부정적인 효과의 각 꼭지의 제목이 다른 것을 확인할 수 있습니다. 좀 더 세부적으로는 각 꼭지의 세부 내용에서 이두가 조금씩 다릅니다.

이처럼 챗GPT에 동일한 프롬프트를 전달하더라도 챗GPT의 답변은 대화의 맥락에 따라서, 모델의 버전에 따라서, 그리고 매 질문마다 다양하게 표현될 수 있습니다. 이 책에서는 각 CODE에서 소개한 파이썬 예제 코드를 활용하기 위해 챗GPT에게 도움을 요청하는 부분을 다루는데, 책에서와 동일하게 프롬프트를 작성하더라도 이와 같은 이유로 책에서 소개하는 것과는 다른 답변을 얻을 수 있습니다.

하지만, 위 커피 예시에서 확인할 수 있듯이 답변의 세부 내용이 약간 다르더라도 두 가지 답변이 전달하고자 하는 바는 동일한 것을 확인할 수 있습니다. 프로그래밍 관점에서도 동일한 알고리즘으로 동작하는 앱은 여러 가지 형태로 코딩될 수 있으며, 어떤 코드가 올바른 코드인지에 대한 정답은 없을 수 있습니다. 따라서 챗GPT의 "다른" 답변이 "틀린" 답변은 아니라는 관점에서 본 도서를 학습하시기 바랍니다.

이 책을 학습하기 위한 초간단 기초 파이썬 문법

이 책에서는 파이썬 문법에 대한 지루한 내용보다는 파이썬의 활용 예제를 소개하고 파이썬의 유용성을 깨닫게 하는 것에 초점을 맞추었습니다. 따라서 여러 파이썬 예제 스크립트의 알고리즘을 설명하기는 하지만, 코드 한 줄 한 줄의 의미보다는 전체의 흐름의 이해를 돕도록 구성했습니다.

만약 파이썬을 학습하신 적이 있거나 다른 프로그래밍 언어를 학습하신 적이 있다면 이 책에서 설명하는 스크립트 알고리즘의 흐름을 이해하는 것에 큰 어려움이 없겠지만, 만약 파이썬이나 프로그래밍 언어를 한 번이라도 학습한 적이 없는 분들이라면 아무런 기본 지식 없이 이 책에서 소개하는 내용을 따라오는 것이 버거울 수 있습니다.

그래서 본격적인 학습에 앞서 파이썬을 처음 접하시는 분들을 위해 파이썬 기초 문법을 최소한으로 소개합니다. 파이썬 프로그래밍을 해보셨거나 기초 문법을 학습한 적이 있으신 분들은 이 내용을 건너뛰고 바로 **CHAPTER 0** 또는 **CHAPTER 1**로 넘어가도 좋습니다.

● 변수 선언하기

파이썬을 포함해 다양한 프로그래밍 언어에서 변수의 사용은 필수적입니다. **변수**는 데이터를 참조하기 위한 이름으로, 특정 값을 저장하며 필요할 때마다 이를 호출해 사용할 수 있게 합니다.

파이썬에서는 다음과 같이 변수를 선언하고 값을 할당할 수 있습니다.

```
변수 이름 = 값
```

등호(=)를 기준으로 왼쪽에는 **변수 이름**을 설정하며, 오른쪽에는 **해당 변수에 할당할 데이터**를 입력하게 됩니다. 즉, 등호를 기준으로 오른쪽의 데이터를 왼쪽 변수에 할당한다고 이해하시면 됩니다.

다음 예시에서는 **age**라는 이름을 가지는 변수에 **25**라는 값을, **name**이라는 변수에 **Alice**라는 값을 할당합니다.

```
age = 25
name = "Alice"
```

그렇다면 변수를 왜 사용하는 것일까요? 변수를 사용하면 코드의 가독성이 높아지고, 동일한 값을 여러 번 반복해 사용하는 경우 코드의 유지보수성을 증가시킵니다. 변수를 사용해 복잡한 계산, 데이터 저장 및 처리, 사용자 입력 관리 등을 손쉽게 처리할 수 있습니다. 다음 예시를 살펴봅시다.

```
area = 10 * 15
area2 = 10 * 15 * 2
area3 = 10 * 15 * 3
```

너비와 높이를 곱해 넓이를 구하는 간단한 연산입니다. 이때 너비에 해당하는 10을 15로 변경해야 한다고 가정해 보겠습니다. 그러면 10을 모두 찾아서 15로 변경해 주어야 해서 아주 번거롭습니다.

하지만 변수를 사용하면 어떨까요? 그러면 다음과 같이 **width** 변수를 선언할 때의 값만 10에서 15로 변경해 주는 것만으로도 모든 width 값을 15로 변경할 수 있습니다.

```
width = 15
height = 15
area = width * height
area2 = width * height * 2
area3 = width * height * 3
```

● 대표적인 파이썬 자료 구조, 리스트와 딕셔너리

파이썬에서는 데이터를 담을 수 있는 다양한 자료 구조를 제공합니다. 그 중에서 많이 사용되는 리스트와 딕셔너리 자료 구조를 간단히 알아보겠습니다.

리스트는 하나 이상의 데이터를 저장할 수 있는 자료 구조로, 리스트에 포함되는 각각의 데이터는 순서를 가지며 변경이 가능합니다. 리스트는 다음과 같이 대괄호([ ])를 사용해 정의할 수 있으며,

그 안에 데이터들을 콤마를 기준으로 나열합니다.

```
리스트 이름 = [값1, 값2, 값3, … 값n ]
```

리스트 내 각 요소(데이터)들을 개별로 지칭할 수 있는데 이를 인덱싱이라고 합니다. **인덱싱**은 맨 처음 요소를 0으로 지칭하며 그 오른쪽 요소로 넘어갈 때 마다 1씩 증가하는 인덱스를 가집니다. 예를 들어 다음 그림에서 **my_list** 변수에 할당된 두 번째 요소 2를 지칭하기 위해서는 **my_list[1]**과 같이 인덱싱할 수 있습니다.

```
my_list = [1, 2, 3, "four", 5.0, 6, 'eight']
인덱스 [0] [1]      [3]           [6] (혹은 [-1])
```

일반적으로 인덱싱은 가장 왼쪽에서 0부터 시작해 오른쪽으로 가며 1씩 증가하는 인덱스를 가지지만, 맨 오른쪽을 -1 인덱스로 해 왼쪽으로 갈수록 1씩 감소하는 방식으로도 인덱싱도 가능합니다.

리스트 슬라이싱을 통해 두 개 이상의 원소를 가져올 수도 있습니다. 기본적인 슬라이싱은 [n:m]과 같이 콜론을 기준으로 두 개의 정수 n과 m을 전달하게 되는데, n+1번째 원소부터 m번째 원소까지 연속된 요소를 가져오게 됩니다.
다음과 같이 앞서 정의한 my_list를 [1:4]로 슬라이싱하며 두 번째 원소(2)부터 4번째 원소(four)까지 연속된 요소들을 가져오게 되므로 출력값은 [2, 3, 'four']가 됩니다.

```
my_list[1:4]
```

파이썬의 **딕셔너리**는 키-값 쌍을 저장하는 데이터 구조로 중괄호({ })를 사용해 정의합니다. 각 키는 중복될 수 없으며 키와 값은 콜론을 이용해 구분하고, 각 키:값 쌍은 콤마를 기준으로 구분합니다.
딕셔너리는 이름 그대로 사전(Dictionary) 형식으로 데이터를 저장하는 자료 구조로, 키를 이용해 데이터에 손쉽게 접근할 수 있어 자주 사용되는 중요한 자료형입니다.

다음은 **my_dict** 변수에 딕셔너리를 생성하는 예시입니다. 이 딕셔너리는 name, age, city 세 가지 키를 가지며, 각각의 키에는 John, 25, New York이라는 값(value)이 할당됩니다.

```
my_dict = {'name' : 'John', 'age':25, 'city':'New Yotk'}
            └─┬─┘   └─┬─┘
             키      값
```

이처럼 딕셔너리에 키:값 쌍이 할당된 후에는 각 키를 인덱스로 사용해 키에 할당되어 있는 값을 불러올 수 있습니다. 다음 코드처럼 name과 age 키를 인덱스로 전달하면 각각 John, 25가 호출됩니다.

```
my_dict['name']  # John
my_dict['age']   # 25
```

● for 반복문

for 반복문은 리스트 등 하나 이상의 원소를 가지는 데이터에서 요소 하나하나를 가져오며 특정 코드 블럭을 반복해 실행하는 구조입니다. for 키워드 뒤에 변수와 in 키워드를 사용해 시퀀스를 지정하고, 그 다음줄에 반복할 작업을 들여쓰기로 작성합니다. 반복문이 실행되면 시퀀스의 첫 번째 데이터부터 마지막까지 차례대로 변수에 할당되며 지정된 작업이 반복적으로 수행됩니다.

다음은 for 반복문의 기본 구조를 보여주며, 3개의 데이터를 가지는 fruits 리스트 변수에서 데이터를 하나씩 가져와 반복문 안쪽에서 print 함수를 이용해 출력합니다. 다음 코드를 실행하면 apple, banana, cherry가 순서대로 출력됩니다.

```
fruits = ["apple", "banana", "cherry"]
         하나씩 받아올 요소   순회 가능한 데이터
            ┌─┴─┐     ┌──┴──┐
for fruit in fruits:  ┐
    print(fruit)      ┘─ 들여쓰기로 코드 블럭 구성
```

● if 조건문

파이썬의 if 조건문은 특정 조건의 참, 거짓 여부를 판단하고, 그 조건문이 참인 경우에만 코드를 실행하는 제어 구조입니다. if 뒤에 참 혹은 거짓으로 표현될 수 있는 조건식이 따라오며, 조건식이 참인 경우에만 해당 조건문 아래쪽에 들여쓰기를 통해 따라 오는 부분이 실행됩니다.

다음은 number 변수에 3을 할당한 후 아래쪽에 if 조건문을 이용해 number 변수가 0보다 큰 경우 "입력한 숫자는 양수입니다." 구문을 print 함수를 이용해 출력합니다. 이때 조건식이 참인 경우 실행할 코드 블럭은 for 반복문과 동일한 구조로 들여쓰기를 통해 나타냅니다.

```
number = 3

          조건식
if number > 0:
    print("입력한 숫자는 양수입니다.")
```

● 간단한 예제 스크립트 구조 살펴보기

이번에는 간단한 파이썬 예제 스크립트를 살펴보며 파이썬 스크립트가 어떤 형태로 구성되는지 살펴보도록 하겠습니다.

```
1    import plotly.express as px
     import pandas as pd

2    df = pd.read_clipboard()

3    fig = px.box(
         data_frame=df, x='species', y='body_mass_g',
         width=400, height=350
     )

4    fig.show()
```

1 **import 키워드를 입력해 외부 모듈을 가져옵니다.**

```
import plotly.express as px
import pandas as pd
```

모듈은 파이썬 코드, 변수, 함수 등을 한 파일로 모아놓은 것으로 코드의 가독성과 재사용성을 높입니다. 이 예제 스크립트에서 임포트하는 모듈은 **plotly**와 **pandas**로, 각각 파이썬에서 데이터를 시각화하고 다루는 데 사용합니다. 해당 모듈들은 **CHAPTER 1**에서 자세히 다룹니다.

2 **df 변수를 생성하고 여기에 pd의 read_clipboard 함수의 반환값을 저장합니다.**

```
df = pd.read_clipboard()
```

pd는 1에서 불러온 **pandas**를 줄여서 선언한 것이며, 특정 모듈 내의 함수나 데이터를 사용하고자 한다면 이처럼 마침표(.)를 이용할 수 있습니다.

3 **px의 box 함수를 호출하고 그 결과를 fig 변수에 할당합니다.**

```
fig = px.box(
data_frame=df, x='species', y='body_mass_g',
    width=400, height=350
)
```

px는 1에서 불러온 **plotly express**를 줄여서 선언한 것입니다. 이때 box 함수에는 data_frame, x, y, width, height 인자를 전달합니다. 이처럼 함수를 실행할 때 함께 전달되는 인자들은 함수의 내부에서 변수처럼 사용되어 함수의 동작을 제어하는데 사용될 수 있습니다.

4 3에서 생성한 fig 변수에 show 메서드를 적용합니다.

```
fig.show()
```

메서드는 클래스 내에서 정의된 함수로, 함수의 일종이라고 이해하면 됩니다. 이처럼 메서드를 사용할 때에도 다른 모듈 내 정의된 함수나 데이터를 사용할 때처럼 마침표를 사이에 두고 사용합니다.

지금까지 소개한 내용 정도만 익혀 둔다면 이 책에서 소개하는 예제 스크립트와 알고리즘 소개 내용을 이해하는 데 큰 어려움이 없을 것이라 기대합니다.

CHAPTER
0.

실습 환경 구성하기

CHAPTER
2.

웹 크롤링

CHAPTER

3. 이메일 자동화

CHAPTER

4.

파일 자동화

CHAPTER
6.

이미지 파일 다루기

MEMO

CHAPTER

실습 환경
구성하기

이 책에서 다루고 있는 파이썬 프로그래밍 실습을 진행하기 위하여 먼저 해야 할 일들이 있습니다. 파이썬 가상환경에 대해 이해하고, 각 프로젝트에 맞는 개발환경을 관리할 수 있도록 아나콘다를 사용해 가상환경을 새로 만들고 설정하는 방법을 설명합니다.

또한 파이썬 프로그래밍을 위한 통합 개발 환경인 Jupyterlab과 Visual Studio Code의 설치 및 설정 방법을 안내합니다. 이 책의 CHAPTER 1에서는 Jupyterlab을 기반으로 학습을 진행하며, 나머지 CHAPTER에서는 Visual Studio Code를 이용해 학습을 진행합니다.

본문의 CODE별로 다양한 예제를 실습하기 위해 필요한 파이썬 패키지 및 라이브러리의 설치 방법에 대해서도 설명하고 있으니 미리 알아두기 바랍니다.

01
STEP

파이썬 가상환경 설치 및 설정하기

이 책의 본격적인 내용을 학습하기에 앞서 파이썬 프로그래밍을 하기 위한 개발 환경을 설정하는 방법을 설명드리겠습니다. 우선 파이썬 가상환경에 대해서 알아두셔야 합니다. 파이썬 가상환경은 특정 프로그래밍 프로젝트를 독립적으로 관리하기 위한 공간(환경)이라고 생각하시면 됩니다. 예를 들어 우리가 PC를 설치하고 세팅할 때, 하나의 물리적 저장 공간(SSD나 하드 디스크 등)에 파티션(C 드라이브, D 드라이브 등)을 나눠 각 파티션별 목적에 맞게 파일들을 저장하는 것과 비슷한 맥락입니다. 여기서 파이썬 가상환경이 각각의 파티션을 뜻합니다.

파이썬 개발을 위한 가상환경을 만들게 되면 각 가상환경은 서로 다른 파이썬 패키지 버전이나 종속성을 가질 수 있으며, 시스템 전체의 파이썬 환경과 충돌을 일으키지 않고 개별적으로 각 프로젝트에 맞는 개발 환경을 관리할 수 있게 해줍니다. 따라서 이 책을 학습하기 위한 가상환경을 새로 만들어서 학습을 진행하도록 하겠습니다.

우선 아나콘다 (Anaconda) 공식 홈페이지로 접속해 아나콘다를 다운받고 설치합니다. 아나콘다는 다양한 패키지와 개발 도구를 포함해 사용자가 빠르게 환경을 설정하고 필요한 패키지를 쉽게 관리할 수 있게끔 해 주는 프로그램입니다. 아나콘다를 사용하면 가상환경을 보다 효율적으로 관리할 수 있어, 여기서는 아나콘다를 이용해 가상환경을 생성하고 설정하는 방법을 소개하려고 합니다.

사전 준비 1 | 아나콘다 설치하기

우선 아나콘다를 설치하는 방법부터 소개하겠습니다.

01 다음 ULR을 입력해 아나콘다 공식 홈페이지에 접속합니다.

🏠 **URL** https://www.anaconda.com/download

02 오른쪽 'Provide email to download Distribution'에 **이메일 주소를 입력**하고 **[Submit] 버튼**을 클릭하면 입력한 이메일로 아나콘다 다운로드 링크가 전달됩니다.

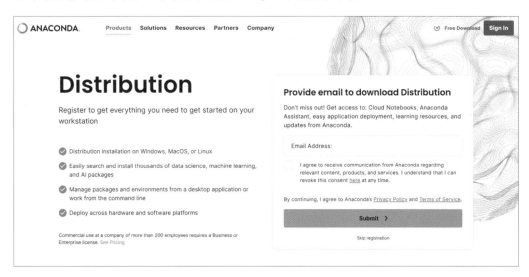

▶ 이메일 주소 입력란 아래의 체크박스는 홍보 메일을 수신할지 여부를 선택하는 것으로, 체크하지 않아도 됩니다.

03 이메일로 전달 받은 링크를 이용해 아나콘다를 설치하면 다음과 같이 아나콘다 프롬프트 (Anaconda Prompt) 앱이 함께 설치됩니다. 이를 **더블클릭해 실행**합니다.

03 아나콘다 프롬프트를 실행하면 다음 그림과 같이 검은 화면의 커맨드 창이 나타나는데, 해당 커맨드 창에 **필요한 명령어를 입력**해 가상환경 설치, 활성화, 패키지 설치 등을 진행합니다.

커맨드 맨 앞의 괄호로 표현되는 것은 현재 활성화된 가상환경을 나타내며, 그림에 표시된 (base)
는 특정 가상환경이 활성화되지 않은 기본 상태라고 이해하면 됩니다. (base) 뒤로 C:₩와 같이
특정 경로가 나타나 있는데, 해당 경로는 커맨드가 현재 활성화된 경로를 뜻합니다.

사전 준비 2 가상환경 설정하기

아나콘다를 설치하고 아나콘다 프롬프트를 실행했으면 이제 가상환경을 생성할 차례입니다. 가
상환경을 설정하는 방법은 다음과 같습니다.

01 우선 다음 커맨드를 입력해 가상환경을 생성합니다. 이때 [가상환경 이름]에 생성하고자 하
는 가상환경의 이름을 임의로 입력하면 됩니다. 이 책에서는 **python_book**으로 설정하도록 하겠
습니다.

```
conda create -n [가상환경 이름]
```

```
(base) C:₩Users₩illbtm>conda create -n python_book
Retrieving notices: ...working... done
Channels:
 - defaults
 - conda-forge
Platform: win-64
Collecting package metadata (repodata.json): done
Solving environment: done

## Package Plan ##

  environment location: C:₩Users₩illbtm₩.conda₩envs₩python_book
```

02 가상환경 생성 도중 "Proceed ([y]/n)?"과 같은 입력 멘트가 나타나면 **y**를 입력해 설치를 계속
합니다.

```
Proceed ([y]/n)? y

Preparing transaction: done
Verifying transaction: done
Executing transaction: done
#
# To activate this environment, use
#
#     $ conda activate python_book
#
# To deactivate an active environment, use
#
#     $ conda deactivate
```

03 가상환경 생성이 완료되면 이어서 커맨드를 입력할 수 있게끔 다시 입력 라인이 나타나는데, 이때 PC에 설치된 파이썬 가상환경의 목록(이름 및 경로)을 보려면 다음 명령어를 입력합니다.

```
conda env list
```

```
(base) C:\Users\illbtm>conda env list
# conda environments:
#
base                   *  C:\ProgramData
kiwc                      C:\ProgramData
kiwc                      C:\ProgramData
kiwc                      C:\ProgramData
kiwc                      C:\ProgramData
kiwc                      C:\ProgramData
PYTH                      C:\Users\illbt
fast                      C:\Users\illbt
pyth                      C:\Users\illbt
pyth                      C:\Users\illbt
```

04 이제 좀 전에 설치한 파이썬 가상환경을 활성화해 보겠습니다. 다음과 같이 **conda activate** 명령어를 입력하고 이후 **[가상환경 이름]**에 활성화할 가상환경의 이름을 입력합니다. 책과 똑같이 따라하고 있는 독자라면 [가상환경 이름]에 **python_book**을 입력합니다.

```
conda activate [가상환경 이름]
```

```
(base) C:\Users\illbtm>conda activate python_book
(python_book) C:\Users\illbtm>_
```

가상환경이 정상적으로 활성화되었는지 확인하기 위해서는 커맨드 라인 맨 앞의 괄호 안을 확인하면 됩니다. 아나콘다 프롬프트를 실행하면 (base)와 같이 기본값이 설정되어 있었는데 가상환경을 활성화하면 활성화된 가상환경의 이름이 base 대신 치환됩니다. 이 그림에서는 (python_book)을 확인할 수 있으며, 따라서 조금 전 생성한 python_book 가상환경이 성공적으로 활성화 된 것을 확인할 수 있습니다.

다시 (base)로 돌아가는 방법을 알아 보겠습니다. 활성화된 파이썬 가상환경을 다시 비활성화 하는 방법은 아래 명령어를 사용합니다.

```
conda deactivate
```

```
(python_book) C:\Users\illbtm>conda deactivate
(base) C:\Users\illbtm>
```

Jupyterlab 설치 및 설정하기

STEP

이 책에서는 파이썬 프로그래밍을 위한 통합 개발 환경(IDE)으로 **Jupyterlab**과 **Visual Studio Code** 두 가지를 사용합니다. Jupyterlab과 Visual Studio Code는 파이썬 개발을 위한 주요 IDE 들로, 각각 고유한 특징과 장점을 가지고 있습니다.

Jupyterlab은 노트북 스타일의 인터페이스로 "셀"이라고 지칭하는 코드의 부분 부분들을 개별적으로 실행해 결과를 즉시 확인할 수 있으며, 코드, 텍스트, 이미지, 비디오 등을 한 파일에서 통합적으로 작업할 수 있다는 특징이 있어 주로 데이터 분석, 교육 및 연구 분야에서 널리 활용되고 있습니다.

반면 **Visual Studio Code**는 소프트웨어 개발, 웹 개발 등 광범위한 프로그래밍에 사용됩니다. 전형적인 코드 에디터 스타일의 인터페이스를 가지고 있으며, 다중 파일 작업과 프로젝트 관리에 최적화 되어 있으며 강력한 디버깅 기능을 제공합니다. 이 책의 **CHAPTER 1**에서는 데이터 분석을 다루는데, 여기서는 Jupyterlab을 기반으로 학습을 진행하고, 이외의 **나머지 CHAPTER**에서는 모두 Visual Studio Code를 이용해 학습을 진행합니다.

사전 준비 1   Jupyterlab 설치하기

우선 Jupyterlab을 설치하겠습니다. 아나콘다를 실행한 후 아나콘다 프롬프트에서 다음 명령어를 입력합니다.

```
pip install jupyterlab
```

여기서 **pip**는 파이썬의 패키지 관리 도구를 의미하며, pip는 파이썬과 함께 설치되기 때문에 따로 설치할 필요는 없습니다. 새로운 라이브러리나 패키지가 필요할 때 **pip install [패키지 이름]** 형식의 명령어를 이용해 패키지 및 라이브러리를 설치할 수 있습니다. 따라서 명령어는 **jupyterlab**이라는 패키지를 설치해 달라는 뜻입니다. 패키지 및 라이브러리 설치 관련해서는 이후 STEP에서 좀 더 자세하게 다룰 예정입니다.

01 Jupyterlab 실행 방법을 알아보겠습니다. 실행하는 방법은 간단합니다. 아나콘다 프롬프트에서 **jupyter lab**을 입력하기만 하면 됩니다. 좀 전에 해당 패키지를 설치할 때는 jupyter와 lab을 붙여서 사용했지만, 여기서는 띄어쓰기 해야 하는 점을 유의하시기 바랍니다.

프롬프트에 **jupyter lab** 명령어를 입력하면 다음 그림과 같이 jupyterlab 서버가 작동하며 수 초 이내에 웹 브라우저가 실행되고 jupyterlab이 실행되는 것을 확인할 수 있습니다.

```
(base) C:\Users\illbtm>jupyter lab
[ 2024-06-02 09:08:27.516 ServerApp] Package jupyterlab took 0.0000s to import
[ 2024-06-02 09:08:27.595 ServerApp] Package jupyter_lsp took 0.0782s to import
[W 2024-06-02 09:08:27.595 ServerApp] A `_jupyter_server_extension_points` function was not found in jupyt
l. a `_jupyter_server_extension_paths` function was found and will be used for now. This function name wil
d in future releases of Jupyter Server.
[ 2024-06-02 09:08:27.633 ServerApp] Package jupyter_server_terminals took 0.0377s to import
[ 2024-06-02 09:08:27.634 ServerApp] Package notebook took 0.0000s to import
[ 2024-06-02 09:08:27.638 ServerApp] Package notebook_shim took 0.0000s to import
[W 2024-06-02 09:08:27.638 ServerApp] A `_jupyter_server_extension_points` function was not found in noteb
ead, a `_jupyter_server_extension_paths` function was found and will be used for now. This function name w
ted in future releases of Jupyter Server.
[ 2024-06-02 09:08:29.465 ServerApp] Package panel.io.jupyter_server_extension took 1.8244s to import
[ 2024-06-02 09:08:29.466 ServerApp] jupyter_lsp | extension was successfully linked.
[ 2024-06-02 09:08:29.474 ServerApp] jupyter_server_terminals | extension was successfully linked.
```

02 다음 그림은 웹 브라우저에 jupyterlab이 실행된 화면입니다. 왼쪽에서 볼 수 있는 ❶ 부분은 탐색기로, 파일들을 탐색하고 불러오기 위한 창입니다. ❷에서는 본격적으로 코드를 입력하고 실행하며, 실행 결과를 확인할 수 있습니다. 다음 그림은 초기 화면으로 코드를 실행할 수 있는 셀이 나타나 있지 않지만, 노트북 파일을 생성하고 실행하는 것은 이후에 다시 설명하겠습니다.

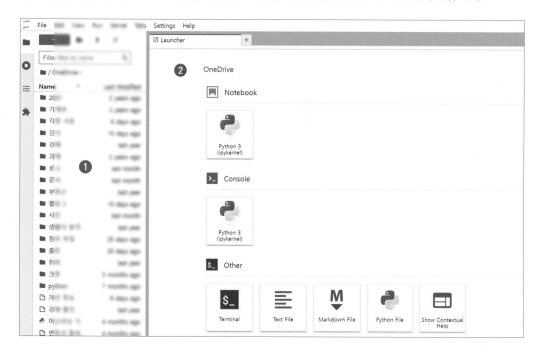

03 마지막으로, jupyterlab에서 파이썬 프로그래밍을 본격적으로 진행하기 위해서는 앞서 생성한 파이썬 가상환경이 jupyterlab에서도 작동할 수 있도록 설정할 필요가 있습니다. 이를 위해서다음 조치를 추가로 진행해야 합니다. 아나콘다 프롬프트에서 다음 명령어를 입력합니다.

```
python -m ipykernel install -- user -- name [가상환경 이름] -- display-name [가상환경 이름]
```

```
(base) C:\Users\illbtm>python -m ipykernel install --user --name python_book --display-name python_book
0.00s - Debugger warning: It seems that frozen modules are being used, which may
0.00s - make the debugger miss breakpoints. Please pass -Xfrozen_modules=off
0.00s - to python to disable frozen modules.
0.00s - Note: Debugging will proceed. Set PYDEVD_DISABLE_FILE_VALIDATION=1 to disable this validation.
Installed kernelspec python_book in C:\Users\illbtm\AppData\Roaming\jupyter\kernels\python_book
```

▶ 명령어를 입력한 후 "No module named ipykernel"과 같은 에러가 발생한다면 pip install ipykernel 명령어를 실행해 ipykernel를 설치한 후 다시 앞서 명령어를 다시 시도해 보시기 바랍니다.

04 다시 프롬프트에서 **jupyter lab** 명령어를 입력해 **jupyterlab**을 실행합니다. 그러면 다음 그림과 같이 앞서 생성했던 파이썬 가상환경의 이름을 가진 버튼이 생성됩니다. 이 책에서는 가상환경 이름을 **python_book**으로 설정했으므로, 해당 버튼이 생성된 것을 확인하시면 됩니다. 이후 **CHAPTER 1**을 학습할 때 jupyterlab 노트북 파일을 생성하기 위해서는 노트북을 생성할 파이썬 가상환경에 알맞는 이름의 버튼을 클릭해 노트북을 생성하면 됩니다.

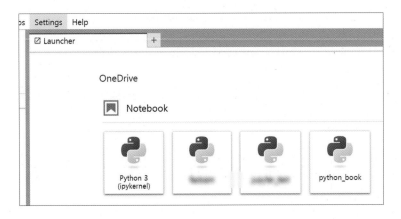

Visual Studio Code 설치 및 설정하기

이 책에서 **CHAPTER 1**을 제외한 **나머지 CHAPTER**는 Visual Studio Code를 이용해 파이썬 프로그래밍을 진행합니다. 앞서 설명한 바와 같이 Visual Studio Code는 파이썬을 포함해 다양한 프로그래밍 언어를 지원하고 여러 운영체제에서도 사용할 수 있으며 가벼운 설치 파일 및 실행 속도로 우수한 성능을 나타내는 유용한 IDE입니다.

사전 준비 1 Visual Studio Code 설치하기

우선 Visual Studio Code를 다운로드하기 위해 다음 URL을 입력해 공식 홈페이지로 접속한 후 **[Download for Windows] 버튼**을 클릭해 Visual Studio Code를 다운로드하고 설치합니다.

🏠 **URL** https://code.visualstudio.com

설치 완료한 후 Visual Studio Code를 실행하면 다음과 같은 화면을 확인할 수 있습니다.

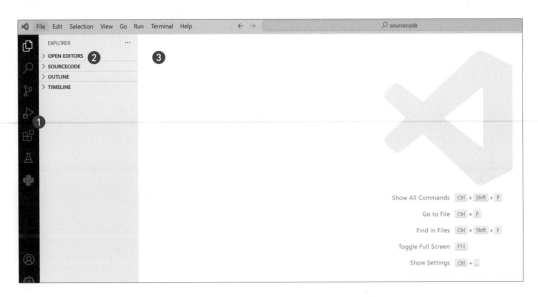

맨 왼쪽의 ❶ 툴바를 확인할 수 있는데, 이 곳에서 파일 탐색 및 프로젝트 관리, 스크립트 실행 및 디버깅, 확장 프로그램 설치 및 관리 등의 메뉴를 확인할 수 있습니다. ❶에서 특정 메뉴를 선택할 경우 ❷에서 해당 메뉴에 대한 세부 사항을 확인할 수 있습니다.

앞의 그림은 ❶에서 탐색기(explorer)를 선택한 상황이며, 아직까지는 생성한 스크립트나 파일 등이 없으므로 파일이 따로 표시되지는 않았지만, 이 책과 함께 제공되는 소스코드를 해당 탐색기로 불러와 넘나들며 프로그래밍을 진행할 수 있습니다.

❸은 본격적인 작업 윈도우입니다. 파이썬 스크립트나 여러 파일을 불러오면 해당 윈도우에서 열리게 되고 작업을 진행할 수 있습니다.

Visual Studio Code를 설치하고 기본적인 메뉴 구성을 알아봤으니, 이제 Visual Studio Code에서 파이썬 프로그래밍이 가능하도록 몇 가지 간단한 확장 프로그램을 설치해 보도록 하겠습니다.

01 다음과 같이 툴바의 확장 프로그램 (extensions) 버튼을 클릭하면 오른쪽 화면에 Visual Studio Code에서 활용 가능한 다양한 확장 프로그램 관리 메뉴가 나타납니다. 상단 검색 창에 **'python'**을 입력해 검색합니다. 검색 결과에서 확인되는 배포자가 Microsoft인 **Python, Python Debugger**를 클릭한 후 **[install]** 버튼을 클릭해 설치합니다.

▶ 설치가 완료되면 해당 해당 확장 프로그램에 [Disable] 버튼이 표시됩니다.

02 이제 Visual Studio Code에서 파이썬 프로그래밍을 할 준비가 거의 끝났습니다. 다시 왼쪽 툴바에서 **탐색기**를 클릭합니다. 이후 메인 메뉴 **[File]** - **[New File]**을 클릭하면 나타나는 팝업창에서 **[Python File]**을 클릭합니다.

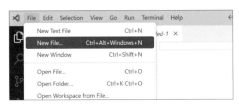

파이썬 스크립트를 만들었다면 생성되는 빈 페이지에 파이썬 프로그래밍하며 됩니다. 이때 Visual Studio Code에서 프로그래밍 한 스크립트를 테스트할 때 어떤 파이썬 인터프리터를 이용할지를 선택해야 합니다. 여기서 인터프리터란 사람이 이해하는 언어를 컴퓨터가 이해할 수 있는 언어로 변환해 주는 것이라고 이해하면 됩니다.

진행하는 프로젝트에 맞는 각자만의 가상환경에 해당하는 인터프리터를 사용해야 하는데, 이 책에서는 python_book이라는 가상환경을 생성했으므로, 해당 파이썬 인터프리터를 사용하겠습니다. Visual Studio Code에서 파이썬 인터프리터를 선택하는 단축키는 `Ctrl`+`Shift`+`P`입니다. 해당 단축키를 입력하면 다음 그림과 같이 Visual Studio Code 상단에서 드롭다운 메뉴가 나타납니다. 이때 **Python: Select Interpreter** 메뉴를 선택하면 PC에 설치된 가상환경 리스트가 나타납니다. 여기서 각 프로젝트에 적절한 파이썬 가상환경에 해당하는 인터프리터를 선택하면 됩니다. 참고로 이 책에서는 python_book을 선택했습니다.

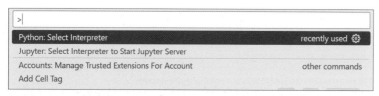

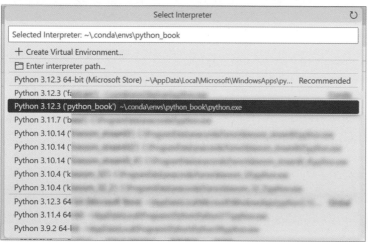

STEP

필요한 패키지와 라이브러리 설치하기

이 책에서 소개하는 다양한 예제를 학습하기 위해서는 적절한 파이썬 패키지 및 라이브러리를 설치해야 합니다. 이번 STEP에서는 pip install 명령어를 이용해 패키지를 설치하는 방법을 알아보고자 합니다. 어떤 패키지와 라이브러리를 사용하는지는 각 CODE의 앞에서 소개되어 있으니, 해당 패키지 및 라이브러리를 설치하시면 됩니다.

예를 들어, **CHAPTER 5**에서 소개하는 그래픽 유저 인터페이스(GUI) 기반의 파이썬 프로그래밍을 위해 필요한 pyqt5 패키지를 설치해야 한다고 가정해 보겠습니다. 패키지 설치는 아나콘다 프롬프트에서 할 수 도 있으며, Visual Studio Code에 내장된 터미널에서 할 수도 있지만 여기서는 아나콘다 프롬프트를 이용하는 방법을 소개하도록 하겠습니다.

01 우선 아나콘다 프롬프트를 실행해 패키지를 설치할 가상환경을 활성화합니다. 앞서 가상환경을 활성화하는 명령어는 **conda activate [가상환경 이름]**이라고 설명한 바 있습니다. 여기서는 해당 명령어를 이용해 python_book 가상환경을 활성화하겠습니다.

conda activate python_book

```
(base) C:\Users\illbtm>conda activate python_book
(python_book) C:\Users\illbtm>
```

02 패키지를 설치할 가상환경을 활성화 했다면 이제 **pip install** 명령어를 이용해 패키지를 설치합니다. 다음 명령어를 이용해 pyqt5 패키지를 설치하겠습니다.

pip install pyqt5

```
(python_book) C:\Users\illbtm>pip install pyqt5
Collecting pyqt5
  Using cached PyQt5-5.15.10-cp37-abi3-win_amd64.whl.metadata (2.2 kB)
Collecting PyQt5-sip<13,>=12.13 (from pyqt5)
  Using cached PyQt5_sip-12.13.0-cp312-cp312-win_amd64.whl.metadata (524 bytes)
Collecting PyQt5-Qt5>=5.15.2 (from pyqt5)
  Using cached PyQt5_Qt5-5.15.2-py3-none-win_amd64.whl.metadata (552 bytes)
Using cached PyQt5-5.15.10-cp37-abi3-win_amd64.whl (6.8 MB)
Using cached PyQt5_Qt5-5.15.2-py3-none-win_amd64.whl (50.1 MB)
Using cached PyQt5_sip-12.13.0-cp312-cp312-win_amd64.whl (77 kB)
Installing collected packages: PyQt5-Qt5, PyQt5-sip, pyqt5
Successfully installed PyQt5-Qt5-5.15.2 PyQt5-sip-12.13.0 pyqt5-5.15.10
```

이처럼 특정 패키지를 설치하고자 한다면 **pip install [패키지 이름]** 명령어 혹은 **conda install [패키지 이름]** 명령어를 이용해 손쉽게 설치할 수 있으며, 이때 패키지를 설치하려는 가상환경이 활성화되어 있어야 한다는 사실을 기억하기를 바랍니다.

1

CHAPTER

데이터 분석 및 기초 시각화

직종을 불문하고 행과 열을 갖는 정형 데이터를 다룰 때 가장 많이 사용하는 툴은 엑셀이 아닐까 합니다. 비교적 작은 크기의 간단한 데이터 핸들링의 목적으로 사용하기에 유용하지만, 데이터의 크기가 커지거나 보다 복잡한 데이터 처리가 필요한 경우에는 엑셀보다 효율적인 파이썬을 사용하는 편이 좋습니다.

파이썬은 방대한 분량의 데이터를 빠른 속도로 처리할 수 있으며 복잡한 데이터를 효율적으로 전처리하고 분석할 수 있다는 장점이 있습니다. 이 외에도 파이썬은 스크립트를 한 번 작성해 놓으면 동일하거나 유사한 작업을 할 때에 해당 스크립트를 실행만 하면 되므로 자동화 관점에서 아주 유용합니다.

대표적인 파이썬 데이터 분석 및 시각화 라이브러리인 pandas와 plotly를 소개하고, 파이썬 데이터 분석의 기본을 설명합니다. 또한 배운 내용을 챗GPT를 사용해 다양한 상황에서 활용할 수 있는 프롬프트 작성 예시를 소개합니다. 파이썬 통합 개발 환경으로는 앞의 서론에서 설명한 jupyter lab을 사용합니다.

하나의 파일을 특정 기준(날짜)으로 분할해 저장하기

우선 파이썬 pandas 라이브러리를 활용해 csv 파일 내 특정 변수의 그룹별로 파일을 분할하는 예제를 알아보겠습니다.

사전 준비 '에어비엔비 주식 가격' 데이터세트 다운로드하기

📎 **준비 파일**: chapter 1/ABNB_stock.csv

본격적으로 예제를 소개하기 전에, 소스 코드와 함께 제공되는 'ABNB_stock.csv' 파일을 미리 준비하시길 바랍니다. 이 파일은 2022년 9월 한 달 동안의 에어비엔비 주식 가격을 나타낸 데이터세트입니다. 다음의 URL을 통해서도 다운로드할 수 있습니다.

🏠 **URL** https://www.kaggle.com/datasets/whenamancodes/airbnb-inc-stock-market-analysis

해당 데이터세트는 다음 그림과 같이 2022년 9월 1일부터 2022년 9월 30일까지의 에어비엔비 주식의 시가(Open), 고가(High), 저가(Low), 종가(Close), 수정된 종가(Adj Close), 거래량(Volume) 데이터를 담고 있습니다.

	A	B	C	D	E	F	G
1	Date	Open	High	Low	Close	Adj Close	Volume
2	2022-09-01	111.1	114.08	108.17	113.4	113.4	5661500
3	2022-09-02	114.32	116.46	112.33	113.64	113.64	4118500
4	2022-09-06	114.09	114.52	110.5	113.7	113.7	4067100
5	2022-09-07	112.85	116.44	112.71	116.07	116.07	4619300

csv 파일(또는 엑셀 파일)을 불러와 특정 기준으로 파일을 분할하는 코드

해당 데이터세트를 파이썬으로 불러와 각 날짜별로 파일을 분리해 저장하겠습니다.

```python
split_files.ipynb

1  import pandas as pd

2  df = pd.read_csv('ABNB_stock.csv')

3  df['Date'] = pd.to_datetime(df['Date'])

4  for date_value, group_df in df.groupby(df['Date'].dt.date):
5      filename = f"ABNB_stock_{date_value}.csv"
6      group_df.to_csv(filename, index=False)
```

| 실행 결과 |

ABNB_stock
ABNB_stock_2022-09-01
ABNB_stock_2022-09-02
ABNB_stock_2022-09-06
ABNB_stock_2022-09-07
ABNB_stock_2022-09-08
ABNB_stock_2022-09-09
ABNB_stock_2022-09-12
ABNB_stock_2022-09-13

해당 스크립트가 작동하는 이유를 알아보겠습니다.

1 파이썬에서 정형 데이터를 다룰 수 있는 pandas 라이브러리를 불러옵니다.

```
import pandas as pd
```

import [라이브러리 이름] as [축약어] 형태이며 이후 코드에서는 [축약어]로 해당 라이브러리를 지칭할 수 있습니다.

⊘ **라이브러리**: 프로그램을 만들 때 자주 사용하는 패키지와 모듈을 모아둔 것.

2 csv 파일(또는 엑셀 파일)을 불러오고 df라는 변수에 할당합니다.

```
df = pd.read_csv('ABNB_stock.csv')
```

pandas 라이브러리의 **read_csv** 함수를 사용하는데, read_csv 함수 괄호 안에는 불러올 csv 파일의 경로와 파일명을 입력합니다. 이때 ipynb 파일(주피터 프로젝트 파일)과 동일한 폴더에 csv 파일이 존재하는 경우 이 코드에서처럼 경로를 생략할 수 있습니다.

⊘ **함수**: 특정 기능을 수행하는 코드의 집합. cf.엑셀 함수.
⊘ **변수**: 언제든지 변할 수 있는 값을 저장하는 공간.

3 파일 내 Date 변수를 pandas의 datetime 형식으로 변환합니다.

```
df['Date'] = pd.to_datetime(df['Date'])
```

4 datetime 형식으로 변환된 데이터를 날짜별로 읽어와 for 반복문을 통해 하나씩 csv 파일로 저장합니다.

```
for date_value, group_df in df.groupby(df['Date'].dt.date):
```

이때 **for 반복문**에서는 date_value 및 group_df, 2개의 요소를 받아와 반복문을 수행하게 되는데,

각각 날짜 및 해당 날짜에 대한 서브 데이터세트를 의미합니다.

- ✓ **반복문**: 많은 횟수 또는 무한히 반복 작업을 해야 할 때 사용하는 문법.
- ✓ **for 반복문**: 'for [요소] in [시퀀스]' 형태로 이루어지며 [시퀀스]에서 각 요소를 하나씩 순차적으로 불러와 for 반복문 내 들여쓰기된 구문을 반복해 실행하는 기능을 함.

5 분할해 저장할 파일명을 설정합니다. 여기서는 'ABNB_stock_[날짜].csv' 형식으로 파일명을 설정합니다.

```
filename = f"ABNB_stock_{date_value}.csv"
```

[날짜] 부분을 실제 코드에서는 {date_value}라고 표현했습니다. 이는 데이터를 각 파일로 분할 저장할 때 date_value 값을 참조해 이름을 지정하겠다는 의미입니다.

그리고 파일명 형식 앞뒤로 큰따옴표가 있고 왼쪽 큰따옴표 앞에는 f가 있습니다. 이 f는 이어지는 **문자열** 내의 중괄호 내에서 외부 변수를 참조할 수 있게끔 설정하는 기능입니다.

이런 원리에 따라 date_value의 값이 2022년 9월 1일이라고 하면, 외부 참조에 의해 저장되는 파일명이 ABNB_stock_2022-09-01.csv가 됩니다.

- ✓ **문자열**: 문자로 이루어진 배열. ↔ 문자

6 to_csv 함수를 이용해 해당 파일을 csv 형식으로 저장합니다.

```
group_df.to_csv(filename, index=False)
```

그 결과로 ABNB_stock 파일이 분할되어 실행 결과와 같이 생성된 것을 확인할 수 있습니다.

스크립트 수정 | **With ChatGPT**
csv 파일(또는 엑셀 파일)을 불러와 주 단위로 파일 분할하기

만약 일 단위가 아니라 주 단위로 파일을 분할하는 기준을 변경하고 싶다면 어떻게 해야 할까요? 이러한 변형 활용을 위해 파이썬 기초 문법을 모두 학습하기에는 시간이 부족합니다. 여기서 챗GPT의 도움을 받으면 매우 효율적으로 코드를 수정할 수 있습니다. 다음처럼 프롬프트를 작성해 챗GPT에게 전달해 보겠습니다.

💬 아래는 csv 파일을 불러와서 date 컬럼의 날짜 별로 파일을 분할해서 저장하는 기능을 수행하는 파이썬 코드야. 아래 코드를 수정해서 각 날짜별이 아닌 주 단위로 파일을 분할해 저장하도록 해 줘.

```python
import pandas as pd

df = pd.read_csv('ABNB_stock.csv')

df['Date'] = pd.to_datetime(df['Date'])
코드
for date_value, group_df in df.groupby(df['Date'].dt.date):
    filename = f"ABNB_stock_{date_value}.csv"
    group_df.to_csv(filename, index=False)
```

⊚ 아래 코드는 날짜별이 아닌 주 단위로 파일을 분할해 저장하는 방법을 보여줍니다.

```python
import pandas as pd

# CSV 파일 불러오기
df = pd.read_csv('ABNB_stock.csv')  # 파일 경로를 적절히 수정하세요

# 날짜 열을 datetime 형식으로 변환
df['Date'] = pd.to_datetime(df['Date'])

# 주 단위로 파일 분리해 저장, 1
for week_start, group_df in df.groupby(pd.Grouper(key='Date', freq='W')):
week_start_str = week_start.strftime('%Y-%m-%d')  # 주의 시작일을 문자열로 변환
    filename = f"ABNB_stock_{week_start_str}.csv"  # 해당 주의 파일 이름
    group_df.to_csv(filename, index=False)
```

⊚ 위 코드에서 pd.Grouper() 함수를 사용해 주 단위로 그룹화합니다. freq='W' 옵션을 사용해 주 단위로 그룹화할 수 있습니다. 그리고 각 주의 시작일을 파일 이름에 추가하기 위해 strftime() 함수를 사용해 주의 시작일을 문자열로 변환합니다.

이 코드를 사용하면 데이터를 주 단위로 파일로 분할해 저장할 수 있습니다.

생성된 코드를 jupyter lab으로 불러온 것은 아래와 같습니다. ABNB_stock 데이터세트에 포함된 Date 변수를 주 단위로 그룹화해 데이터를 분할합니다.

```
split_files.ipynb

    import pandas as pd

    # CSV 파일 불러오기
    df = pd.read_csv('ABNB_stock.csv')  # 파일 경로를 적절히 수정하세요

    # 날짜 열을 datetime 형식으로 변환
    df['Date'] = pd.to_datetime(df['Date'])

    # 주 단위로 파일 분리해 저장
1   for week_start, group_df in df.groupby(pd.Grouper(key='Date', freq='W')):
    week_start_str = week_start.strftime('%Y-%m-%d') # 주의 시작일을 문자열로 변환
        filename = f"ABNB_stock_{week_start_str}.csv"    # 해당 주의 파일 이름
        group_df.to_csv(filename, index=False)
```

수정된 코드가 앞의 코드와 비교해 크게 변경된 점은 "주 단위로 파일 분리해 저장"으로 주석 처리된 부분의 코드이며, 해당 부분의 알고리즘은 아래와 같습니다.

1 groupby 메서드를 이용해 집계연산을 수행합니다.

```
for week_start, group_df in df.groupby(pd.Grouper(key='Date', freq='W')):
    week_start_str = week_start.strftime('%Y-%m-%d')
    filename = f"ABNB_stock_{week_start_str}.csv"
    group_df.to_csv(filename, index=False)
```

이때 **매개변수**로 전달된 pandas의 Grouper는 어떤 기준으로 데이터를 집계할지(그룹할지)를 결정합니다. 여기서는 key 매개변수로 'Date', freq 매개변수로 'W'가 전달되었는데, 이는 각각 Date라는 컬럼을 주 단위로 그룹하는 것을 의미합니다.

이처럼 freq에 전달된 'W' 등을 offset string이라고 하는데, 일주일을 나타내는 'W' 뿐만 아니라 다양한 값들을 사용할 수 있습니다. 좀 더 다양한 예시는 아래 표를 참고하기를 바랍니다.

Offset string	의미
B	Business day
W	주
M	Month end
MS	Month begin
BMS	Business month begin
BM	Business month end
Q	Quarter end
QS	Quarter begin
A	Year end
D	One day
H	One hour
T	One minute
S	One second

⊘ **매개변수**: 함수나 메서드가 호출될 때 입력으로 전달받는 값, 다양한 입력값에 대해 동작을 수행할 수 있도록 함.

⊘ **메서드**:. 함수의 일종으로 클래스 내부에 정의된 함수를 지칭함. cf. 클래스: 프로그램 측면의 설계도 또는 틀.

이 스크립트는 각 주의 시작일을 문자열로 변환해 week_start_str 변수에 할당하고 파일명의 마지막에 추가해 csv 파일을 분할합니다. 해당 코드를 Jupyterlab으로 가져와 실행한 후 그 결과를 직접 확인해 보기를 바랍니다.

엑셀 데이터 파이썬으로 손쉽게 가져오기

바로 데이터를 살펴보며 예시를 들어 볼까요? 소스 코드와 함께 배포된 'penguins.csv' 파일을 한 번 엑셀로 열어 보겠습니다. 해당 파일을 엑셀을 이용해 불러오면 다음 그림과 같은 데이터를 확인할 수 있습니다. 해당 파일은 다음의 URL에서도 확인할 수 있습니다.

🏠 URL https://github.com/allisonhorst/palmerpenguins/blob/main/README.md

1번째 행에 species, island, …, sex의 컬럼이 있는 것을 확인할 수 있으며, 2번째 행부터는 본격적으로 데이터가 시작됩니다. 간단하게 데이터를 훑어보면, 펭귄의 종을 뜻하는 species 컬럼에는 Adelie, Chinstrap, Gentoo 세 가지의 범주형 데이터가 있으며 각각의 행은 개별 펭귄 개체의 서식지, 크기와 몸무게 및 성별을 나타내는 island, bill_length_mm, bill_depth_mm 등의 변수가 있습니다.

	A	B	C	D	E	F	G
1	species	island	bill_length_m	bill_depth_mr	flipper_length	body_mass_g	sex
2	Adelie	Torgersen	39.1	18.7	181	3750	Male
3	Adelie	Torgersen	39.5	17.4	186	3800	Female
4	Adelie	Torgersen	40.3	18	195	3250	Female
5	Adelie	Torgersen					
6	Adelie	Torgersen	36.7	19.3	193	3450	Female
7	Adelie	Torgersen	39.3	20.6	190	3650	Male
8	Adelie	Torgersen	38.9	17.8	181	3625	Female
9	Adelie	Torgersen	39.2	19.6	195	4675	Male
10	Adelie	Torgersen	34.1	18.1	193	3475	
11	Adelie	Torgersen	42	20.2	190	4250	
12	Adelie	Torgersen	37.8	17.1	186	3300	

이 데이터를 파이썬으로 분석하기 위해 Jupyterlab으로 가져오겠습니다. Jupyterlab에서 파이썬을 이용해 외부 데이터 (특히 xlsx 엑셀 파일이나 csv 파일 등의 정형 데이터) 를 가져오는 방법은 크게 두 가지로 설명할 수 있습니다.

첫 번째로 pandas의 read_csv나 read_excel 함수를 이용하는 방법, 두 번째로 보다 간편하게 read_clipboard 함수를 이용해 클립보드에 저장된 데이터를 가져오는 방법이 있습니다.

pandas의 read_csv 함수를 이용해 데이터를 가져오는 코드

```
read_files.ipynb

1    import pandas as pd

2    df = pd.read_csv('penguins.csv')
3    df.head()
```

| 실행 결과 |

	species	island	bill_length_mm	bill_depth_mm	flipper_length_mm	body_mass_g	sex
0	Adelie	Torgersen	39.1	18.7	181.0	3750.0	Male
1	Adelie	Torgersen	39.5	17.4	186.0	3800.0	Female
2	Adelie	Torgersen	40.3	18.0	195.0	3250.0	Female
3	Adelie	Torgersen	NaN	NaN	NaN	NaN	NaN
4	Adelie	Torgersen	36.7	19.3	193.0	3450.0	Female

1 파이썬에서 정형 데이터를 다룰 수 있는 pandas 라이브러리를 임포트합니다.

```
import pandas as pd
```

'import [라이브러리 이름] as [축약어]' 형태로 임포트문을 작성할 수 있으며, 이후 진행되는 코드에서는 [축약어]로 해당 **라이브러리**를 지칭할 수 있습니다.

⊘ **라이브러리**: 프로그램을 만들 때 자주 사용하는 패키지와 모듈을 모아둔 것.

2 pandas의 read_csv 함수를 통해 'penguins.csv' 데이터를 불러옵니다.

```
df = pd.read_csv('penguins.csv')
```

이때 1에서 pandas 라이브러리를 pd로 축약해 사용했기 때문에 pd.read_csv의 형태로 pandas 라이브러리 내의 read_csv **함수**를 사용할 수 있습니다. read_csv 함수는 괄호 안의 인자로 불러올 csv 파일의 경로와 파일명을 입력합니다. 이때 ipynb 파일과 동일한 폴더에 csv 파일이 존재하는 경우 경로를 생략할 수 있습니다. 이렇게 불러온 데이터를 df라는 **변수**에 할당합니다.

◯ **함수**: 특정 기능을 수행하는 코드의 집합. cf.엑셀 함수
◯ **변수**: 언제든지 변할 수 있는 값을 저장하는 공간.

3 불러온 csv 파일을 head 메서드를 이용해 첫 5개의 행만 출력합니다.

```
df.head()
```

메서드는 객체 (여기서는 df 변수) 뒤에 마침표(.)를 붙여서 사용합니다.

◯ **메서드**: 함수의 일종으로 클래스 내부에 정의된 함수를 지칭함. cf. 클래스: 프로그램 측면의 설계도 또는 틀

스크립트 2 | read_clipboard 함수를 이용해 데이터를 가져오는 코드

클립보드에 있는 데이터를 Jupyterlab으로 가져오는 방법은 다음 코드와 같습니다. 앞서 pandas 라이브러리를 임포트하는 구문은 생략되었습니다. 다음 코드와 같이 padnas의 read_clipboard 함수를 사용하면 현재 클립보드에 있는 데이터를 불러올 수 있습니다.

```
read_files.ipynb

    df = pd.read_clipboard()
    df.head()
```

read_clipboard 함수를 사용하기 위해서는 클립보드에 불러올 데이터가 저장되어 있어야 합니다. 여기서는 penguins 데이터세트를 엑셀로 켜 놓은 상태에서 해당 데이터를 다음 그림과 같이

species	island	bill_length_m	bill_depth_mr	flipper_length	body_mass_g	sex
Adelie	Torgersen	39.1	18.7	181	3750	Male
Adelie	Torgersen	39.5	17.4	186	3800	Female
Adelie	Torgersen	40.3	18	195	3250	Female
Adelie	Torgersen					
Adelie	Torgersen	36.7	19.3	193	3450	Female
Adelie	Torgersen	39.3	20.6	190	3650	Male
Adelie	Torgersen	38.9	17.8	181	3625	Female
Adelie	Torgersen	39.2	19.6	195	4675	Male
Adelie	Torgersen	34.1	18.1	193	3475	
Adelie	Torgersen	42	20.2	190	4250	

Ctrl+C를 눌러 클립보드에 저장한 상태에서 코드를 실행합니다. 이를 df 변수에 할당 후 앞에서와 동일한 방법으로 head 메서드를 이용해 첫 5개 행을 출력합니다. 그 결과는 방법 1과 동일합니다.

불러오고자 하는 파일이 매번 동일하거나 규칙적인 분석을 하는 경우 read_csv나 read_excel 함수를 사용하는 것이 편하지만, 데이터를 바로 불러와 분석을 진행하는 경우 read_clipboard를 이용해 클립보드로부터 데이터를 곧바로 불러오는 것이 더욱 편합니다.

데이터 전처리하기, 필터링하기, 집계하기

CODE

이번 CODE에서는 파이썬 pandas 라이브러리의 간단한 데이터 전처리 및 강력한 집계연산 능력을 맛보겠습니다.

스크립트 1 결측치를 제거해 데이터 전처리를 하는 코드

앞서 방법 1의 실행 결과 (50쪽)를 다시 살펴보면 불러온 penguins 데이터세트의 4번째 행에 숫자가 아닌 NaN이 들어 있는 것을 확인할 수 있습니다. 이는 not a number의 약자로, 대표적인 결측치(missing value)입니다.

결측치는 영어명에서 알 수 있듯이 데이터에 값이 없는 것을 의미합니다. Penguins 데이터세트 뿐아니라 세상에 존재하는 다양한 데이터세트에는 수집상 누락, 데이터 처리 오류 등의 사유로 결측치가 존재할 수 있습니다(아마 결측치가 없는 데이터를 더 찾기가 어려울 것입니다). 결측치가 존재하는 데이터는 분석하기 전에 결측치를 적당히 처리해 주는 것이 중요한데, 이러한 과정을 데이터 전처리라고 합니다. 결측치를 대표값으로 (평균값, 중간값 등) 대체하거나 삭제하는 방법 등으로 데이터 전처리를 할 수 있는데, 여기서는 결측치를 모두 삭제하는 방법을 소개하도록 하겠습니다.

```
data_preparation.ipynb

import pandas as pd

df = pd.read_csv('penguins.csv')
df = df.dropna()
df.head()
```

	species	island	bill_length_mm	bill_depth_mm	flipper_length_mm	body_mass_g	sex
0	Adelie	Torgersen	39.1	18.7	181.0	3750.0	Male
1	Adelie	Torgersen	39.5	17.4	186.0	3800.0	Female
2	Adelie	Torgersen	40.3	18.0	195.0	3250.0	Female
4	Adelie	Torgersen	36.7	19.3	193.0	3450.0	Female
5	Adelie	Torgersen	39.3	20.6	190.0	3650.0	Male

우선 penguins 데이터세트를 Pandas 라이브러리의 read_csv 함수를 통해 불러온 후, dropna 메서드를 통해 간단히 결측치를 제거할 수 있습니다. 이 코드처럼 dropna 메서드를 사용하면 결측치가 1개 이상 포함된 행을 모두 삭제하게 됩니다.

이 결과는 dropna 메서드를 통해 결측치를 포함한 행을 모두 제거한 데이터에서 head 메서드를 이용해 첫 5개 행을 불러온 결과입니다. 앞서 결측치가 제거되지 않은 데이터는 4번째 행에서 결측치를 확인할 수 있었지만(방법 1의 실행 결과 50쪽), 이 코드의 실행 결과에는 4번째 행이 제거되고 그 다음 데이터가 한 행씩 위로 올라온 것을 확인할 수 있습니다.

스크립트 2 — 데이터 필터링을 하는 코드

다음으로 pandas를 통해 데이터를 다룰 때 반드시 알아야 하는 필터링 방법을 살펴보겠습니다. Pandas 데이터 테이블에서 특정 변수의 값으로 테이블을 필터링하는 데에는 여러 가지 방법이 있을 수 있지만, 여기서는 query 메서드를 사용하는 방법을 설명하고자 합니다. query 메서드를 이용하면 다음처럼 데이터를 필터링할 수 있습니다.

이번 CODE에서는 소스 코드와 함께 배포되는 customers 데이터세트인 'customers.csv' 파일을 pandas read_csv 함수로 불러오고 데이터세트를 간단히 살펴본 후 query 메서드를 이용해 필터링을 해 보도록 하겠습니다. 해당 파일은 다음 URL에서도 다운로드할 수 있습니다.

🏠 URL https://www.kaggle.com/datasets/datascientistanna/customers-dataset/data

우선 데이터를 read_csv 함수로 불러오고 head 메서드를 이용해 첫 5개 행을 살펴봅니다.

```
data_preparation.ipynb

df = pd.read_csv('customers.csv')
df.head()
```

| 실행 결과 |

	CustomerID	Gender	Age	Annual_Income_usd	Spending_Score	Profession	Work_Experience	Family_Size
0	1	Male	19	15000	39	Healthcare	1	4
1	2	Male	21	35000	81	Engineer	3	3
2	3	Female	20	86000	6	Engineer	1	1
3	4	Female	23	59000	77	Lawyer	0	2
4	5	Female	31	38000	40	Entertainment	2	6

customers 데이터세트는 특정 매장에서 관리하는 고객들의 정보가 담긴 데이터세트입니다. 실행 결과에서 살펴볼 수 있듯이 성별(Gender), 나이(Age), 연 소득(Annual_Income_usd), 소비 지수(Spending_Score), 직업(Profession), 경력(Work_Experience), 가족 규모(Family_Size)와 같은 컬럼이 존재합니다. 위 데이터세트를 이용해 데이터를 필터링해 보도록 하겠습니다.

다음 예시 코드는 Annual_Income_usd 변수의 값이 189500 이상인 데이터만 필터링하는 예시로, query 메서드에 전달되는 인자로부터 직관적으로 그 뜻을 이해할 수 있습니다.

```
data_preparation.ipynb

df.query('Annual_Income_usd > 189500')
```

이 예시 코드의 Anuual_Income_usd > 189500과 같이 엑셀에서 사용할 법한 조건식을 양 끝에 작은 따옴표를 붙여 입력했습니다. 그 결과는 실행 결과와 같으며, 의도한 대로 Anuual_Income_usd 컬럼의 데이터가 189500 이상인 행들만 성공적으로 불러왔습니다.

| 실행 결과 |

	CustomerID	Gender	Age	Annual_Income_usd	Spending_Score	Profession	Work_Experience	Family_Size
569	570	Female	91	189974	37	Engineer	8	1
638	639	Female	59	189672	8	Doctor	0	7
736	737	Female	33	189630	53	Executive	5	5
1257	1258	Male	60	189945	20	Engineer	0	5
1576	1577	Female	16	189689	37	Healthcare	8	5
1801	1802	Male	20	189650	60	Lawyer	8	4
1825	1826	Male	7	189709	18	Artist	6	6

만약 query 메서드를 활용해 Profession이 "Doctor"인 데이터만 필터링 하고자 한다면 조건식을 어떻게 전달해야 할까요? 앞서 Anuual_Income_usd 라는 수치형 컬럼을 특정 크기 이상으로 필

터링할 때에는 부등호를 이용했는데, Profession과 같은 범주형 컬럼에서 특정 데이터와 동일한 값을 갖는 데이터만 필터링할 때는 query 메서드에 전달해야 할 조건식이 약간 다릅니다.

이처럼 다양한 경우에서 query 메서드를 활용하고자 할 때 매번 관련 문법을 공부해야 할 필요는 없습니다. 챗GPT를 통해 간편하게 활용법에 대한 도움을 받을 수 있기 때문입니다. 다음과 같이 챗GPT 프롬프트를 작성해 보겠습니다.

💬 파이썬 pandas 라이브러리의 query 메서드를 이용해 Profession 컬럼의 데이터가 Doctor인 행만 필터링 할 수 있는 파이썬 코드를 작성해 줘.

💠 물론입니다! pandas 라이브러리의 query 메서드를 사용해 Profession 컬럼의 데이터가 'Doctor'인 행만 필터링하는 코드는 다음과 같습니다:

```
import pandas as pd

# 예제 데이터프레임 생성
data = {
    'Name': ['John', 'Jane', 'Dave', 'Anna'],
    'Age': [34, 28, 45, 32],
    'Profession': ['Doctor', 'Engineer', 'Doctor', 'Teacher']
}

df = pd.DataFrame(data)

# query 메서드를 사용해 'Profession' 컬럼이 'Doctor'인 행 필터링
filtered_df = df.query("Profession == 'Doctor'")

print(filtered_df)
```

💠 이 코드는 'Profession' 컬럼의 값이 'Doctor'인 행만 필터링해 filtered_df 데이터프레임에 저장하고 출력합니다. query 메서드를 사용하면 조건을 쉽게 지정할 수 있어 편리합니다.

챗GPT의 답변을 살펴보니 범주형 데이터에서 특정 데이터와 동일한 행만 필터링하기 위해서는 동일함을 뜻하는 기호인 등호 2개(==)를 사용하면 된다는 사실을 알 수 있습니다. 등호 2개(==) 왼쪽에는 컬럼명을, 오른쪽에는 동일함을 판단하는 기준이 되는 값을 작성하면 됩니다.

이때 주의할 점은 오른쪽의 Doctor가 작은 따옴표로 둘러싸여 있다는 점입니다. 문자열 형태로 이루어진 query 메서드의 조건식 내에 또다른 문자열 데이터(Profession 컬럼의 값인 Doctor)를 입력할 때에는 문자열 조건식을 이루는 큰따옴표와 다른 작은따옴표로 해당 데이터를 둘러싸서 전달해야 한다는 점입니다.

챗GPT는 Profession 변수의 값이 Doctor인 컬럼을 필터링하기 위해 신규 데이터세트를 임의로 생성하고 query 메서드를 이용해 필터링하는 과정을 보여주었습니다. 하지만 우리는 앞서 read_csv 함수를 통해 가져온 customers 데이터세트에서 필터링 과정을 진행하고자 했으므로, 챗GPT의 답변 중 query 메서드가 있는 부분만 Jupyterlab으로 가져와 다음과 같이 코드를 만들고 실행해 보겠습니다.

```
data_preparation.ipynb

df = pd.read_csv('customers.csv')
filtered_df = df.query("Profession == 'Doctor'")
filtered_df
```

| 실행 결과 |

	CustomerID	Gender	Age	Annual_Income_usd	Spending_Score	Profession	Work_Experience	Family_Size
14	15	Male	37	19000	13	Doctor	0	1
31	32	Female	21	34000	73	Doctor	1	2
36	37	Female	42	14000	17	Doctor	5	1
57	58	Male	69	8000	46	Doctor	8	2
66	67	Female	43	3000	50	Doctor	0	2
...	...	...	...	...	...	...	...	...
1969	1970	Male	31	67894	42	Doctor	9	1

실행 결과 Profession 컬럼의 값이 Doctor인 총 161개의 행이 필터링되었습니다. 지면의 한계상 필터링 되어 나타난 행들의 결과를 일부만 제시했습니다.

실무에서는 이 책에서 소개하는 것과는 다른 다양한 형태의 데이터를 만나게 될 것이므로 필터링하게 되는 기준도 다양할 수 있습니다. 이때에는 앞서 소개한 것과 같이 챗GPT를 이용하면 적재적소에 맞게 pandas 함수 및 메서드를 변형해 활용할 수 있는 방법을 안내받을 수 있으므로 챗GPT를 실무에서 적극 활용해 보시기를 추천합니다.

이번에는 penguins 데이터세트로 간단한 피벗 테이블을 만들어 보겠습니다. 피벗 테이블은 대량의 데이터를 다양한 방식으로 그룹화, 집계 및 분석할 수 있는 데이터 요약 방법입니다. 엑셀 스프레드시트에서도 피벗 테이블을 만들 수 있지만, 파이썬 명령어를 통해 피벗 테이블을 만드는 것이 더욱 효율적입니다.

```
data_preparation.ipynb

df = pd.read_csv('penguins.csv')

df.pivot_table(
    index='species',
    columns='sex',
    values='body_mass_g', aggfunc='mean'
)
```

| 실행 결과 |

sex	Female	Male
species		
Adelie	3368.835616	4043.493151
Chinstrap	3527.205882	3938.970588
Gentoo	4679.741379	5484.836066

Penguins 데이터 테이블을 통해 피벗 테이블을 제작하기 위해서는 pivot_table 메서드를 사용합니다. 이때 메서드의 인자로 index, columns, values, aggfuct까지 총 4가지의 인자를 전달해야 하는데, 각각 행으로 나타낼 변수, 열로 나타낼 변수, 집계함수를 사용해 집계할 변수, 사용할 집계함수를 뜻합니다. 여기서는 집계함수로 평균을 구하는 mean을 사용했지만 최대값, 최소값, 표준편차, 중간값 등을 max, min, std, Media 함수를 전달해 구할 수 있습니다.

위 예시에서는 각각 species 변수를 행으로, sex 변수를 열로 했을 때 body_mass_g 변수를 평균으로 (mean) 집계해 나타냅니다. 그 결과는 위 그림과 같습니다. 이때 행이나 열로 나타낼 변수는 꼭 하나만 입력해야 하는 것은 아니며, 한 개 이상의 변수를 입력하면 됩니다. 만약 두 개 이상의 변수를 입력하고자 할 때에는 대괄호([])로 묶어서 나타냅니다.

다음 예시 코드와 결과 그림은 행으로 species 및 island 변수를 동시에 사용해 피벗 테이블을 나타낸 예시입니다.

```
data_preparation.ipynb

df.pivot_table(
    index=['species','island'],
    columns='sex',
    values='body_mass_g', aggfunc='mean'
)
```

| 실행 결과 |

species	sex island	Female	Male
Adelie	Biscoe	3369.318182	4050.000000
	Dream	3344.444444	4045.535714
	Torgersen	3395.833333	4034.782609
Chinstrap	Dream	3527.205882	3938.970588
Gentoo	Biscoe	4679.741379	5484.836066

앞서 생성한 피벗 테이블을 엑셀로 가져갈 수 있는 방법도 있을까요? 앞서 csv 파일 형태로 저장된 penguins 데이터세트를 read_csv 함수나 read_clipboard 함수를 통해 Jupyterlab으로 불러왔었으나, 반대로 Jupyterlab에서 pandas 라이브러리를 통해 작업 중인 데이터를 to_csv 메서드나 to_clipboard 메서드를 통해 반대로 csv 파일로 저장하거나 클립보드로 내보낼 수 있습니다.

제작한 피벗 테이블을 to_clipboard 메서드를 사용해 엑셀 스프레드시트에 붙여넣기한 예시를 보여드리겠습니다.

```
data_preparation.ipynb

df.pivot_table(
    index=['species','island'],
    columns='sex',
    values='body_mass_g', aggfunc='mean'
).to_clipboard()
```

이 코드는 앞서 penguins 데이터세트를 통해 피벗 테이블을 제작한 것이며, 행으로 species, island 변수를, 열로 sex 변수를, 집계값으로 body_mass_g 변수의 평균을 사용한 것입니다. 해당 코드 뒤에 to_clipboard 메서드를 이어서 사용했으며, 해당 코드를 실행하면 그 결과(생성된 피벗 테이블)가 클립보드에 저장됩니다.

이제 엑셀 스프레드시트로 넘어가 Ctrl+V를 눌러 클립보드에 저장된 내용을 붙여넣기하면 다음 그림과 같이 그 결과가 나타납니다. 이처럼 외부 데이터를 pandas 라이브러리를 통해 불러오고 파이썬을 활용해 데이터를 분석한 뒤 결과를 다시 외부로 내보내기할 때 read_clipboard 및 to_clipboard 메서드를 효과적으로 사용할 수 있습니다.

species	island	Female	Male
Adelie	Biscoe	3369.31818	4050
Adelie	Dream	3344.44444	4045.53571
Adelie	Torgersen	3395.83333	4034.78261
Chinstrap	Dream	3527.20588	3938.97059
Gentoo	Biscoe	4679.74138	5484.83607

다음으로는 pandas 라이브러리의 꽃이라 칭할 수 있는 강력한 집계 연산을 수행할 수 있는 groupby 메서드를 간단히 알아보겠습니다. 때로는 원 데이터 테이블에서 특정 컬럼의 데이터 그룹별로 다양한 집계 연산을 수행해야 할 필요가 있으며, 이때 groupby 메서드를 사용할 수 있습니다. 다음 예시에서는 groupby 메서드를 이용해 species 컬럼의 그룹별로 body_mass_g 컬럼의 값이 가장 큰 데이터만 집계하겠습니다.

```
data_preparation.ipynb

df.groupby('species')['body_mass_g'].max()
```

| 실행 결과 |

```
species
Adelie       4775.0
Chinstrap    4800.0
Gentoo       6300.0
Name: body_mass_g, dtype: float64
```

예시 코드에서 볼 수 있는 것과 같이 groupby 메서드는 인자로 어떤 변수에서 그룹별 연산을 수행할 것인지에 대한 변수명을 전달받습니다(엄밀히 말하면 변수명 이외에 다양한 형태의 데이터를 받을 수 있으나, 해당 내용은 이 책의 범위를 벗어나기 때문에 여기서는 변수명으로 한정해 설명합니다). 그

뒤로 집계할 대상이 되는 컬럼명을 대괄호로 둘러싸 입력받으며 마지막으로 어떤 집계함수가 따라옵니다.

예시 코드에서는 species 컬럼의 데이터 그룹별로 body_mass_g 컬럼의 최대값을 계산합니다. 그 결과 위처럼 species 컬럼에 포함된 그룹인 Adelie, Chinstrap, Gentoo 세 가지에 대한 body_mass_g의 최대값이 출력되었습니다.

여기서는 최대값을 구하는 max 함수를 이용하는 간단한 예시를 선보였지만, groupby 메서드의 큰 특징 중 하나로 사용자 정의 함수를 활용할 수 있다는 점이 있습니다. 예를 들어 species 컬럼의 데이터 그룹별로 body_mass_g 변수의 제곱을 해당 그룹별 평균을 구하고자 한다고 가정해 보겠습니다.

이러한 계산은 앞서 소개한 mean이나 max와 같은 집계연산 함수처럼 기본적으로 제공되는 함수로는 수행하기 어려우므로, 직접 해당 계산을 위한 사용자 정의 함수를 정의하고 groupby 메서드에 적용해야 합니다. 이를 수행하기 위해 pandas 공식 홈페이지를 방문해 관련 문서를 읽으며 groupby 메서드를 공부할 수도 있겠지만, 챗GPT의 도움을 받아 보겠습니다.

> ◌ 파이썬 pandas 라이브러리를 통해 groupby 메서드를 이용한 그룹연산을 수행하고자 해. df 변수에 저장되어 있는 데이터 테이블의 species 컬럼 그룹별로 body_mass_g 컬럼의 제곱 값을 해당 그룹별로 평균하는 파이썬 코드를 생성해 줘. 해당 계산을 위해 사용자 정의 함수를 정의해 계산을 수행해 줘.

> ◎ 물론이죠! 아래는 설명과 함께 제공된 요청에 맞게 작성된 코드입니다. 이 코드는 pandas 라이브러리를 사용해 데이터를 그룹화하고 사용자 정의 함수를 적용해 원하는 계산을 수행합니다.

```
import pandas as pd

# 사용자 정의 함수 정의
def custom_function(group):                          ──①
    # 그룹 내 body_mass_g 컬럼 값의 제곱의 평균을 계산
    squared_mean = (group['body_mass_g'] ** 2).mean()
    return squared_mean

# 데이터프레임 생성 (예시 데이터)
data = {
    'species': ['A', 'B', 'A', 'B', 'A'],
    'body_mass_g': [100, 200, 150, 180, 120]
}
```

```
df = pd.DataFrame(data)

# groupby 메서드를 사용해 species 컬럼을 기준으로 그룹화하고 사용자 정의 함수를 적용
해 계산
result = df.groupby('species').apply(custom_function) ──❷

print(result)
```

....

◎ 이 코드는 데이터를 species 컬럼을 기준으로 그룹화하고, 각 그룹에 대해 사용자 정의 함수를 적
   용해 계산한 결과를 출력합니다.

   위 코드를 실행하면 각 그룹별로 body_mass_g 컬럼 값의 제곱의 평균이 계산됩니다.

챗GPT의 답변을 살펴보면 ❶에서 custom_function이라는 사용자 정의 함수를 정의합니다. 이 함
수는 group이라는 매개변수를 입력받으며, 해당 변수의 body_mass_g의 값을 ** 연산자를 통해
제곱한 후 mean 함수를 통해 평균값을 구하며 그 값을 반환합니다.

❷에서 groupby 메서드를 수행하는데, 이때 groupby 뒤로 apply 메서드를 이어서 사용하
며, apply 메서드의 인자로 앞서 1에서 정의했던 custom_function을 전달하게 됩니다. 이제
Jupyterlab으로 돌아가 penguins 데이터세트에 챗GPT가 생성해 준 코드의 ❶과 ❷ 부분을 그대
로 적용해 보도록 하겠습니다.

```
data_preparation.ipynb
─────────────────────────────────────────────────────────────
def custom_function(group):
    squared_mean = (group['body_mass_g'] ** 2).mean()
return squared_mean

df.groupby('species').apply(custom_function)
```

| 실행 결과 |

```
species
Adelie        1.390379e+07
Chinstrap     1.408149e+07
Gentoo        2.601801e+07
dtype: float64
```

이와 같이 custom_function을 챗GPT가 생성해 준 것과 동일하게 적용했으며, 그 아래에 groupby 메서드를 apply 메서드와 함께 활용해 사용자 정의 함수를 그룹 연산에 적용하는 부분도 동일하게 가져왔습니다. 그 결과 penguins 데이터세트에 species 변수별로 body_mass_g 컬럼의 값 제곱의 평균을 성공적으로 출력한 것을 확인할 수 있습니다. 이처럼 groupby 메서드는 다양한 데이터세트에서 매우 강력한 그룹연산을 수행할 수 있습니다. 이 강력한 기능을 챗GPT를 통해 활용해 보시기를 바랍니다.

04
CODE
간단한 박스플롯 그리기

파이썬으로 하는 데이터 분석이 엑셀에 비해 우수한 점 중 하나는 다채로운 시각화가 가능하다는 점입니다. 파이썬으로 시각화 차트를 생성할 때 사용할 수 있는 라이브러리로는 고전적이면서도 방대한 기능을 갖고 있는 matplotlib 및 seaborn이 있지만, 이 책에서는 보다 모던하면서도 인터랙티브한 차트를 생성할 수 있는 plotly 라이브러리를 소개하겠습니다.

plotly 라이브러리로 그린 시각화 차트는 보기에도 깔끔할 뿐 아니라 특정 영역의 확대, 축소, 이동 및 세부 디테일 확인 등 동적 상호작용이 가능한데, 그 특징들에 관해서는 잠시 후 예시를 통해 알아보겠습니다. 이번 CODE에서는 여러 시각화 차트 중 박스 플롯을 그려보겠습니다. 그런데 박스플롯이란 무엇일까요?

박스플롯은 다음 그림과 같이 특정 변수에 대한 여러 통계값을 한 눈에 확인할 수 있는 차트입니다. 박스의 위/아래쪽 변이 각각 데이터의 제3분위수와 제1분위수를 나타내며, 박스 중간에 그어진 수평선은 중간값입니다.

박스 위/아래로 각각 제3분위수에 IQR의 1.5배를 더한 값, 제1분위수에 IQR의 1.5배수를 뺀 값을 나타내는 수염이 그려져 있으며, 수염 밖에 위치한 데이터는 이상치로 간주합니다. 자세한 사항은 다음 그림을 참고하세요.

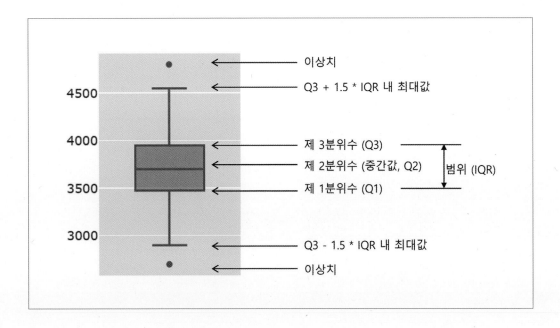

우선 plotly 시각화 차트를 그리기 위해 라이브러리를 설치합니다. 라이브러리 설치는 **CHAPTER 0**에서 소개한 바와 같이 아나콘다 프롬프트에서 해당 가상환경을 활성화한 후 pip install 명령어 혹은 conda install 명령어를 입력해 진행합니다.

설치가 완료되었다면 박스플롯을 이용해 앞서 사용했던 penguins 데이터세트에서 species 컬럼을 x축으로, body_mass_g 컬럼을 y축으로 한 plotly 박스플롯을 그리겠습니다. 다음 예제 코드를 참고하길 바랍니다.

```
visualization.ipynb

1   import plotly.express as px
    import pandas as pd

    df = pd.read_csv('penguins.csv')

2   fig = px.box(
3       data_frame=df, x='species', y='body_mass_g',
4       width=400, height=350
    )
5   fig.show()
```

| 실행 결과 |

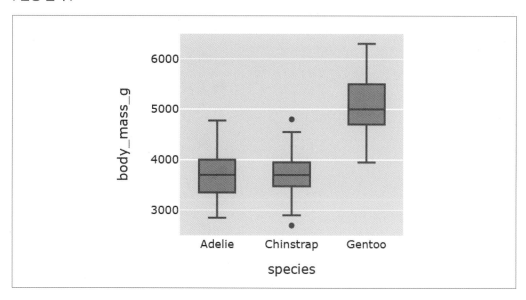

박스플롯이 그려지는 이유

1 우선 plotly 박스플롯을 그리기 위해 plotly express 모듈을 px라는 축약어로 불러옵니다.

```
import plotly.express as px
```

import [라이브러리 이름] as [축약어]' 형태로 코드를 작성하면 이후 코드에서는 [축약어]로 해당 모듈을 지칭할 수 있습니다.

⊘ **모듈**: 관련 함수, 변수 등을 하나의 파일에 모아둔 것.

2 plotly에서 박스플롯을 그릴 수 있는 함수인 box를 호출해 fig 변수에 할당합니다.

```
fig = px.box(
```

⊘ **함수**: 특정 기능을 수행하는 코드의 집합. cf.엑셀 함수
⊘ **변수**: 언제든지 변할 수 있는 값을 저장하는 공간.

3 어떤 데이터를 사용해 차트를 그릴지, x축과 y축은 어떤 변수로 설정할지를 인자로 전달합니다.

```
data_frame=df, x='species', y='body_mass_g',
```

이때 data_frame 인자에는 penguins 데이터세트(df)를, x축으로는 species 변수를, y축으로는 body_mass_g 변수를 전달합니다.

⊘ **인자**: 특정 동작을 하는 함수나 메서드를 사용할 때 함께 전달되어 동작을 제어하는 데 사용되는 변수.

4 나타낼 그래프의 너비와 높이를 지정합니다.

```
width=400, height=350
)
```

이때 단위는 픽셀이며 따로 단위를 입력하지 않아도 무방합니다.

5 fig 변수에 show 메서드를 이용해 차트를 나타냅니다.

```
fig.show()
```

나타난 차트는 실행 결과와 같습니다.

⊘ **메서드**: 함수의 일종으로 클래스 내부에 정의된 함수를 지칭함. cf. 클래스: 프로그램 측면의 설계도 또는 틀

박스플롯은 범주형 x 변수에 대해 수치형 y 변수의 각종 통계값을 확인할 수 있는 차트입니다. Adelie와 Chinstrap 종의 펭귄들은 몸무게의 중간값이 3.5kg에서 4.0kg 사이에 위치한 반면 Gentoo 종의 경우에는 몸무게의 중간값이 약 5kg대인 것을 확인할 수 있습니다.

plotly로 그린 차트에 마우스를 올려 보면 다음 그림과 같이 그래프의 세부사항을 확인할 수 있습니다. 아래 그림은 x축이 Adelie인 박스에 마우스를 올린 결과인데, 해당 x 변수의 최대값, 제3분위수, 중간값 등의 통계값을 직접 확인할 수 있는 레이블이 생성됩니다.

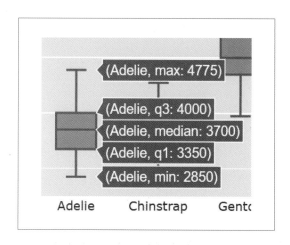

이처럼 plotly 차트는 사용자와의 동적 상호작용이 가능한데, 실행 결과의 오른쪽 위를 보면 여러 아이콘이 나타난 툴바를 확인할 수 있습니다. 해당 툴바에서 그래프의 특정 영역 확대, 이동, 축소, 초기화 등 plotly 동적 시각화 차트의 다양한 기능을 사용할 수 있으니 직접 그린 그래프로 한 번 테스트해 보시기 바랍니다.

스크립트 수정 **With ChatGPT**
특정 변수의 값을 별개의 박스로 표현하기

앞서 그린 penguins 데이터세트의 박스플롯에서는 각 species 변수에 해당하는 body_mass_g의 통계값을 확인할 수 있습니다. 만약 좀 더 데이터를 세분화해 확인하기 위해 각각의 x축에 대해 펭귄의 성별을 따로 박스로 표현하고 싶을 수도 있습니다.

이와 같은 시각화 활용은 앞서 보여드린 것과 같이 챗GPT의 도움을 얻겠습니다. 다음과 같이 프롬프트를 작성해 챗GPT에게 전달하겠습니다.

> 💬 아래 코드는 penguins 데이터세트를 불러와 plotly boxplot을 생성하는 파이썬 코드야. 생성되는 boxplot은 x축을 species 변수로, y축을 boday_mass_g 변수로 설정했는데, 이때 각 species 변수에 대해 sex 변수에 대해서 박스를 따로 구분해 그리고자 한다면 어떻게 코드를 수정해야 할 지 설명해 줘.
>
> ```python
> import plotly.express as px
> import pandas as pd
>
> df = pd.read_csv('penguins.csv')
>
> fig = px.box(
>     data_frame=df, x='species', y='body_mass_g',
>     width=400, height=350
> )
> fig.show()
> ```

> ⑤ 특정 종(species)에 대한 성별(sex)에 따라 박스를 구분해 그리기 위해서는 color 파라미터를 사용해 각 성별에 대해 다른 색상으로 박스를 표시할 수 있습니다. 아래와 같이 코드를 수정할 수 있습니다.

```python
import plotly.express as px
import pandas as pd

df = pd.read_csv('penguins.csv')

fig = px.box(
    data_frame=df, x='species', y='body_mass_g', color='sex', ——❶
    width=400, height=350
```

```
)
fig.show()
```

---

⑤ 이렇게 하면 각 종에 대해 성별에 따라 다른 색상의 박스가 표시됩니다.

챗GPT가 생성해 준 답변을 살펴보면 sex 컬럼의 값을 따로 박스로 표현하기 위해 ❶에서 color 인자를 추가로 sex로 전달한 것을 확인할 수 있습니다. 이처럼 plotly express로 그린 그래프에서 color 인자를 전달하게 되면 해당 변수에 대해 색깔을 구분해 그래프를 그릴 수 있습니다.

챗GPT가 생성해 준 코드를 다음과 같이 정리한 후 Jupyterlab으로 가져와 실행해 보겠습니다.

```
visualization.ipynb

df = pd.read_csv('penguins.csv')

fig = px.box(
    data_frame=df, x='species', y='body_mass_g', color='sex',
    width=400, height=350
)
fig.show()
```

| 실행 결과 |

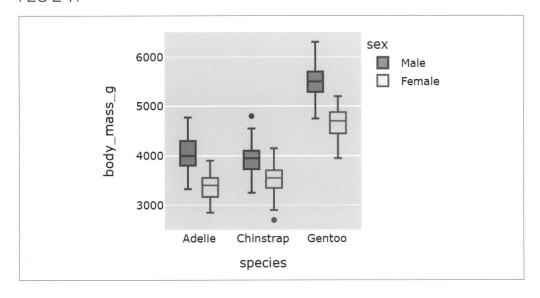

이처럼 파이썬 및 plotly 라이브러리를 이용해 데이터를 시각화 할 때 필요한 사항들을 챗GPT에 질문하는 방식으로 plotly에 대한 지식이 충분하지 않더라도 쉽게 시각화 할 수 있습니다.

CODE

분할되어 저장된 데이터를 모아 시각화 차트 그리기

이번 CODE에서는 여러 개로 분할된 파일을 Jupyterlab으로 불러와 병합하고 전체 데이터를 시각화하는 예시를 소개하겠습니다.

사전 준비 ── 일별로 분할된 '에어비엔비 주식 가격' 데이터세트 준비하기

앞서 ABNB_stock 데이터세트를 불러와 Date 변수를 기준으로 일별로 파일을 분할한 예시를 기억하실겁니다. 이렇게 일별로 분할된 csv 파일은 소스 코드와 함께 제공된 ABNB_stock_by_date 폴더에 저장되어 있습니다. 해당 폴더에 있는 csv 파일을 모두 불러와 데이터를 하나로 합치고, plotly 꺾은선 차트를 이용해 일별로 에어비엔비의 주식 종가 그래프를 그려보겠습니다.

스크립트 ── 분할된 파일을 합쳐 하나의 시각화 차트를 생성하는 코드

plotly 시각화 차트를 그리기 위해서는 라이브러리를 설치해야 합니다. 코드를 입력하기 전에 conda install plotly 명령어를 아나콘다 프롬프트나 터미널에 입력하면 됩니다. (**CHAPTER 0** 참고).

```
visualization.ipynb

     import os

1    folder_path = 'ABNB_stock_by_date'
2    file_paths = [os.path.join(folder_path, file) for file in os.listdir(folder_
     path) if file.endswith('.csv')]

     dfs = []
3    for file_path in file_paths:
         df = pd.read_csv(file_path)
         dfs.append(df)
```

```
4    combined_df = pd.concat(dfs, ignore_index=True)

     combined_df['Date'] = pd.to_datetime(combined_df['Date'])

5    fig = px.line(combined_df, x='Date', y='Close', width=500, height=350)
     fig.show()
```

| 실행 결과 |

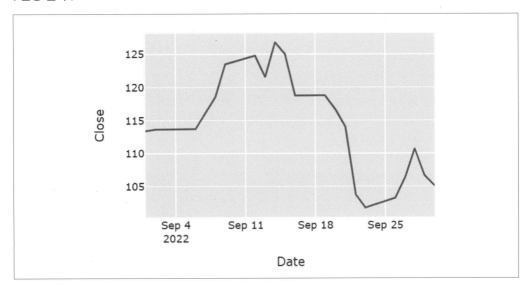

이 코드를 실행하기 위해서는 앞서 설명드린 바와 같이 ABNB_stock_by_date 라는 폴더에 CODE
01 하나의 파일을 특정 기준(날짜)으로 분할해 저장하기에서 다루었던 내용의 결과 파일들이
ABNB_stock_price 폴더에 저장되어 있어야 합니다. 코드가 성공적으로 실행되면 앞과 같은 그래
프를 얻을 수 있습니다.

작동 원리   **여러 파일을 합쳐서 그래프를 그릴 수 있는 이유**

1 ~ 2 os 라이브러리의 listdir 함수를 이용해 지정된 폴더에서 csv 확장자를 가진 모든 파일의 경로를
수집해 file_paths 변수에 리스트 형식으로 저장합니다.

```
folder_path = 'ABNB_stock_by_date'
file_paths = [os.path.join(folder_path, file) for file in os.listdir(folder_path)
if file.endswith('.csv')]
```

- ⊘ **라이브러리**: 프로그램을 만들 때 자주 사용하는 패키지와 모듈을 모아둔 것.
- ⊘ **함수**: 특정 기능을 수행하는 코드의 집합. cf.엑셀 함수.
- ⊘ **변수**: 언제든지 변할 수 있는 값을 저장하는 공간.
- ⊘ **리스트**: 여러 개의 값을 순차적으로 보관하는 자료 구조.

❸ for 반복문을 이용해 앞서 수집한 csv 파일을 하나씩 불러오며 dfs 변수에 리스트 형식으로 하나씩 이어 붙입니다.

```
for file_path in file_paths:
    df = pd.read_csv(file_path)
    dfs.append(df)
```

최종 dfs 변수에는 ABNB_stock_by_date 폴더에 존재하는 모든 csv 파일이 각각 리스트의 요소로 존재하게 됩니다.

⊘ **for 반복문**: 'for [요소] in [시퀀스]' 형태로 이루어지며 [시퀀스]에서 각 요소를 하나씩 순차적으로 불러와 for 반복문 내 들여쓰기된 구문을 반복해 실행하는 기능을 함.

❹ dfs 변수들의 모든 요소를 하나로 합쳐서 combined_df 변수에 저장합니다.

```
combined_df = pd.concat(dfs, ignore_index=True)
```

combined_df 변수는 분할된 csv 파일들의 정보가 모두 합쳐져 저장됩니다.

❺ plotly express의 line 함수를 통해 x축이 Date, y축이 Close인 꺾은선 그래프를 그립니다.

```
fig = px.line(combined_df, x='Date', y='Close', width=500, height=350)
fig.show()
```

이처럼 날짜별로 데이터가 하나씩 추가되는 경우 매번 모든 파일을 수합해 그래프를 그리는 일은 번거로운 일이지만, 파이썬 스크립트를 작성해 놓는다면 시각화 차트를 생성을 자동화할 수 있습니다.

With ChatGPT

하나의 그래프 위에 두 가지 변수의 그래프 그리기

이번에는 챗GPT를 활용해 앞서 그린 그래프를 좀 더 커스터마이징해 보겠습니다. 앞서 실행 결과에서는 x축을 Date 변수로 해 종가에 해당하는 Close 변수를 y축으로 설정해 하나의 꺾은선 그래프를 그렸는데, 챗GPT를 이용해 시가에 해당하는 Open 변수 또한 함께 그래프에 표시해 보겠습니다. 다음과 같이 프롬프트를 작성해 챗GPT에게 전달하겠습니다.

> 🗨 아래는 파이썬을 이용해 폴더 내 csv 파일을 하나로 병합하고 plotly line plot을 그리는 스크립트야. 아래 항목들을 고려해 코드를 수정해 줘.
>
> 현재는 plotly express의 line 함수를 이용해 Date에 따른 Close 변수를 y축으로 꺾은선 그래프를 그렸는데, Close에 대한 꺾은선 그래프를 파란색 실선으로, Open에 대한 그래프를 검은색 점선으로 해 함께 나타낼 수 있도록 해 줘.
>
> ```
> import os
>
> folder_path = 'ABNB_stock_by_date'
> file_paths = [os.path.join(folder_path, file) for file in os.listdir(folder_path)
> if file.endswith('.csv')]
>
> dfs = []
> for file_path in file_paths:
>     df = pd.read_csv(file_path)
>     dfs.append(df)
> combined_df = pd.concat(dfs, ignore_index=True)
>
> combined_df['Date'] = pd.to_datetime(combined_df['Date'])
>
> fig = px.line(combined_df, x='Date', y='Close', width=500, height=350)
> fig.show()
> ```

> ⚙ 아래는 당신이 요청한 대로 수정된 파이썬 코드입니다. plotly.graph_objects를 사용해 Close에 대한 파란색 실선과 Open에 대한 검은색 점선을 함께 나타내는 그래프를 그릴 수 있도록 수정했습니다.
>
> ....
>
> ```
> import os
> import pandas as pd
> ```

```python
import plotly.graph_objects as go

# ABNB_stock_by_date 폴더에 있는 모든 CSV 파일의 파일 경로를 가져옴
folder_path = 'ABNB_stock_by_date'
file_paths = [os.path.join(folder_path, file) for file in os.listdir(folder_
path) if file.endswith('.csv')]

# 모든 CSV 파일을 하나의 DataFrame으로 병합
dfs = []
for file_path in file_paths:
    df = pd.read_csv(file_path)
    dfs.append(df)
combined_df = pd.concat(dfs, ignore_index=True)

# Date 열을 datetime 형식으로 변환
combined_df['Date'] = pd.to_datetime(combined_df['Date'])

# Plotly를 사용해 line 그래프 그리기
fig = go.Figure()

# Close에 대한 파란색 실선
fig.add_trace(go.Scatter(x=combined_df['Date'], y=combined_df['Close'],
                        mode='lines', name='Close', line=dict(color='blue')))

# Open에 대한 검은색 점선
fig.add_trace(go.Scatter(x=combined_df['Date'], y=combined_df['Open'],
                        mode='lines+markers', name='Open',
line=dict(color='black', dash='dash')))

# 그래프 레이아웃 설정
fig.update_layout(width=500, height=350, title='Stock Prices Over Time',
                xaxis_title='Date', yaxis_title='Price')
fig.show()
```

🌀 위 코드는 아래와 같은 주요 변경 사항을 포함합니다.

1. plotly.graph_objects 모듈을 사용해 그래프를 그립니다.
2. Close에 대한 파란색 실선과 Open에 대한 검은색 점선을 추가했습니다.
3. fig.update_layout을 사용해 그래프의 레이아웃을 설정했습니다.

이 코드를 실행하면 원하는 스타일의 그래프를 얻을 수 있을 것입니다.

```
visualization.ipynb

1   import plotly.graph_objects as go

    folder_path = 'ABNB_stock_by_date'
    file_paths = [os.path.join(folder_path, file) for file in os.listdir(folder_
    path) if file.endswith('.csv')]

    dfs = []
    for file_path in file_paths:
        df = pd.read_csv(file_path)
        dfs.append(df)
    combined_df = pd.concat(dfs, ignore_index=True)

    combined_df['Date'] = pd.to_datetime(combined_df['Date'])

2   fig = go.Figure()

3   fig.add_trace(go.Scatter(x=combined_df['Date'], y=combined_df['Close'],
                             mode='lines', name='Close', line=dict(color='blue')))

4   fig.add_trace(go.Scatter(x=combined_df['Date'], y=combined_df['Open'],
                             mode='lines+markers', name='Open',
                             line=dict(color='black', dash='dash')))

5   fig.update_layout(width=500, height=350, title='Stock Prices Over Time',
                      xaxis_title='Date', yaxis_title='Price')

    fig.show()
```

| 실행 결과 |

코드의 실행 결과 위와 같이 Date 변수를 x 축으로 하고, y 축으로는 Close 변수를 파란색 실선으로, 검정색 점선으로는 Open 변수를 표현해 하나의 그래프에 총 2개의 꺾은선 그래프가 성공적으로 그려진 것을 확인할 수 있습니다. 이어서 챗GPT가 수정해 준 코드의 알고리즘을 알아보겠습니다. 수정된 부분 위주로 설명드리겠습니다.

1 plotly의 graph_object를 go로 축약 임포트해 그래프를 그립니다.

```
import plotly.graph_objects as go
```

지금까지 plotly 패키지로 시각화 그래프를 그릴 때에는 plotly express를 사용했습니다. plotly express는 자주 쓰이는 여러 시각화 차트들을 보다 간단하고 효율적으로 그릴 수 있도록 함수들을 모아 놓은 패키지인데, 간편하게 그래프를 그릴 수 있는 대신 커스터마이징 측면에서 자유도가 떨어집니다.

여기서는 보다 복잡하지만 커스터마이징의 자유도가 높은 plotly의 graph_object를 사용했습니다. 두 가지의 y 변수를 갖는 그래프를 그리기 때문에 커스터마이징 측면 자유도가 높은 graph_object를 사용하도록 코드가 수정된 것으로 보입니다.

⊘ **패키지**: 특정 기능과 관련된 모듈을 모아둔 것.

2 그래프를 그릴 도화지에 해당하는 figure를 fig 변수에 할당합니다.

```
fig = go.Figure()
```

3 fig 변수에 add_trace 메서드를 이용해 도화지 위에 그래프를 그립니다.

```
fig.add_trace(go.Scatter(x=combined_df['Date'], y=combined_df['Close'],
                         mode='lines', name='Close', line=dict(color='blue')))
```

이때 graph_object에서 제공하는 Scatter 함수로 꺾은선 그래프를 그립니다. x축과 y축에 해당하는 변수를 직관적으로 전달하며, mode **매개변수**에는 line을 전달함으로써 그래프의 유형을 꺾은선 그래프로 설정합니다. 이후 해당 변수의 이름을 Close로 설정하고 색깔을 blue로 설정합니다.

⊘ **메서드**: 함수의 일종으로 클래스 내부에 정의된 함수를 지칭함. cf. 클래스: 프로그램 측면의 설계도 또는 틀
⊘ **매개변수**: 함수나 메서드가 호출될 때 입력으로 전달받는 값으로 다양한 입력값에 대해 동작을 수행할 수 있도록 함.

4 유사한 방법으로 시가에 해당하는 Open 변수에 대한 그래프를 그립니다.

```
fig.add_trace(go.Scatter(x=combined_df['Date'], y=combined_df['Open'],
                         mode='lines+markers', name='Open',
                         line=dict(color='black', dash='dash')))
```

이때 색깔은 black으로 설정하고, 선의 유형을 dash로 설정해 검은 점선으로 시가를 나타냅니다.

5 update_layout 메서드를 이용해 그래프의 전체적인 속성을 설정합니다.

```
fig.update_layout(width=500, height=350, title='Stock Prices Over Time',
                  xaxis_title='Date', yaxis_title='Price')
```

그래프의 너비, 높이와 제목, 그리고 각 축의 레이블을 설정합니다.

나만의 웹 데이터 대시보드 만들기

CODE

이번 CODE에서는 CODE 01 ~ 05에서 배운 내용들을 종합해 하나의 streamlit 데이터 웹 대시보드를 제작해 보겠습니다. Streamlit은 HTML 지식 없이도 손쉽게 웹 대시보드를 제작해 여러가지 데이터를 시각화해 표현할 수 있으며, 다른 사람들에게 배포까지 할 수 있는 파이썬 라이브러리입니다. 우선 소스 코드와 함께 배포된 'car_sales.csv' 파일을 살펴보고 파이썬으로 불러온 후 간단한 시각화 차트를 streamlit 웹 대시보드에 표현하겠습니다. 파일은 다음 URL에서도 다운로드할 수 있습니다.

🏠 URL https://www.kaggle.com/datasets/gagandeep16/car-sales

사전 준비 · '자동차 제원' 데이터세트 준비하기

우선 해당 데이터세트를 엑셀을 통해 불러오면 다음 그림과 같은 데이터를 확인할 수 있습니다. 해당 데이터세트에는 자동차 제조사와 모델명, 판매량, 차량 종류, 마력, 연비 등의 여러 종류의 자동차 제원과 관련된 데이터가 담겨 있습니다.

Manufact	Model	Sales_in_th	_year_res	Vehicle_ty	Price_in_th	Engine_siz	Horsepower	Wheelbas	Width	Length	Curb_weig	Fuel_capa	Fuel_efficiency	Latest_Lau	Power_perf_factor
Acura	Integra	16.919	16.36	Passenger	21.5	1.8	140	101.2	67.3	172.4	2.639	13.2	28	2/2/2012	58.28015
Acura	TL	39.384	19.875	Passenger	28.4	3.2	225	108.1	70.3	192.9	3.517	17.2	25	6/3/2011	91.37078
Acura	CL	14.114	18.225	Passenger		3.2	225	106.9	70.6	192	3.47	17.2	26	1/4/2012	
Acura	RL	8.588	29.725	Passenger	42	3.5	210	114.6	71.4	196.6	3.85	18	22	3/10/2011	91.38978
Audi	A4	20.397	22.255	Passenger	23.99	1.8	150	102.6	68.2	178	2.998	16.4	27	10/8/2011	62.77764
Audi	A6	18.78	23.555	Passenger	33.95	2.8	200	108.7	76.1	192	3.561	18.5	22	8/9/2011	84.56511
Audi	A8	1.38	39	Passenger	62	4.2	310	113	74	198.2	3.902	23.7	21	2/27/2012	134.6569
BMW	323i	19.747		Passenger	26.99	2.5	170	107.3	68.4	176	3.179	16.6	26	6/28/2011	71.19121
BMW	328i	9.231	28.675	Passenger	33.4	2.8	193	107.3	68.5	176	3.197	16.6	24	1/29/2012	81.87707
BMW	528i	17.527	36.125	Passenger	38.9	2.8	193	111.4	70.9	188	3.472	18.5	25	4/4/2011	83.99872

이 데이터세트에서 마력(Horsepower)을 x축으로 하고, 연비(Fuel_efficiency)를 y축으로 하는 산점도 그래프를 그린 후 streamlit 웹 대시보드에 나타내겠습니다. 이때 데이터 포인트들의 색깔을 자동차 제조사(Manufacturer)로 구분해 표시하고, 모든 차량 종류에 해당하는 데이터를 하나의 차트에 모두 나타내는 것이 아니라, 한 번에 하나의 차량 종류(Vehicle_type)에 대한 데이터를 표시하도록 제약 조건을 걸겠습니다.

streamlit 웹 대시보드 생성 코드 만들기

이러한 데이터의 시각화는 어떤 데이터를 가지고 어떤 목적에 따라 분석하느냐에 따라 다양한 분석 방법 및 시각화 방법이 있을 수 있기에 이번 CODE에서는 직접 작성한 코드를 바로 보여드리지 않고 이와 같은 목적에 부합하는 시각화 차트를 그리는 파이썬 코드를 챗GPT로 생성하는 과정을 설명하겠습니다.

앞서 설명한 시각화 차트를 표현하기 위해 다음과 같이 프롬프트를 작성해 챗GPT에게 전달하겠습니다.

> ⊙ 아래 사항을 참고해 streamlit 웹 대시보드를 생성할 수 있는 파이썬 코드를 생성해 줘.
>
> 1. "car_sales.csv"라는 csv 파일을 불러와서 streamlit sidebar에 "Vehicle_type" 컬럼을 기준으로 데이터를 필터링 할 수 있는 selectbox 위젯을 생성해 줘.
> 2. 필터링된 데이터를 기준으로 x축을 "Horsepower"로 하고 y축을 "Fuel_efficiency"로 하는 plotly scatter plot을 그릴 거야.
> 3. 이때 각 scatter의 색깔은 "Manufacturer" 컬럼의 값 기준으로 다르게 표시해 줘
> 4. 그래프를 streamlit 대시보드에 표시해 줘.

> ⑥ 아래는 streamlit을 사용해 car_sales.csv 파일을 불러오고, 데이터를 필터링해 plotly를 사용해 scatter plot을 그리는 파이썬 코드입니다.

```python
import streamlit as st
import pandas as pd
import plotly.express as px

# Streamlit 대시보드 제목
st.title("Car Sales Dashboard")

# CSV 파일 불러오기
df = pd.read_csv("car_sales.csv")

# Streamlit sidebar에 selectbox 위젯 생성
vehicle_types = df['Vehicle_type'].unique()
selected_vehicle_type = st.sidebar.selectbox("Select Vehicle Type", vehicle_types)
```

```
# 선택한 Vehicle_type에 따라 데이터 필터링
filtered_df = df[df['Vehicle_type'] == selected_vehicle_type]

# Plotly를 사용해 scatter plot 생성
fig = px.scatter(
    filtered_df,
    x='Horsepower',
    y='Fuel_efficiency',
    color='Manufacturer',
    title=f'Horsepower vs Fuel Efficiency for {selected_vehicle_type}',
    labels={
        'Horsepower': 'Horsepower',
        'Fuel_efficiency': 'Fuel Efficiency'
    }
)

# Streamlit 대시보드에 그래프 표시
st.plotly_chart(fig)
```

◎ 위 코드를 실행하면, streamlit 웹 대시보드가 생성되고 사이드바에서 차량 유형을 선택할 수 있는 selectbox가 표시됩니다. 선택한 차량 유형에 따라 데이터가 필터링되고, 그 데이터를 바탕으로 plotly scatter plot이 그려집니다. Scatter plot의 각 점의 색깔은 제조사(Manufacturer) 기준으로 다르게 표시됩니다.

프롬프트에서 streamlit 웹 대시보드를 생성하기 위한 파이썬 코드를 생성해 달라는 주문과 함께 다음과 같이 번호 열거식으로 요청 사항을 전달했습니다.

1 **"car_sales.csv"라는 csv 파일을 불러와서 streamlit sidebar에 "Vehicle_type" 컬럼을 기준으로 데이터를 필터링 할 수 있는 selectbox 위젯을 생성해 줘.**

car_sales.csv 데이터세트를 불러와서 Vehicle_type 컬럼의 값을 기준으로 데이터를 필터링할 수 있는 기능을 구현해 달라고 요청합니다. 해당 컬럼은 Passenger와 Car 두 가지의 고유값을 가집니다. 이때 streamlit의 sidebar에 필터링 기능을 구현하기 위한 selectbox 위젯을 생성해 달라고 명시합니다.

여기서 sidebar는 웹 대시보드의 왼편에 메인 페이지와는 별도로 구성되는 메뉴 바와 같은 기능을 하는데, 이후 생성된 웹 대시보드 결과 화면을 소개하며 다시 설명하겠습니다. selectbox는 드롭-다운 형식으로 여러 가지의 선택지 중 하나를 선택할 수 있게끔 하는 위젯입니다.

2 필터링된 데이터를 기준으로 x축을 "Horsepower"로 하고 y축을 "Fuel_efficiency"로 하는 plotly scatter plot을 그릴 거야

다음으로 필터링된 데이터를 기준으로 plotly scatter plot을 그려 달라고 요청합니다. 이때 x축으로는 Horsepower 컬럼을, y축으로는 Fuel_efficiency 컬럼을 사용합니다.

3 이때 각 scatter의 색깔은 "Manufacturer" 컬럼의 값 기준으로 다르게 표시해 줘.

각 scatter들은 Manufacturer 컬럼의 값을 기준으로 색깔을 구분해 표시해 달라고 요청합니다.

4 그래프를 streamlit 대시보드에 표시해 줘.

마지막으로 해당 그래프를 streamlit 웹 대시보드에 표현해 달라고 주문합니다.

해당 프롬프트를 챗GPT에 전달해 생성된 결과를 살펴보겠습니다. 답변의 맨 처음에서 필요 패키지를 소개하며 설치의 필요성을 언급합니다. Streamlit는 대부분의 경우 설치되어 있지 않을 것이므로, 생성된 코드를 실행하기 전에 anaconda prompt에서 스크립트가 실행될 가상환경을 활성화시킨 상태로 **pip install streamlit** 커맨드를 입력해 설치해야 합니다.

 streamlit 라이브러리를 설치한 상태에서 챗GPT가 생성해 준 코드를 VS code로 가져와 파이썬 스크립트 파일로 (.py) 저장합니다. 필자는 streamlit.py와 같이 저장했습니다. 저장한 스크립트는 다음과 같습니다.

```
streamlit.py

1    import streamlit as st
     import pandas as pd
     import plotly.express as px

2    st.title("Car Sales Dashboard")

3    df = pd.read_csv("car_sales.csv")

4    vehicle_types = df['Vehicle_type'].unique()
     selected_vehicle_type = st.sidebar.selectbox("Select Vehicle Type", vehicle_
     types)

5    filtered_df = df[df['Vehicle_type'] == selected_vehicle_type]

6    fig = px.scatter(
         filtered_df,
         x='Horsepower',
         y='Fuel_efficiency',
         color='Manufacturer',
```

```
              title=f'Horsepower vs Fuel Efficiency for {selected_vehicle_type}',
              labels={
                    'Horsepower': 'Horsepower',
                    'Fuel_efficiency': 'Fuel Efficiency'
              }
        )

7     st.plotly_chart(fig)
```

이번에는 실행 결과를 살펴보기 전에 스크립트 작동 원리부터 먼저 살펴보겠습니다. 작동 원리를 확인한 후 실행 결과를 살펴보는 편이 더 이해하기 편하기 때문입니다.

1 가장 처음으로 필요한 라이브러리를 import 합니다.

```
import streamlit as st
import pandas as pd
import plotly.express as px
```

좀 전에 설치한 streamlit을 st로 축약해 임포트합니다. pandas와 plotly는 앞서 설명한 것과 같이 데이터 분석 및 시각화 라이브러리입니다.

⊘ **라이브러리**: 프로그램을 만들 때 자주 사용하는 패키지와 모듈을 모아둔 것.

2 streamlit title 함수를 이용해 streamlit 웹 대시보드의 제목을 설정합니다.

```
st.title("Car Sales Dashboard")
```

이때 title 함수에 전달된 인자인 "Car Sales Dashboard"가 제목 텍스트로 표시됩니다.

⊘ **함수**: 특정 기능을 수행하는 코드의 집합. cf.엑셀 함수

3 pandas의 read_csv 함수를 이용해 car_sales.csv 파일을 불러옵니다.

```
df = pd.read_csv("car_sales.csv")
```

4 streamlit 사이드바에 "Select Vehicle Type"라는 제목의 selectbox 위젯을 추가합니다.

```
vehicle_types = df['Vehicle_type'].unique()
selected_vehicle_type = st.sidebar.selectbox("Select Vehicle Type", vehicle_types)
```

이 위젯은 데이터세트의 Vehicle_type 컬럼의 고유값을 선택지로 가지고 있습니다.

5 4에서 생성한 streamlit selectbox 위젯을 통해 데이터를 필터링합니다.

```
filtered_df = df[df['Vehicle_type'] == selected_vehicle_type]
```

selectbox는 선택된 Vehicle type을 기준으로 car_sales.csv 데이터세트에서 가져온 데이터를 필터 링하며 그 결과를 filtered_df 변수에 저장합니다.

⊘ **변수**: 언제든지 변할 수 있는 값을 저장하는 공간.

6 plotly의 px.scatter 함수를 사용해 scatter plot을 생성합니다.

```
fig = px.scatter(
    filtered_df,
    x='Horsepower',
    y='Fuel_efficiency',
    color='Manufacturer',
    title=f'Horsepower vs Fuel Efficiency for {selected_vehicle_type}',
    labels={
        'Horsepower': 'Horsepower',
        'Fuel_efficiency': 'Fuel Efficiency'
    }
)
```

x축은 "Horsepower", y축은 "Fuel_efficiency"로 설정되며, 각 scatter의 색상은 "Manufacturer"컬 럼의 값에 따라 지정됩니다. 그래프의 제목과 축 레이블도 설정됩니다.

7 생성된 plotly 그래프를 streamlit 대시보드에 표현합니다.

```
st.plotly_chart(fig)
```

이제 해당 스크립트를 기반으로 streamlit 애플리케이션을 실행하겠습니다. 실행 전에 저장한 파이썬 스크립트 파일의 경로를 알아야 합니다. 예를 들어 파이썬 스크립트 파일을 C 드라이브의 data 폴더 내에 streamlit.py 파일을 저장했다면 해당 파일의 경로는 C:\data\streamlit.py입니다. 아나콘다 프롬프트를 실행하고 **conda activate** 명령어를 이용하여 가상환경을 활성화 한 후, 아래 명령어를 차례대로 입력합니다.

```
cd C:\data
streamlit run streamlit.py
```

▶ C 드라이브의 data 폴더 내에 streamlit.py 파일을 저장했다는 가정하에 작성된 명령어입니다. 본인이 저장한 파일 경로를 입력하면 됩니다. 파일 경로는 파일탐색기의 주소창에서 확인할 수 있습니다.

cd 명령은 이후에 전달된 경로로 이동하는 기능을 합니다. 해당 명령어를 통해 파이썬 스크립트가 있는 폴더로 이동한 후 그 아래의 **streamlit run** 명령어를 사용해 streamlit 애플리케이션을 실행합니다. 이때 streamlit run 이후에 좀 전에 저장한 파이썬 스크립트 파일의 이름을 확장자와 함께 전달해야 합니다. 여기까지 따라하시면 웹 브라우저 창이 실행되며 streamlit 웹 대시보드가 나타납니다.

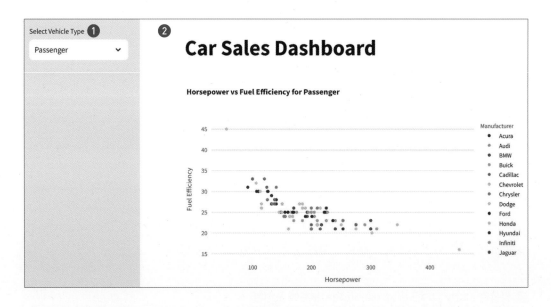

그림의 왼쪽에 회색 바탕으로 나타난 영역 ❶이 sidebar입니다. sidebar 안에 데이터세트의 Vehicle type를 선택할 수 있는 selectbox 위젯이 생성되어 있습니다. 해당 위젯의 초기값은 Passenger로 설정되어 있으며, 해당 데이터를 기반으로 필터링된 서브 데이터세트를 통해 오른편의 ❷메인 페이지에 Car Sales Dashboard라는 제목과 함께 plotly scatter plot이 나타난 것을 확인할 수 있습니다.

scatter plot을 확인해 보면 의도한 대로 x축이 마력(Horsepower)으로, y축이 연비(Fuel_efficiency)로 설정된 것을 확인할 수 있으며, 각 scatter는 Manufacturer 변수의 값 기준으로 색깔이 구분되어 있는 것을 확인할 수 있습니다. sidebar의 selectbox 위젯을 클릭해 선택된 값을 Passenger에서 Car로 변경하겠습니다.

앞서 챗GPT가 생성해 준 파이썬 코드의 알고리즘 대로 car_sales.csv 데이터세트의 Vehicle_type 컬럼이 Car인 값들로만 데이터가 필터링 되었고, 자동으로 오른쪽 차트가 갱신되는 것을 확인할 수 있습니다.

이처럼 stremalit 웹 대시보드는 다양한 위젯을 사용해 사용자와 동적으로 상호작용하며 실시간으로 데이터 및 시각화 차트를 갱신할 수 있습니다. 여기서는 selectbox 위젯과 plotly 차트 하나로만 이루어진 간단한 streamlit 웹 대시보드를 제작했지만, 이를 활용해 보다 다양한 위젯과 복잡한 데이터세트를 깔끔하게 시각화 할 수 있습니다.

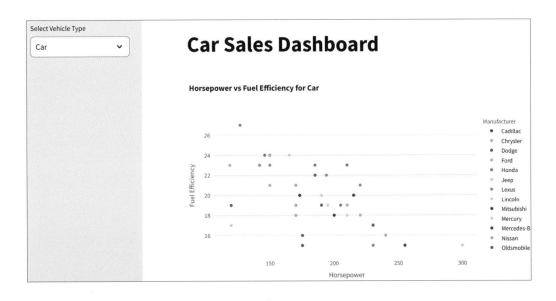

CHAPTER

웹 크롤링

이번 장에서는 웹 크롤링(web crawling)에 대해 알아보겠습니다. 웹 크롤링은 인터넷에 존재하는 수많은 데이터를 조건에 따라 자동으로 수집해 데이터베이스화하는 것을 뜻합니다. 이러한 개념에 따라 데이터를 실시간으로 업데이트하고 자동화하며, 다양한 데이터 소스로부터 데이터를 통합한다는 관점에서 유용하게 사용할 수 있는 기법입니다. 실제로 웹 크롤링은 소셜 미디어 분석, 주식 및 부동산 정보 수집 등 여러 분야에서 데이터 수집 및 분석을 위해 활용되고 있습니다.

이번 CHAPTER에서는 웹 크롤링과 관련해 금융 시장 데이터 크롤링 및 분석, 주요 뉴스 키워드 크롤링, 유튜브의 특정 키워드 검색 결과 크롤링, 총 세 가지 예시를 다루겠습니다.

주식 데이터
크롤링하기

우선 웹 크롤링을 이용해 주식 데이터를 가져와 해당 데이터를 파이썬 코드로 자동 분석하는 방법을 알아보겠습니다.

사전 준비 '삼성전자 일별 시세' 데이터세트 확인하기

특정 종목에 대한 거래일별 시가, 저가, 고가, 종가, 거래량에 대한 데이터를 크롤링하겠습니다. 이 책에서는 삼성전자의 데이터를 사용합니다. 우선 네이버 증권 웹사이트에 접속해 가져올 데이터를 살펴보겠습니다.

🏠 **URL** https://finance.naver.com/

네이버 증권 웹사이트 메인 페이지 오른쪽 위 검색창에 관심 종목의 종목 코드를 검색하면 다음과 같은 화면이 나타납니다.

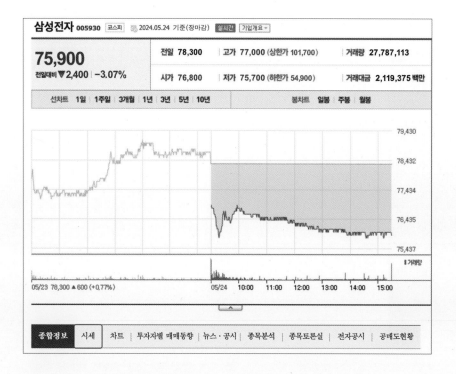

이때 화면에서 좌측 아래에 있는 [시세] 탭을 클릭하면 다음 그림과 같이 일별 시가, 저가, 고가, 종가, 거래량과 같은 시세를 확인할 수 있습니다. 이 테이블이 우리가 데이터를 웹 크롤링해 불러올 데이터 테이블입니다.

일별시세							
날짜	종가	전일비	시가	고가	저가	거래량
2024.05.24	75,900	▼ 2,400	76,800	77,000	75,700	27,789,101
2024.05.23	78,300	▲ 600	77,700	79,100	77,100	18,728,087
2024.05.22	77,700	▼ 700	78,100	78,700	77,300	19,521,506
2024.05.21	78,400	▼ 500	78,500	79,000	78,200	13,690,583
2024.05.20	78,900	▲ 1,500	78,100	79,100	77,900	19,456,783
2024.05.17	77,400	▼ 800	78,600	78,800	77,200	15,918,201
2024.05.16	78,200	▼ 100	80,200	80,300	78,100	20,989,778
2024.05.14	78,300	▼ 100	78,600	78,800	77,900	11,763,992
2024.05.13	78,400	▼ 800	79,400	79,900	77,600	18,652,344
2024.05.10	79,200	▼ 500	80,400	81,100	78,900	16,976,124

1 | 2 | 3 | 4 | 5 | 6 | 7 | 8 | 9 | 10 다음 ▸ 맨뒤 ▸▸

스크립트   주식 데이터를 크롤링하는 코드

| 잠깐! | 패키지/라이브러리부터 설치하자!

requests
beautifulsoup4
※ 이 책의 앞부분을 참고해 해당 패키지/라이브러리를 설치합니다.

이제 파이썬을 이용해 앞서 네이버 증권 웹사이트에서 확인했던 주식 데이터를 크롤링하겠습니다. 다음은 한 달간의 삼성전자 주식 데이터를 크롤링하는 파이썬 스크립트입니다.

```
samsung_stock_price.py

1    import requests
     from bs4 import BeautifulSoup
     import pandas as pd
     from datetime import datetime, timedelta

2    url = 'https://finance.naver.com/item/sise_day.naver?code=005930'

3    headers = {
```

```
            'User-Agent': 'Mozilla/5.0 (Windows NT 10.0; Win64; x64)
AppleWebKit/537.36 (KHTML, like Gecko) Chrome/58.0.3029.110 Safari/537.3'}

4    data = []

5    today = datetime.now()
     one_month_ago = today - timedelta(days=30)

6    for page in range(1, 5):
         response = requests.get(f'{url}&page={page}', headers=headers)
         html = response.text
         soup = BeautifulSoup(html, 'html.parser')
         table = soup.find('table', class_='type2')

7        rows = table.find_all('tr')
         for row in rows:
             cols = row.find_all('td')
             if len(cols) < 7:
                 continue

8            date = cols[0].text.strip()
             try:
                 date_parsed = datetime.strptime(date, '%Y.%m.%d')
             except ValueError:
                 continue

9            if one_month_ago <= date_parsed <= today:
                 data.append({
                     'date': date,
                     'close': cols[1].text.strip().replace(',', ''),
                     'open': cols[3].text.strip().replace(',', ''),
                     'high': cols[4].text.strip().replace(',', ''),
                     'low': cols[5].text.strip().replace(',', ''),
                     'volume': cols[6].text.strip().replace(',', '')
                 })

10   df = pd.DataFrame(data)
     df['date'] = pd.to_datetime(df['date'])

11   print(df)
```

```
        date   close   open   high    low    volume
0   2024-05-24  75900  76800  77000  75700  27793447
1   2024-05-23  78300  77700  79100  77100  18728087
2   2024-05-22  77700  78100  78700  77300  19521506
3   2024-05-21  78400  78500  79000  78200  13690583
4   2024-05-20  78900  78100  79100  77900  19456783
5   2024-05-17  77400  78600  78800  77200  15918201
6   2024-05-16  78200  80200  80300  78100  20989778
7   2024-05-14  78300  78600  78800  77900  11763992
8   2024-05-13  78400  79400  79900  77600  18652344
9   2024-05-10  79200  80400  81100  78900  16976124
10  2024-05-09  79700  81100  81500  79700  18759935
11  2024-05-08  81300  80800  81400  80500  13089576
```

스크립트의 실행 결과로 네이버 증권 웹사이트에서 살펴봤던 삼성전자 주식 데이터와 동일한 데이터가 출력되는 것을 확인할 수 있습니다. 이처럼 웹 크롤링은 직접 웹사이트에 접속하지 않더라도 손쉽게 웹상의 데이터를 불러올 수 있으며 여러 데이터 소스로부터 다양한 관심 데이터를 크롤링해 나만의 데이터베이스를 만들고 분석할 수 있습니다.

작동 원리 　주식 데이터가 크롤링되는 이유

주식 데이터가 어떤 원리로 크롤링되었을까요? 스크립트의 알고리즘을 살펴보며 알아보겠습니다.

1 이번 스크립트에서 사용할 패키지를 임포트합니다.

```
import requests
from bs4 import BeautifulSoup
import pandas as pd
from datetime import datetime, timedelta
```

requests는 웹 페이지에 요청을 보낼 때 사용하고, **beautifulsoup**은 웹 페이지의 HTML을 읽어서 파싱(해석)하기 위한 **라이브러리**입니다. **pandas**는 1장에서도 다뤄본 바 있듯이 정형 데이터를 다루는 것에 특화된 **라이브러리**이며, 마지막으로 datetime 및 timedelta는 날짜와 시간을 다루는 데 사용할 수 있는 패키지입니다.

⊘ **라이브러리**: 프로그램을 만들 때 자주 사용하는 패키지와 모듈을 모아둔 것.
⊘ **패키지**: 특정 기능과 관련된 모듈을 모아둔 것.

2 크롤링을 위한 웹 페이지의 URL을 url 변수에 저장합니다.

```
url = 'https://finance.naver.com/item/sise_day.naver?code=005930'
```

이 스크립트에 나와 있는 url은 삼성전자의 일별 시세를 확인할 수 있는 URL인데, 맨 마지막에 **code=005930** 부분을 확인할 수 있습니다. 여기서 005930이 삼성전자의 종목 코드이며, **이 부분을 원하는 종목 코드로 변경하면 해당 주식의 데이터를 확인할 수 있습니다.**

3 requests 패키지를 이용해 웹 페이지에 요청을 보낼 때 사용할 헤더를 저장합니다.

```
headers = {
      'User-Agent': 'Mozilla/5.0 (Windows NT 10.0; Win64; x64) AppleWebKit/537.36
(KHTML, like Gecko) Chrome/58.0.3029.110 Safari/537.3'}
```

⊘ **헤더**: 웹상에서 데이터를 주고받는 데 필요한 인터넷 통신 프로토콜 중 하나로, 요청하는 주체가 누구인지 등의 여러 가지 정보를 포함함.

4 크롤링한 데이터를 저장할 변수로 data를 빈 리스트로 선언합니다.

```
data = []
```

⊘ **변수**: 언제든지 변할 수 있는 값을 저장하는 공간.
⊘ **리스트**: 여러 개의 값을 순차적으로 보관하는 자료 구조.

5 스크립트가 실행되는 날짜와 그 날짜로부터 한 달 전의 날짜를 계산합니다.

```
today = datetime.now()
one_month_ago = today - timedelta(days=30)
```

실행되는 날짜는 **today** 변수에, 한 달 전의 날짜는 **one_month_ago** 변수에 저장합니다.

6 **본격적으로 데이터를 크롤링합니다.**

```
for page in range(1, 5):
    response = requests.get(f'{url}&page={page}', headers=headers)
    html = response.text
    soup = BeautifulSoup(html, 'html.parser')
    table = soup.find('table', class_='type2')
```

앞의 그림에서는 일별 주식 데이터가 한 페이지당 약 14일 정도만 나타났습니다. 따라서 한 달간의 종목 데이터를 불러오기 위해서는 페이지를 넘겨 가며 데이터를 크롤링해야 합니다. for 반복문을 사용해 1페이지부터 5페이지까지 반복하며 크롤링 구문을 실행합니다.

이때 requests의 **get** 함수를 이용해 웹으로부터 데이터를 크롤링하며, 불러온 데이터(HTML로 이루어진 데이터)를 **beautifulsoup**을 이용해 파싱(해석)합니다. 우리가 필요로 하는 주식 데이터는 네이버 증권 웹사이트상에서 table 형태로 이루어져 있으므로 **find** 메서드를 이용해 파싱한 데이터 중 테이블만 찾아서 **table** 변수에 저장합니다.

⊘ **for 반복문**: 'for [요소] in [시퀀스]' 형태로 이루어지며 [시퀀스]에서 각 요소를 하나씩 순차적으로 불러와 for 반복문 내 들여쓰기된 구문을 반복해 실행하는 기능을 함.

7 **table 변수에 저장된 삼성전자 종목의 일별 데이터를 한 행씩 읽습니다.**

```
rows = table.find_all('tr')
for row in rows:
    cols = row.find_all('td')
    if len(cols) < 7:
        continue
```

이제 table 변수에는 특정 페이지의 삼성전자 종목의 일별 데이터가 들어있습니다. 해당 테이블에서 **tr**(table row의 약자로 행을 뜻함)을 찾아 다시 **rows** 변수에 저장하고, for 반복문을 사용해 한 행씩 데이터를 읽습니다.

한 행 내에서 다시 **td** (table data의 약자로 각 셀을 뜻함)를 **cols** 변수에 저장한 후 하나씩 순회하며 데이터를 읽어옵니다. 이때 실행 결과에서 본 것과 같이 각 행은 7개의 데이터(날짜, 종가, 전일비, 시가, 고가, 저가, 거래량)를 가지고 있어야 합니다. 만약 불러온 cols 변수에 7개 미만의 데이터가 포함되었다면 해당 반복문의 해당 순서를 **continue**를 이용해 생략하고 곧바로 다음 순서로 넘어갑니다.

8 각 행의 가장 첫 번째 열의 데이터인 날짜를 date 변수에 저장한 후 이를 datetime의 strptime을 이용해 datetime 형식으로 변환해 date_parsed 변수에 저장합니다.

```
date = cols[0].text.strip()
try:
    date_parsed = datetime.strptime(date, '%Y.%m.%d')
except ValueError:
    continue
```

이때 만약 날짜 데이터가 잘못되어 ValueError를 발생시킨다면 프로그램을 종료하지 않고 continue를 이용해 반복문의 다음 요소로 즉각 넘어가도록 예외처리합니다.

9 if 조건문을 이용해 데이터를 정리합니다.

```
if one_month_ago <= date_parsed <= today:
data.append({
    'date': date,
    'close': cols[1].text.strip().replace(',', ''),
    'open': cols[3].text.strip().replace(',', ''),
    'high': cols[4].text.strip().replace(',', ''),
    'low': cols[5].text.strip().replace(',', ''),
    'volume': cols[6].text.strip().replace(',', '')
})
```

8의 date_parsed의 날짜가 오늘 날짜(today 변수) 보다는 이전이고, 오늘 날짜로부터 한 달 이전의 날짜(one_month_ago 변수)보다는 이후라면 data 변수에 날짜, 종가, 시가, 고가, 저가, 거래량을 각각 **date, close, open, high, low, volume** 키값으로 하는 **딕셔너리** 형태로 저장해 이어 붙입니다.

⊘ **조건문**: if [조건식]: 의 형태로 표현되는 조건식은 조건식이 참인 경우에만 함께 묶이는 구문을 실행함.
⊘ **딕셔너리**: 딕셔너리는 파이썬의 대표적인 자료 구조 중 하나로, {[키]:[값]}의 형태로 데이터를 저장함.

10 이와 같은 절차로 웹 크롤링을 완료한 후 데이터를 담고 있는 data 변수를 pandas의 dataframe에 저장합니다.

```
df = pd.DataFrame(data)
df['date'] = pd.to_datetime(df['date'])
```

이때 날짜에 해당하는 date 컬럼은 **to_datetime** 함수를 이용해 datetime 형식으로 변경합니다.

11 마지막으로 print 함수를 이용해 크롤링한 데이터를 출력합니다.

```
print(df)
```

지금까지 네이버 증권 웹사이트로부터 삼성전자의 한 달간 주식 데이터를 크롤링하는 파이썬 스크립트를 실행해 보고 결과를 확인한 후 그 알고리즘을 학습했습니다. 앞서 소개한 스크립트에 조금 더 복잡한 알고리즘을 붙여서 커스터마이징하려면 어떻게 해야 할까요? 이어서 챗GPT를 이용해 커스터마이징하는 간단한 예시를 소개하겠습니다.

스크립트 수정 — With ChatGPT
종목 코드와 데이터의 범위를 입력해 주식 데이터를 크롤링하기

앞에서는 종목을 삼성전자로, 데이터 범위를 한 달로 고정했습니다. 이번에는 사용자로부터 종목 코드와 데이터 범위를 직접 입력받은 후 해당 조건에 맞는 주식 데이터를 크롤링하고 불러온 데이터를 csv 파일로 저장할 수 있도록 스크립트를 수정해보겠습니다. 이를 위해 다음과 같이 챗GPT 프롬프트를 작성한 후 요청하겠습니다.

> 아래는 네이버 증권 웹사이트에서 삼성전자의 한 달간의 주식 데이터를 크롤링하는 파이썬 코드야. 아래 사항들을 반영할 수 있도록 코드를 수정해 줘.
>
> ① 삼성전자가 아니라 사용자가 입력한 종목 코드에 해당하는 주식 데이터를 크롤링
> ② 2024년 5월 주식 데이터가 아니라 사용자가 입력한 날짜로부터 현재까지의 데이터를 크롤링
> ③ 크롤링한 데이터를 user_stock_price.csv 파일로 저장
>
> 여기에 [samsung_stock_price.py] 스크립트를 복사해서 붙여넣습니다. 여기서는 지면상의 이유로 생략합니다.

> 아래는 사용자가 입력한 종목 코드와 날짜로부터 현재까지의 데이터를 크롤링하도록 수정된 코드입니다. 먼저, 필요한 라이브러리를 설치해야 합니다. 터미널이나 명령 프롬프트에서 아래 명령어를 실행합니다:

```
pip install requests beautifulsoup4 pandas
```

그 다음, 아래 파이썬 코드를 사용해 데이터를 크롤링합니다:

```python
import requests
from bs4 import BeautifulSoup
import pandas as pd
import datetime

def crawl_stock_data(stock_code, start_date):
    # 네이버 금융 URL
    url = f'https://finance.naver.com/item/sise_day.naver?code={stock_code}'

    # 헤더 설정
    headers = {
            'User-Agent': 'Mozilla/5.0 (Windows NT 10.0; Win64; x64) AppleWebKit/537.36
(KHTML, like Gecko) Chrome/58.0.3029.110 Safari/537.3'}

    # 데이터 저장 리스트
    data = []

    # 현재 날짜
    today = datetime.datetime.now()
    start_date = datetime.datetime.strptime(start_date, '%Y-%m-%d')

    # 페이지 번호 초기화
    page = 1
    while True:
        response = requests.get(f'{url}&page={page}', headers=headers)
        html = response.text
        soup = BeautifulSoup(html, 'html.parser')
        table = soup.find('table', class_='type2')

        # 테이블에서 데이터를 추출
        rows = table.find_all('tr')
        for row in rows:
            cols = row.find_all('td')
            if len(cols) < 7:
                continue

            date = cols[0].text.strip()
            if date == '':
                continue
```

```python
            date_dt = datetime.datetime.strptime(date, '%Y.%m.%d')
            if date_dt < start_date:
                break

            if date_dt <= today:
                data.append({
                    'date': date,
                    'close': cols[1].text.strip().replace(',', ''),
                    'open': cols[3].text.strip().replace(',', ''),
                    'high': cols[4].text.strip().replace(',', ''),
                    'low': cols[5].text.strip().replace(',', ''),
                    'volume': cols[6].text.strip().replace(',', '')
                })

        # 더 이상 데이터를 가져올 필요가 없을 때 루프 종료
        if date_dt < start_date:
            break

        page += 1

    # 데이터프레임으로 변환
    df = pd.DataFrame(data)
    df['date'] = pd.to_datetime(df['date'])

    return df

# 사용자 입력
stock_code = input("종목 코드를 입력하세요 (예: 005930): ")
start_date = input("시작 날짜를 입력하세요 (YYYY-MM-DD 형식): ")

# 데이터 크롤링
stock_data = crawl_stock_data(stock_code, start_date)

stock_data.to_csv('user_stock_price.csv', index=False)
```

챗GPT가 생성해 준 코드를 Visual Studio Code로 불러와서 다음과 같이 user_stock_price.py 파일 스크립트 파일로 저장한 후 실행하겠습니다.

---

user_stock_price.py

```python
import requests
from bs4 import BeautifulSoup
import pandas as pd
import datetime

def crawl_stock_data(stock_code, start_date):
    url = f'https://finance.naver.com/item/sise_day.naver?code={stock_code}'
    headers = {
            'User-Agent': 'Mozilla/5.0 (Windows NT 10.0; Win64; x64)
AppleWebKit/537.36 (KHTML, like Gecko) Chrome/58.0.3029.110 Safari/537.3'}

    data = []

    today = datetime.datetime.now()
    start_date = datetime.datetime.strptime(start_date, '%Y-%m-%d')

    page = 1
    while True:
        response = requests.get(f'{url}&page={page}', headers=headers)
        html = response.text
        soup = BeautifulSoup(html, 'html.parser')
        table = soup.find('table', class_='type2')

        rows = table.find_all('tr')
        for row in rows:
            cols = row.find_all('td')
            if len(cols) < 7:
                continue

            date = cols[0].text.strip()
            if date == '':
                continue

            date_dt = datetime.datetime.strptime(date, '%Y.%m.%d')
            if date_dt < start_date:
                break
```

1 def crawl_stock_data(stock_code, start_date):

2 page = 1

3 date_dt = datetime.datetime.strptime(date, '%Y.%m.%d')
    if date_dt < start_date:
        break

```
                        if date_dt <= today:
                            data.append({
                                'date': date,
                                'close': cols[1].text.strip().replace(',', ''),
                                'open': cols[3].text.strip().replace(',', ''),
                                'high': cols[4].text.strip().replace(',', ''),
                                'low': cols[5].text.strip().replace(',', ''),
                                'volume': cols[6].text.strip().replace(',', '')
                            })

                        if date_dt < start_date:
                            break

                    page += 1

            df = pd.DataFrame(data)
            df['date'] = pd.to_datetime(df['date'])

            return df

  4     stock_code = input("종목 코드를 입력하세요 (예: 005930): ")
        start_date = input("시작 날짜를 입력하세요 (YYYY-MM-DD 형식): ")

        stock_data = crawl_stock_data(stock_code, start_date)

  5     stock_data.to_csv('user_stock_price.csv', index=False)
```

| 실행 결과 |

```
종목 코드를 입력하세요 (예: 005930): 005830
시작 날짜를 입력하세요 (YYYY-MM-DD 형식): 2024-01-01█
```

코드를 실행하면 실행 결과와 같이 종목 코드를 입력하라는 메시지가 터미널에 생성됩니다. 이번에는 현대자동차의 종목 코드인 **005830**을 입력한 후 Enter 를 입력하면 시작 날짜를 입력하라는 메시지가 생성됩니다. 여기서 시작 날짜는 입력한 종목의 주식 데이터를 불러오기를 시작할 날짜로, 입력한 날짜를 기준으로 오늘까지의 주식 데이터를 크롤링합니다. 여기서는 **2024-01-01**을 입력해 2024년 1월 1일부터 지금까지의 데이터를 크롤링하겠습니다.

스크립트가 성공적으로 실행되면 파이썬 스크립트가 저장된 경로에 user_stock_price.csv 파일이 생성됩니다. 해당 파일을 엑셀로 실행해 데이터가 문제없이 크롤링되었는지 확인하겠습니다.

date	close	open	high	low	volume	
2024.1.16	80100	81000	81600	80100	75313	
2024.1.15	81800	79000	81800	78500	126284	
2024.1.12	79000	76900	80300	76700	91854	
2024.1.11	76700	77000	78400	76200	142447	
2024.1.10	77500	78900	79200	77200	102368	
2024.1.9	78900	80300	80300	78900	144456	
2024.1.8	79200	79500	80000	78500	66353	
2024.1.5	79100	79200	80100	78500	73672	
2024.1.4	79200	81200	81300	79200	106131	
2024.1.3	80900	81400	81900	80900	112591	
2024.1.2	81600	82600	83300	81200	114432	

생성된 csv 파일을 확인한 결과 앞의 그림과 같이 사용자가 입력한 종목(현대자동차)의 데이터가 입력한 날짜부터 크롤링이 잘 이루어졌으며, 크롤링된 데이터를 성공적으로 csv 파일로 저장한 것을 확인할 수 있습니다.

▶ '2024-01-01'을 입력했지만, 1월 1일은 공휴일이라서 주식 거래가 이루어지지 않았으므로 1월 2일부터 데이터가 존재합니다

이제 챗GPT가 수정해 준 스크립트의 알고리즘을 확인하겠습니다. 스크립트의 큰 줄기는 앞서 소개한 삼성전자 주식 데이터 크롤링 스크립트와 유사하므로 챗GPT에 의해 수정된 부분만 간략히 살펴보겠습니다.

1 **챗GPT에 의해 데이터를 크롤링하는 역할을 수행하는 부분이** 사용자 정의 함수로 변경되었습니다.

```
def crawl_stock_data(stock_code, start_date):
```

crawl_stock_data라는 이름을 가진 함수를 정의하는데, 이때 함수의 매개변수는 두 가지로, 사용자가 이후에 입력할 주식의 종목 코드와 데이터 범위로 설정될 날짜입니다.

▶ **사용자 정의 함수**: def [함수명]([매개변수]): 형태를 가지며 파이썬에서 기본적으로 제공하는 함수 외에 사용자가 필요에 따라 직접 알고리즘을 구현하도록 정의한 함수.

2 **page라는 이름을 가진 신규 변수를 추가로 정의해 초기값으로 1을 할당합니다.**

```
page = 1
```

이는 첫 번째 페이지를 의미하며 이후 반복문에서 약 14일 치 주식 데이터를 크롤링할 때마다 1씩 더해져 다음 페이지로 넘어가서 크롤링을 반복하는 역할을 합니다. 앞서 삼성전자 주식 데이터를 크롤링하는 스크립트에서는 for 반복문을 사용했다면 여기서는 **while 반복문**을 사용하는 것으로 코드가 수정되었습니다.

▶ **while 반복문**: while [조건문]: 의 형태로 정의되는 반복문으로 조건문이 참인 경우에 해당 구문을 계속해서 반복함.

3 크롤링 중인 데이터의 날짜 항목을 체크합니다.

```
date_dt = datetime.datetime.strptime(date, '%Y.%m.%d')
if date_dt < start_date:
    break
```

크롤링 중인 데이터의 날짜 항목이 사용자가 시작 날짜로 입력한 값(start_date 변수)보다 이전인 경우 해당 반복문을 **break** 구문을 이용해 빠져나갑니다. 그렇지 않은 경우, while 반복문을 빠져나가지 못하므로 계속해서 데이터를 크롤링합니다.

4 파이썬 내장 함수인 input을 이용해 사용자로부터 입력을 받습니다.

```
stock_code = input("종목 코드를 입력하세요 (예: 005930): ")
start_date = input("시작 날짜를 입력하세요 (YYYY-MM-DD 형식): ")
```

종목 코드를 입력받아 **stock_code** 변수에, 크롤링을 종료할 날짜를 입력받아 **start_date** 변수에 저장합니다. 이때 주식 데이터는 최신 날짜부터 이전 날짜순으로 정렬되어 있으므로 크롤링을 종료할 날짜가 가장 빠른 날짜(strat_date)가 됩니다.

5 마지막으로 크롤링한 데이터를 to_csv 메서드를 이용해 csv 파일로 저장합니다.

```
stock_data.to_csv('user_stock_price.csv', index=False)
```

지금까지 삼성전자 주식 데이터를 네이버 증권 웹사이트로부터 크롤링해 출력하고, 몇 가지 추가 알고리즘을 챗GPT를 이용해 추가하는 것을 학습했습니다. 여기서 학습한 것과 같이 챗GPT를 활용한다면 보다 복잡하고 까다로운 크롤링도 어렵지 않게 수행할 수 있습니다.

주요 뉴스 및
이슈 제목 크롤링하기

CODE

앞서 특정 종목의 주식 데이터를 크롤링해 보았습니다. 이번 CODE에서는 주제를 조금 바꿔보겠습니다. 바로 뉴스 제목을 크롤링하는 것입니다.

스크립트 상위 5개의 뉴스 제목을 크롤링하는 코드

네이버에 특정 키워드로 검색했을 때의 결과 화면에서 상위 5개의 뉴스 제목과 신문사 이름을 크롤링해 엑셀 파일로 저장하는 스크립트를 소개하겠습니다.

naver_news.py

```python
    import requests
    from bs4 import BeautifulSoup
    import pandas as pd

1   def naver_news_crawler(keyword):
        base_url = "https://search.naver.com/search.naver"
        params = {
            'where': 'news',
            'query': keyword,
            'sm': 'tab_opt'
        }

2       response = requests.get(base_url, params=params)
        response.raise_for_status()

        soup = BeautifulSoup(response.text, 'html.parser')

3       articles = soup.select('div.news_wrap.api_ani_send')
        news_data = []

4       for article in articles[:5]:
            title_tag = article.select_one('a.news_tit')
```

```
                    title = title_tag.get_text()
                    press = article.select_one('a.info.press').get_text().strip()

5                   news_data.append({
                        'title': title,
                        'press': press,
                    })

              return pd.DataFrame(news_data)

6       keyword = input("검색할 키워드를 입력하세요: ")
        news_df = naver_news_crawler(keyword)


7       news_df.to_excel('naver_news.xlsx', index=False, engine='openpyxl')
```

| 실행 결과 |

title	press
인터뷰 거절한 손흥민에 되레 "고마워"...극찬 쏟아진 이유	중앙일보언론사 선정
"휴가 좀 보내줘"...손흥민, 인터뷰 거절하고 찬사 받았다(영상)	뉴시스언론사 선정
세 번째 '10-10 클럽' 금의환향 손흥민, 짧은 휴식 뒤 6월 A매치 준비	경향신문언론사 선정
세계적 명장, 손흥민에 입 열었다..."그가 공 잡으면 눈 감고 싶어" 극찬	매일경제언론사 선정
손흥민, 시어러가 뽑은 올 시즌 EPL 베스트 11서 빠져	연합뉴스

이 스크립트를 실행하면 터미널에 **검색할 키워드를 입력하세요**라는 문구가 나타납니다. 여기서는 **손흥민**을 입력해보겠습니다. 스크립트가 저장된 폴더 내 naver_news라는 파일명을 가진 엑셀 파일이 생성됩니다. 해당 파일을 열어보면 실행 결과와 같습니다.

실행 결과에서 볼 수 있듯이 '손흥민' 키워드에 대한 상위 5개 네이버 뉴스 검색 결과의 기사 제목과 언론사가 성공적으로 크롤링된 것을 확인할 수 있습니다. 이렇게 크롤링한 데이터가 상위 5개의 결과가 맞는지 직접 확인해볼까요? 다음은 네이버 웹사이트에서 동일하게 '손흥민' 키워드로 직접 검색한 결과입니다.

네이버에서 직접 검색한 결과와 크롤링한 데이터를 비교해보면 완벽히 동일하다는 사실을 확인할 수 있습니다.

작동 원리 뉴스 제목이 크롤링되는 이유

소개한 스크립트의 알고리즘을 설명하겠습니다.

1 네이버 뉴스를 크롤링하는 역할의 naver_news_crawler 함수를 정의합니다.

```python
def naver_news_crawler(keyword):
    base_url = "https://search.naver.com/search.naver"
    params = {
        'where': 'news',
        'query': keyword,
        'sm': 'tab_opt'
    }
```

base_url 변수에 네이버 검색 페이지의 기본 주소를 할당해서 네이버 검색 결과를 크롤링하게끔 설정합니다. **params** 변수에는 네이버 검색 페이지에 전달할 정보를 지정합니다. **where** 키에는 **news**를 값으로 할당해 네이버 검색 결과 중 뉴스 영역에서 크롤링할 것을 설정합니다. **query** 키의 **keyword**는 사용자가 검색어로 입력하게 될 검색 키워드를 지정합니다. **sm** 키에는 네이버에서 검색 결과를 정리하는 방법을 설정하는 옵션을 지정합니다.

▶ **함수**: 특정 기능을 수행하는 코드의 집합. cf.엑셀 함수.
▶ **변수**: 언제든지 변할 수 있는 값을 저장하는 공간.

2 requests 라이브러리의 get 함수를 이용해 네이버에 요청을 보내며 그 결과를 response 변수에 저장합니다.

```
response = requests.get(base_url, params=params)
response.raise_for_status()


soup = BeautifulSoup(response.text, 'html.parser')
```

raise_for_status는 요청이 성공했는지 확인하는 부분입니다. 만약 요청이 실패했다면 에러를 발생시킵니다. 이후 BeautifulSoup을 이용해 네이버로부터 응답받은 결과를 파싱(해석)해 **soup** 변수에 저장합니다.

3 soup의 select는 2에서 파싱한 결과에서 특정 조건을 만족하는 HTML 요소를 선택합니다.

```
articles = soup.select('div.news_wrap.api_ani_send')
news_data = []
```

여기서는 네이버 뉴스 검색 결과에서 개별 기사를 나타내는 부분을 선택하고 있으며 그 결과를 **articles** 변수에 저장합니다. news_data는 각 뉴스 기사의 제목과 언론사를 저장하기 위한 변수입니다.

4 for 반복문을 이용해 3에서 articles 변수에 저장한 결과 중 상위 5개를 가져와 반복합니다.

```
for article in articles[:5]:
    title_tag = article.select_one('a.news_tit')
    title = title_tag.get_text()
    press = article.select_one('a.info.press').get_text().strip()
```

title_tag 변수에 기사 제목이 포함된 HTML 요소를 저장합니다. 그 중 실제 기사 제목을 텍스트로 추출해 **title** 변수에 저장합니다. **press** 변수에는 해당 기사를 발행한 언론사명을 텍스트 형식으로 받아와 저장합니다.

▶ **for 반복문**: 'for [요소] in [시퀀스]' 형태로 이루어지며 [시퀀스]에서 각 요소를 하나씩 순차적으로 불러와 for 반복문 내 들여쓰기된 구문을 반복해 실행하는 기능을 함.

5 **3에서 생성한 news_data 변수에 크롤링한 기사 제목과 언론사명을 저장합니다.**

```
news_data.append({
    'title': title,
    'press': press,
})


return pd.DataFrame(news_data)
```

이때 **news_data**는 리스트이며, **append** 메서드는 리스트에 데이터를 이어 붙이는 역할을 합니다. 마지막으로 **news_data** 변수를 pandas 라이브러리의 데이터프레임 형식으로 변환해 반환하면서 naver_news_crawler 함수가 종료됩니다.

▶ **리스트**: ["요소1", "요소2"]와 같은 형태로 사용되며 여러 개의 값을 순차적으로 보관하는 자료 구조.
▶ **메서드**: 함수의 일종으로 클래스 내부에 정의된 함수를 지칭함. cf. 클래스: 프로그램 측면의 설계도 또는 틀

6 **입력값을 keyword 변수에 저장합니다.**

```
keyword = input("검색할 키워드를 입력하세요: ")
news_df = naver_news_crawler(keyword)
```

input 함수를 이용해 사용자로부터 검색할 키워드를 입력받고, 입력값을 **keyword** 변수에 저장합니다. 해당 입력값을 naver_news_crawler 함수의 **인자**로 전달해 **naver_news_crawler** 함수를 호출하고 해당 함수의 반환값을 news_df 변수에 저장합니다.

▶ **인자**: 특정 동작을 하는 함수나 메서드를 사용할 때 함께 전달되어 동작을 제어하는 데 사용되는 변수.

7 **크롤링 결과를 엑셀 파일로 저장합니다.**

```
news_df.to_excel('naver_news.xlsx', index=False, engine='openpyxl')
```

크롤링 결과(news_df 변수)를 **to_excel** 메서드를 이용해 naver_news.xlsx 엑셀 파일로 저장합니다.

지금까지 특정 키워드로 네이버 검색 엔진을 이용해 검색 결과의 상위 5개 기사 제목과 언론사명을 크롤링했습니다. 여기서 기사 제목과 언론사명뿐 아니라 해당 기사의 URL도 함께 크롤링하려면 어떻게 해야 할까요? 해당 알고리즘을 추가하기 위해 챗GPT의 도움을 받아보겠습니다. 다음과 같이 프롬프트를 작성해 챗GPT에게 전달하겠습니다.

😀 아래는 네이버에 특정 키워드로 검색해 상위 5개의 뉴스 기사 제목과 언론사명을 크롤링해 엑셀 파일로 저장하는 파이썬 스크립트야. 뉴스 제목과 언론사뿐 아니라 해당 기사의 URL도 함께 크롤링할 수 있게끔 코드를 수정해 줘.

여기에 [naver_news.py] 스크립트를 붙여넣습니다.

⚙️ 여기 수정된 스크립트를 통해 뉴스 제목, 언론사, URL을 모두 크롤링하고 엑셀 파일로 저장할 수 있습니다:

```python
import requests
from bs4 import BeautifulSoup
import pandas as pd

def naver_news_crawler(keyword):
    base_url = "https://search.naver.com/search.naver"
    params = {
        'where': 'news',
        'query': keyword,
        'sm': 'tab_opt'
    }

    response = requests.get(base_url, params=params)
    response.raise_for_status()

    soup = BeautifulSoup(response.text, 'html.parser')

    articles = soup.select('div.news_wrap.api_ani_send')
    news_data = []

    for article in articles[:5]:
```

```python
            title_tag = article.select_one('a.news_tit')
            title = title_tag.get_text()
            url = title_tag['href']
            press = article.select_one('a.info.press').get_text().strip()

            news_data.append({
                'title': title,
                'press': press,
                'url': url
            })

    return pd.DataFrame(news_data)

keyword = input("검색할 키워드를 입력하세요: ")
news_df = naver_news_crawler(keyword)

news_df.to_excel('naver_news.xlsx', index=False, engine='openpyxl')
```

⚙️ 이 스크립트는 다음과 같은 변경 사항을 포함합니다:

① title_tag['href']를 사용해 각 뉴스 기사의 URL을 추출합니다.
② news_data 딕셔너리에 url 키를 추가해 URL 정보를 저장합니다.

챗GPT가 생성해준 코드를 Visual Studio Code로 불러온 결과는 다음과 같습니다. 해당 코드를 실행해 보겠습니다. 이번에는 크롤링할 검색 키워드를 **파이썬**으로 입력하겠습니다.

```python
naver_news_link.py

    import requests
    from bs4 import BeautifulSoup
    import pandas as pd

    def naver_news_crawler(keyword):
        base_url = "https://search.naver.com/search.naver"
        params = {
            'where': 'news',
            'query': keyword,
            'sm': 'tab_opt'
        }

        response = requests.get(base_url, params=params)
```

```python
        response.raise_for_status()

        soup = BeautifulSoup(response.text, 'html.parser')

        articles = soup.select('div.news_wrap.api_ani_send')
        news_data = []

        for article in articles[:5]:
            title_tag = article.select_one('a.news_tit')
            title = title_tag.get_text()
            url = title_tag['href']
            press = article.select_one('a.info.press').get_text().strip()

            news_data.append({
                'title': title,
                'press': press,
                'url': url
            })

        return pd.DataFrame(news_data)

keyword = input("검색할 키워드를 입력하세요: ")
news_df = naver_news_crawler(keyword)

news_df.to_excel('naver_news.xlsx', index=False, engine='openpyxl')
```

| 실행 결과 |

title	press	url
스펙트럼, 디지타이저 위한 오픈소스 파이썬 패키지 출시	헬로티	https://www.hellot.net/news/article.html?no
"AI 개발자 선호 1위 프로그래밍 언어는 '파이썬'...챗봇 개발 급증"	아이뉴스24언론사 선정	http://www.inews24.com/view/1720716
[인터뷰] "AWS '그래비톤' 마이그레이션 통해 인프라 비용 혁신"	아이티데일리	http://www.itdaily.kr/news/articleView.html
빅데이터 학원 코리아IT아카데미 신촌지점, 전액 국비지원 'AI 개발자 신규 과...	한국강사신문	https://www.lecturernews.com/news/article
하동군 사회복무요원, 프로그래밍 강좌 재능기부	불교공뉴스	http://www.bzeronews.com/news/articleVie

실행 결과에서 확인할 수 있듯이 생성된 엑셀 파일을 열어보면 세 번째 컬럼에 url이 추가된 것을
확인할 수 있습니다. 이전에는 뉴스 제목과 언론사 수준의 웹 크롤링을 했다면, url 데이터를 추가
함으로써 흥미를 유발하는 기사를 직접 원 페이지에서 즉각 확인할 수 있습니다.
전체 스크립트에서 챗GPT가 수정해준 부분은 크게 두 가지입니다. 해당 부분의 알고리즘을 간단
히 짚고 가겠습니다.

1 크롤링 대상 데이터에서 URL은 herf 속성에 저장되어 있습니다.

```
url = title_tag['href']
```

해당 데이터를 가져와 url 변수에 저장합니다.

2 news_data 변수에 딕셔너리 형태로 크롤링 데이터를 저장할 때 'url' 이라는 키값을 추가하고, 여기에 1에서의 url 변수의 값을 할당합니다.

```
'url': url
```

이를 이후에 pandas 데이터프레임으로 변환하고 엑셀로 저장합니다.

⊘ **딕셔너리**: 딕셔너리는 파이썬의 대표적인 자료 구조 중 하나로, {[키]:[값]}의 형태로 데이터를 저장함.

유튜브 검색 결과를 크롤링해 조회수 내림차순으로 목록화하기

CODE

이번 CODE에서는 유튜브에서 특정 키워드로 검색한 결과로 나타난 동영상을 조회수 기준으로 내림차순 정렬해 상위 5개 동영상을 목록화하고 엑셀 파일로 저장하는 예시를 소개하겠습니다.

스크립트
유튜브 검색 결과를 크롤링하는 코드

| 잠깐! | 패키지/라이브러리부터 설치하자!

selenium, lxml
※ 이 책의 앞부분을 참고해 해당 패키지/라이브러리를 설치합니다.

여기서는 '파이썬'이라는 키워드를 정하고 유튜브 검색 결과를 목록화하겠습니다. 스크립트는 다음과 같습니다.

youtube.py

```
     from selenium import webdriver
     from selenium.webdriver.common.by import By
     from selenium.webdriver.common.keys import Keys
     from bs4 import BeautifulSoup
     import time
     import pandas as pd

1    search_keyword = '파이썬'
     youtube_search_url = f'https://www.youtube.com/results?search_query={search_
     keyword}'

2    driver = webdriver.Chrome()
     driver.get(youtube_search_url)

3    time.sleep(2)
```

```python
4    page_body = driver.find_element(By.TAG_NAME, 'body')
     for _ in range(3):
         page_body.send_keys(Keys.END)
         time.sleep(2)

5    soup = BeautifulSoup(driver.page_source, 'lxml')
     driver.quit()

6    titles = []
     urls = []
     views = []

7    for video in soup.select('a#video-title'):
         try:
             title = video.get('title')
             video_url = 'https://www.youtube.com' + video.get('href')

             aria_label = video.get('aria-label')
             view_start = aria_label.find('조회수') + 4
             view_end = aria_label.rfind('회')
             view_count = aria_label[view_start:view_end].strip().replace(',', '')

             if not view_count:
                 continue

             titles.append(title)
             urls.append(video_url)
             views.append(int(view_count))
         except (AttributeError, ValueError, TypeError):
             continue

8    df = pd.DataFrame({'Title': titles, 'URL': urls, 'Views': views})

9    top_videos = df.sort_values(by='Views', ascending=False).head(5)

10   top_videos.to_excel('youtube.xlsx', index=False)

11   for index, row in top_videos.iterrows():
         print(f'제목: {row["Title"]}')
         print(f'URL: {row["URL"]}')
         print(f'조회수: {row["Views"]}')
         print('-' * 30)
```

| 실행 결과 |

Title	URL	Views
파이썬 코딩 무료 강의 (기본편) - 6시간 투	https://www.youtube.com/watch?v=kWiCuk	5183280
C 언어 무료 강의 (입문부터 게임 개발까지	https://www.youtube.com/watch?v=q6fPjQ	1754251
파이썬 코딩 무료 강의 (활용편2) - GUI 프	https://www.youtube.com/watch?v=bKPIco	1368947
최신 파이썬 코딩 무료 강의 - 5시간만 투자	https://www.youtube.com/watch?v=KL1Mlu	992493
코딩 1시간만에 배우기 - 파이썬 (ft. 실리콘	https://www.youtube.com/watch?v=M6kQT	949897

▲ 생성된 엑셀 파일을 조회

```
DevTools listening on ws://127.0.0.1:49690/devtools/browser/1
영상 제목: 파이썬 코딩
영상 주소: https://www.youtube.com/watch?v=kWiCuklohdY&pp=ygU
조회수: 5183280
-----------------------------
영상 제목:                          개발까지)
영상 주소: https://www.youtube.com/watch?v=q6fPjQAzll8&pp=ygU
조회수: 1754251
-----------------------------
영상 제목: 파이썬 코딩
도코딩]
영상 주소: https://www.youtube.com/watch?v=bKPIcoou9N8&pp=ygU
조회수: 1368947
-----------------------------
영상 제목: 최신 파이썬
영상 주소: https://www.youtube.com/watch?v=KL1MIuBfWe0&pp=ygU
조회수: 992493
-----------------------------
영상 제목: 코딩 1시간만
영상 주소: https://www.youtube.com/watch?v=M6kQTpIqpLs&pp=ygU
조회수: 949897
-----------------------------
```

▲ 터미널에 출력된 결과

실행 결과와 같이 유튜브에 '파이썬'을 검색했을 때 나오는 동영상들 중 조회수 기준 상위 5개를 엑셀 파일로 정리해 저장하며, 터미널로도 출력합니다.

이번 CODE에서는 전과는 다르게 웹 크롤링을 위해 selenium 패키지를 사용합니다. Selenium은 실제 웹 브라우저를 자동화해 웹 페이지와 상호작용할 수 있는 반면, 앞서 다루었던 requests나 beautifulsoup같은 패키지의 경우 웹상에서 보여지는 텍스트와 같은 정적인 콘텐츠만 처리할 수 있습니다. 추가로 selenium은 마우스 클릭이나 키보드 입력 등 다양한 사용자 상호작용을 시뮬레이션 할 수 있다는 특징 등으로 파이썬 웹 크롤링을 위해 많이 사용되는 라이브러리 중 하나입니다.

작동 원리   유튜브 검색 결과가 크롤링되는 이유

앞서 소개한 유튜브 웹 크롤링 스크립트의 알고리즘을 간략히 소개하겠습니다.

1 search_keyword 변수에 유튜브 검색에 사용할 키워드를, youtube_search_url 변수에 해당 검색 키워드를 포함한 검색 결과 페이지 URL을 할당합니다.

```
search_keyword = '파이썬'
```

⊘ **변수**: 언제든지 변할 수 있는 값을 저장하는 공간.

2 크롬 웹 브라우저를 실행하고 get 메서드를 이용해 1에서 할당한 youtube_search_url 변수를 이용해 관심 키워드를 검색한 결과 페이지를 엽니다.

```
driver = webdriver.Chrome()
driver.get(youtube_search_url)
```

⊘ **메서드**: 함수의 일종으로 클래스 내부에 정의된 함수를 지칭함. cf. 클래스: 프로그램 측면의 설계도 또는 틀

3 time 패키지의 sleep 함수를 이용해 함수에 전달된 시간(초)동안 스크립트의 진행을 일시 중지합니다.

```
time.sleep(2)
```

⊘ **패키지**: 특정 기능과 관련된 모듈을 모아둔 것.

4 검색 결과가 나타난 페이지에서 find_element 메서드를 이용해 웹 페이지에서 <body> 요소를 찾아 page_body에 저장합니다.

```
page_body = driver.find_element(By.TAG_NAME, 'body')
for _ in range(3):
    page_body.send_keys(Keys.END)
    time.sleep(2)
```

for 반복문과 send_key 메서드를 이용해 End를 3회 입력합니다.

⊘ End는 페이지의 스크롤을 내릴 때 사용하는 키입니다. 이를 3번 입력해 더 많은 결과가 나타나게 합니다.

▶ **for 반복문**: 'for [요소] in [시퀀스]' 형태로 이루어지며 [시퀀스]에서 각 요소를 하나씩 순차적으로 불러와 for 반복문 내 들여쓰기된 구문을 반복해 실행하는 기능을 함.

5 현재 페이지(drive 변수)의 HTML 소스를 beautifulsoup 패키지로 파싱한 후 selenium 라이브러리를 통해 실행한 크롬 브라우저를 종료합니다.

```
soup = BeautifulSoup(driver.page_source, 'lxml')
driver.quit()
```

⊘ **라이브러리**: 프로그램을 만들 때 자주 사용하는 패키지와 모듈을 모아둔 것.

6 titles, urls, views 세 가지 변수를 빈 리스트로 할당합니다.

```
titles = []
urls = []
views = []
```

각각 크롤링할 데이터의 제목, URL, 조회수 데이터를 저장하게 됩니다.

⊘ **리스트**: 여러 개의 값을 순차적으로 보관하는 자료 구조.

7 5에서 beautifulsoup을 통해 가져온 데이터에서 비디오 제목 링크들을 선별해 for 반복문으로 하나씩 video라는 이름의 요소로 불러옵니다.

```
for video in soup.select('a#video-title'):
    try:
```

```
        title = video.get('title')
        video_url = 'https://www.youtube.com' + video.get('href')

        aria_label = video.get('aria-label')
        view_start = aria_label.find('조회수') + 4
        view_end = aria_label.rfind('회')
        view_count = aria_label[view_start:view_end].strip().replace(',', '')

        if not view_count:
            continue

        titles.append(title)
        urls.append(video_url)
        views.append(int(view_count))
    except (AttributeError, ValueError, TypeError):
        continue
```

video 요소에서 **get** 메서드를 이용해 원하는 데이터(title, URL, aria-label)를 크롤링합니다. aria-label은 조회수 데이터를 포함하고 있으며, 유튜브의 조회수는 '조회수 1.8만회'와 같은 형태로 되어있기 때문에 '조회수', '회'와 같은 데이터는 제외하고 실제 조회수에 해당하는 '1.8만'과 같은 데이터만 남겨 **view_count** 변수에 저장합니다.

조회수 정보를 크롤링할 수 없거나 예외가 발생하면 **try-except 예외처리**에 의해 다음 반복문 요소로 넘어가고, 그렇지 않으면 크롤링한 데이터를 titles, urls, views 리스트에 추가합니다.

⊘ **for 반복문**: for [요소] in [시퀀스]의 형태로 이루어져 시퀀스에서 각 요소를 하나씩 순차적으로 불러와 for 반복문 내 들여쓰기된 구문을 반복해 실행하는 기능을 함.

⊘ **try-except 예외처리**: 프로그램에서 오류가 발생했을 때 이를 처리해 프로그램이 중단되지 않도록 처리하는 방법.

8 7에서 리스트 형태로 저장한 데이터를 pandas 데이터프레임으로 변환합니다.

```
df = pd.DataFrame({'Title': titles, 'URL': urls, 'Views': views})
```

9 크롤링한 데이터에서 조회수에 해당하는 Views 컬럼의 값 기준으로 내림차순 정렬해 상위 5개 데이터만 top_vedieos 변수에 저장합니다.

```
top_videos = df.sort_values(by='Views', ascending=False).head(5)
```

10 top_vedios 데이터를 [youtube.xlsx] 파일로 저장합니다.

```
top_videos.to_excel('youtube.xlsx', index=False)
```

11 top_vedios 데이터를 print 함수를 통해 출력합니다.

```
for index, row in top_videos.iterrows():
    print(f'제목: {row["Title"]}')
    print(f'URL: {row["URL"]}')
    print(f'조회수: {row["Views"]}')
    print('-' * 30)
```

앞서 설명한 것과 같이 selenium을 이용하는 크롤링은 웹 브라우저를 직접 다룹니다. 이로 인해 requests나 beautifulsoup을 이용한 크롤링 대비 코드가 더 복잡해 보입니다. 하지만 이 예제 코드에서 보는 바와 같이 [End]를 이용해 검색 결과를 스크롤하는 등 requests나 beautifulsoup 패키지에서 할 수 없는 기능을 실행할 수 있기에 매우 유용합니다.

스크립트 수정 **With ChatGPT**
키워드를 입력해 유튜브 검색 결과 크롤링하기

이번에는 챗GPT를 활용해 앞의 스크립트 알고리즘을 조금 변형해보겠습니다. 앞에서는 유튜브 검색 키워드가 '파이썬'으로 고정되었는데 이를 사용자로부터 입력받은 키워드로 검색한 결과를 크롤링할 수 있도록 수정하겠습니다. 또한 검색 결과에 채널 이름을 추가해 크롤링 결과에 영상 제목, 채널 이름, 조회수, URL을 포함하게끔 스크립트를 수정하겠습니다. 다음과 같이 프롬프트를 작성해 챗GPT에 전달합니다.

> ☺ 아래 스크립트는 파이썬을 이용해 유튜브에 '파이썬'이라는 키워드로 검색해서 나타난 영상을 조회수 기준으로 내림차순 정렬해 상위 5개의 항목을 크롤링하는 코드야. 아래 사항을 반영할 수 있도록 코드를 수정해 줘.
>
> ① 검색할 키워드를 사용자로부터 입력받을 수 있도록 수정해 줘.
> ② 현재는 '제목', 'URL', '조회수' 데이터를 크롤링하는데, 여기에 '채널 이름'도 추가해 줘.
>
> 여기에 [youtube.py] 스크립트를 복사해서 붙여넣습니다.

⑤ 코드에 사용자가 검색어를 입력할 수 있도록 수정하고, '채널 이름'도 추가해 크롤링할 수 있도록 변경하겠습니다.

```python
from selenium import webdriver
from selenium.webdriver.common.by import By
from selenium.webdriver.common.keys import Keys
from bs4 import BeautifulSoup
import time
import pandas as pd

# 사용자로부터 검색어 입력받기
search_keyword = input("검색어를 입력하세요: ")
youtube_search_url = f'https://www.youtube.com/results?search_query={search_keyword}'

# 웹 드라이버 초기화 및 URL 접속
driver = webdriver.Chrome()
driver.get(youtube_search_url)

# 브라우저 로드 완료 대기
time.sleep(2)

# 페이지 스크롤
page_body = driver.find_element(By.TAG_NAME, 'body')
for _ in range(3):
    page_body.send_keys(Keys.END)
    time.sleep(2)

# 페이지 소스를 BeautifulSoup으로 파싱하고 브라우저 종료
soup = BeautifulSoup(driver.page_source, 'lxml')
driver.quit()

# 비디오 정보 저장을 위한 리스트 초기화
titles = []
urls = []
views = []
channels = []

# 비디오 정보 추출 및 리스트에 저장
for video in soup.select('a#video-title'):
    try:
        title = video.get('title')
        video_url = 'https://www.youtube.com' + video.get('href')
```

```python
        aria_label = video.get('aria-label')
        view_start = aria_label.find('조회수') + 4
        view_end = aria_label.rfind('회')
        view_count = aria_label[view_start:view_end].strip().replace(',', '')

        channel_start = aria_label.find('게시자: ') + 5
        channel_end = aria_label.find(' ', channel_start)
        channel_name = aria_label[channel_start:channel_end]

        # 조회수 정보가 존재하지 않을 경우 건너뛰기
        if not view_count:
            continue

        titles.append(title)
        urls.append(video_url)
        views.append(int(view_count))
        channels.append(channel_name)
    except (AttributeError, ValueError, TypeError):
        # 필요한 정보가 없거나 형식이 잘못된 경우 건너뛰기
        continue

# 데이터프레임 생성
df = pd.DataFrame({'Title': titles, 'URL': urls, 'Views': views, 'Channel':
channels})

# 조회수 기준으로 내림차순 정렬 후 상위 5개 추출
top_videos = df.sort_values(by='Views', ascending=False).head(5)

# 결과를 엑셀 파일로 저장
top_videos.to_excel('youtube.xlsx', index=False)

# 상위 5개의 비디오 정보 출력
for index, row in top_videos.iterrows():
    print(f'제목: {row["Title"]}')
    print(f'URL: {row["URL"]}')
    print(f'조회수: {row["Views"]}')
    print(f'채널 이름: {row["Channel"]}')
    print('-' * 30)
```

⑯ 이제 이 코드는 사용자가 검색어를 입력할 수 있으며, 각 비디오의 '채널 이름'도 함께 크롤링해 출력합니다.

이 프롬프트와 같이

1. 크롤링할 키워드를 사용자로부터 입력받게 했습니다.
2. 크롤링 결과에 유튜브 채널 이름을 추가할 것을 요청했습니다.

챗GPT가 생성해준 코드를 Visual Studio Code로 불러와 다음과 같이 youtube_gpt.py 스크립트 파일로 저장한 후 코드를 실행합니다. 코드를 실행하면 의도했던 것과 같이 사용자로부터 크롤링 키워드를 입력받기 위해 터미널에 **검색어를 입력하세요:**라는 메시지가 나타납니다. 여기에 크롤링을 원하는 단어를 입력하면 됩니다. 여기서는 '고양이'라는 키워드를 입력해 크롤링 결과를 확인하겠습니다.

youtube_gpt.py

```
    from selenium import webdriver
    from selenium.webdriver.common.by import By
    from selenium.webdriver.common.keys import Keys
    from bs4 import BeautifulSoup
    import time
    import pandas as pd

1   search_keyword = input("검색어를 입력하세요: ")
    youtube_search_url = f'https://www.youtube.com/results?search_query={search_
    keyword}'

    driver = webdriver.Chrome()
    driver.get(youtube_search_url)

    time.sleep(2)

    page_body = driver.find_element(By.TAG_NAME, 'body')
    for _ in range(3):
        page_body.send_keys(Keys.END)
        time.sleep(2)

    soup = BeautifulSoup(driver.page_source, 'lxml')
    driver.quit()

    titles = []
    urls = []
    views = []
```

```python
channels = []

for video in soup.select('a#video-title'):
    try:
        title = video.get('title')
        video_url = 'https://www.youtube.com' + video.get('href')

        aria_label = video.get('aria-label')
        view_start = aria_label.find('조회수') + 4
        view_end = aria_label.rfind('회')
        view_count = aria_label[view_start:view_end].strip().replace(',', '')

        channel_start = aria_label.find('게시자: ') + 5
        channel_end = aria_label.find(' ', channel_start)
        channel_name = aria_label[channel_start:channel_end]

        # 조회수 정보가 존재하지 않을 경우 건너뛰기
        if not view_count:
            continue

        titles.append(title)
        urls.append(video_url)
        views.append(int(view_count))
        channels.append(channel_name)
    except (AttributeError, ValueError, TypeError):
        # 필요한 정보가 없거나 형식이 잘못된 경우 건너뛰기
        continue

# 데이터프레임 생성
df = pd.DataFrame({'Title': titles, 'URL': urls, 'Views': views, 'Channel': channels})

top_videos = df.sort_values(by='Views', ascending=False).head(5)

top_videos.to_excel('youtube.xlsx', index=False)

for index, row in top_videos.iterrows():
    print(f'제목: {row["Title"]}')
    print(f'URL: {row["URL"]}')
    print(f'조회수: {row["Views"]}')
    print(f'채널 이름: {row["Channel"]}')
    print('-' * 30)
```

| 실행 결과 |

Title	URL	Views	Channel
[vlog] #먼치	https://www.youtube.com/w	55804444	KiS
고양이가 찐으	https://www.youtube.com/sl	29276514	밀
혼쭐나는 고양	https://www.youtube.com/sl	14993740	동
고양이를 이ㅎ	https://www.youtube.com/sl	14259202	힐
화생방 훈련 :	https://www.youtube.com/sl	12017560	언

▲ 생성된 youtube.xlsx 파일을 열어본 결과

```
검색어를 입력하세요: 고양이

DevTools listening on ws://127.0.0.1:61269/devtools/b
제목: [vlog
URL: https:
조회수: 558
채널 이름:
-----------
제목: 고양(
URL: https:
조회수: 292
채널 이름:
-----------
제목: 혼쭐ㄴ
URL: https:
조회수: 149
채널 이름:
-----------
제목: 고양(
URL: https:
조회수: 142
채널 이름:
-----------
제목: 화생ㅂ
URL: https:
조회수: 126
채널 이름:
-----------
```

▲ 터미널에 출력된 결과

코드의 실행 결과를 확인해보면 입력한 키워드인 고양이에 대한 다섯 가지 영상 제목을 확인할 수 있으며, 의도했던 대로 크롤링한 영상의 채널 이름이 가장 마지막 컬럼에 'Channel'로 나타나 있습니다. 스크립트가 정상적으로 실행되는 것을 확인했으니 스크립트의 알고리즘을 설명하면서 마치겠습니다.

❶ 사용자로부터 키워드를 입력받아 search_keyword 변수에 저장합니다.

```
search_keyword = input("검색어를 입력하세요: ")
```

이전 스크립트(youtube.py)가 크롤링할 키워드를 스크립트에 직접적으로 입력했다면, 여기서 **input** 함수를 이용해 코드의 실행 초기에 사용자로부터 크롤링 키워드를 입력받도록 수정되었습니다.

2 크롤링한 영상 데이터에서 채널 이름 데이터를 가져옵니다.

```
channel_start = aria_label.find('게시자: ') + 5
channel_end = aria_label.find(' ', channel_start)
channel_name = aria_label[channel_start:channel_end]
```

'게시자' 키워드로 영상을 업로드한 채널 이름을 찾아서 channel_name 변수에 저장합니다.

3 크롤링한 영상 데이터를 저장하는 pandas 데이터프레임에 채널 정보를 저장하기 위한 컬럼 ("Channel")이 추가되었습니다.

⊘ **데이터프레임**: pandas 라이브러리에서 2차원 데이터 구조를 다룰 수 있게끔 행과 열로 이루어진 데이터 구조.

4 스크립트가 종료되기 직전 터미널에 크롤링한 영상 정보를 print 함수로 출력하는데, 이때 채널 이름 을 추가로 표시합니다.

```
print(f'채널 이름: {row["Channel"]}')
```

3

CHAPTER

이메일 자동화

이번 CHAPTER에서는 파이썬을 이용한 이메일 자동화 스크립트를 소개합니다.

파이썬을 이용한 이메일 자동화는 일상적이고 반복적인 작업을 간소화하고 효율성을 극대화할 수 있는 효과적인 방법 중 하나입니다. 특히 웹에서 크롤링한 데이터를 기반으로 매일 최신 정보를 업데이트해 자동으로 이메일로 보내는 기능은 실무에서도 굉장히 자주 사용되는 업무 효율화 기법 중 하나입니다. 또한, 여러 파일을 압축해 첨부한 후 이메일을 발송함으로써 대량의 파일 전송을 보다 간편하고 효율적으로 처리할 수 있습니다.

이 장에서 소개하는 두 가지 예제를 학습한다면 다양한 분야의 실무 환경에서 유용하게 활용할 수 있을 것이라 기대합니다.

10 CODE
크롤링한 데이터를 기반으로 매일 데이터가 업데이트 되는 자동 메일 보내기

앞서 **CHAPTER 2**에서 네이버 증권 웹사이트로부터 특정 주식의 한 달간의 시장 데이터를 크롤링한 예시를 소개한 바 있습니다. 이번 CODE에서는 해당 스크립트를 기반으로 해 크롤링한 주식 데이터를 간단한 꺾은선 그래프로 표현하고 이를 메일로 자동 전송하는 예제를 알아보려고 합니다. 해당 예제를 살펴보기에 앞서 몇 가지 설정해야 할 것이 있습니다. 설정을 먼저 한 후 스크립트를 함께 살펴보겠습니다.

사전 준비 — gmail 앱 비밀번호 설정하기

이번 예제에서는 이메일을 전송할 메일의 계정과 전송받을 이메일 주소가 필요합니다. 여기서는 메일을 전송하는 메일 도메인으로 구글의 gmail을 이용하는 것을 전제로 합니다. 스크립트에서 메일의 계정을 사용할 때는 일반적으로 구글 웹사이트에 로그인할 때 사용하는 비밀번호가 아니라 앱 비밀번호를 따로 설정해야 합니다.

다음 그림과 같이 구글 앱 비밀번호를 확인하려면 우선 구글에 로그인해 오른쪽 위의 프로필 이미지를 클릭하고 [Google 계정 관리] 버튼을 클릭합니다. 그러면 Google 계정 화면이 나타납니다. 여기서 위쪽 검색 창에 **앱 비밀번호**를 입력한 후 검색 결과에서 선택합니다.

그러면 다음과 같이 앱 비밀번호를 설정하기 위한 앱 이름을 입력하라는 앱 비밀번호 대화상자가 나타납니다. 해당 대화상자에 임의의 **앱 이름**을 입력합니다. 여기서는 **python_book**이라고 입력했습니다. 앱 이름을 입력한 후 확인 버튼을 클릭하면 생성된 앱 비밀번호 창이 나타납니다. 생성된 **앱 비밀번호**를 메모장 등에 **복사**합니다. 이 코드를 추후 스크립트에 입력해야 합니다.

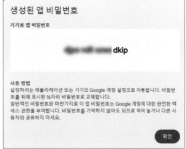

스크립트 | 크롤링 기반 데이터를 자동으로 메일로 보내는 코드

| 잠깐! | 패키지/라이브러리부터 설치하자!

matplotlib
※ 이 책의 앞부분을 참고해 해당 패키지/라이브러리를 설치합니다.

여기서 다룰 스크립트에서는 크롤링할 시장 데이터로 삼성전자의 30일간 데이터를 이용해 matplotlib 라이브러리로 꺾은선 그래프를 그립니다. 해당 스크립트를 실행하기 전 몇 가지 설정할 부분이 있습니다. 스크립트를 보면서 설명하겠습니다.

```python
email_stock.py

import matplotlib.pyplot as plt
import smtplib
from email.mime.multipart import MIMEMultipart
from email.mime.text import MIMEText
from email.mime.image import MIMEImage
from io import BytesIO
from datetime import datetime, timedelta
from bs4 import BeautifulSoup
import requests
import pandas as pd
```

```
# 주식 데이터 크롤링 코드
url = 'https://finance.naver.com/item/sise_day.naver?code=005930'
headers = {
    'User-Agent': 'Mozilla/5.0 (Windows NT 10.0; Win64; x64)
AppleWebKit/537.36 (KHTML, like Gecko) Chrome/58.0.3029.110 Safari/537.3'
}
data = []
today = datetime.now()
one_month_ago = today - timedelta(days=30)

for page in range(1, 5):
    response = requests.get(f'{url}&page={page}', headers=headers)
    html = response.text
    soup = BeautifulSoup(html, 'html.parser')
    table = soup.find('table', class_='type2')
    rows = table.find_all('tr')
    for row in rows:
        cols = row.find_all('td')
        if len(cols) < 7:
            continue
        date = cols[0].text.strip()
        try:
            date_parsed = datetime.strptime(date, '%Y.%m.%d')
        except ValueError:
            continue
        if one_month_ago <= date_parsed <= today:
            data.append({
                'date': date,
                'close': cols[1].text.strip().replace(',', ''),
                'open': cols[3].text.strip().replace(',', ''),
                'high': cols[4].text.strip().replace(',', ''),
                'low': cols[5].text.strip().replace(',', ''),
                'volume': cols[6].text.strip().replace(',', '')
            })

df = pd.DataFrame(data)
df['date'] = pd.to_datetime(df['date'])
df['close'] = df['close'].astype(float)

plt.figure(figsize=(10, 6))
plt.plot(df['date'], df['close'], marker='o', linestyle='-', color='b')
plt.title('Samsung Electronics Stock Price')
plt.xlabel('Date')
```

```
      plt.ylabel('Close Price (KRW)')
      plt.grid(True)

2     img_buffer = BytesIO()
      fig.write_image(img_buffer, format='png')
      img_buffer.seek(0)

3     smtp_server = 'smtp.gmail.com'
      smtp_port = 587
      smtp_username = '여기에 본인의 gmail 주소를 입력합니다.'
      smtp_password = '여기에 본인의 앱 비밀번호를 입력합니다.'
      recipient_email = '여기에 수신 메일 주소를 입력합니다'
4     subject = f'{today.strftime("%Y-%m-%d")} 삼성전자 주식 데이터'
5     body = '''
      <html>
        <body>
          <p>첨부된 그래프는 지난 한 달 동안의 삼성전자 주식 가격을 보여줍니다.</p>
          <img src="cid:stock_chart">
        </body>
      </html>
      '''

6     msg = MIMEMultipart('related')
      msg['From'] = smtp_username
      msg['To'] = recipient_email
      msg['Subject'] = subject

      msg_alternative = MIMEMultipart('alternative')
      msg.attach(msg_alternative)
      msg_text = MIMEText(body, 'html')
      msg_alternative.attach(msg_text)

7     image = MIMEImage(img_buffer.read())
      image.add_header('Content-ID', '<stock_chart>')
      msg.attach(image)

8     server = smtplib.SMTP(smtp_server, smtp_port)
      server.starttls()
      server.login(smtp_username, smtp_password)
      server.sendmail(smtp_username, recipient_email, msg.as_string())
      server.quit()

      print('이메일 발송 완료!')
```

우선 앞서 복사해두었던 gmail 앱 비밀번호를 이 스크립트의 3 부분의 **smtp_password** 변수의 값으로 붙여넣고, 해당 구글 계정에 로그인 한 아이디(이메일 주소)를 **smtp_username** 변수의 값으로 입력합니다. 그리고 메일을 받을 이메일 주소도 **recipient_email** 변수의 값으로 입력합니다.

```
smtp_username = '여기에 본인의 gmail 주소를 입력합니다.'
smtp_password = '여기에 본인의 앱 비밀번호를 입력합니다.'
recipient_email = '여기에 메일을 받을 주소를 입력합니다'
```

준비를 마쳤다면 스크립트를 실행하겠습니다.

| 실행 결과 |

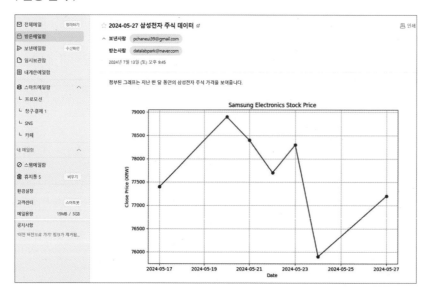

스크립트가 무사히 실행되었다면 터미널에 **이메일 발송 완료!**와 같은 메시지가 출력됩니다. 해당 메시지를 확인한 후 수신 메일 계정으로 로그인해 이메일이 잘 왔는지 확인합니다.

실행 결과에서 보는 것과 같이 "2024-05-27 삼성전자 주식 데이터"라는 제목으로 메일이 수신된 것을 확인할 수 있습니다. 또한 메일의 내용에 x축을 날짜로 삼고, y축을 삼성전자의 주식 가격(종가)으로 삼은 꺾은선 그래프도 첨부된 것을 확인할 수 있습니다.

> **더 알아보기**   Matplotlib 라이브러리에는 어떤 기능이 있나요?
>
> Matplotlib 라이브러리는 파이썬에서 데이터를 시각화하는 보편적인 라이브러리 중 하나로 차트의 모든 요소들을 세밀하게 커스터마이징할 수 있다는 장점이 있습니다.

크롤링된 데이터가 메일로 발송된 이유

성공적으로 네이버 증권 웹 페이지를 크롤링하고, 해당 데이터를 기반으로 꺾은선 차트를 그려 메일로 발송하는 것을 확인하였으니, 해당 스크립트의 알고리즘을 설명하겠습니다.

▶ 네이버 증권 웹사이트로부터 삼성전자의 주식 데이터를 크롤링하는 것은 **CHAPTER 2**에서 이미 다루면서 관련 코드를 설명한 바 있기 때문에 여기서는 웹 크롤링을 진행한 이후의 내용인 데이터 시각화부터 메일 발송 알고리즘만 설명하겠습니다. 웹 크롤링 코드 설명이 궁금하신 분들께서는 CODE 07 주식 데이터 크롤링하기를 참고하시길 바랍니다.

1 크롤링한 주식 데이터를 시각화합니다.

```
plt.figure(figsize=(10, 6))
plt.plot(df['date'], df['close'], marker='o', linestyle='-', color='b')
plt.title('Samsung Electronics Stock Price')
plt.xlabel('Date')
plt.ylabel('Close Price (KRW)')
plt.grid(True)
```

첫 줄에서 matplotlib **라이브러리**의 시각화 툴 pyplot을 plt로 축약해 임포트하였는데, 여기서 이를 이용해 크롤링한 주식 데이터를 시각화합니다. plt의 **figure**를 이용해 그래프의 크기를 지정하고, **plot**을 이용해 그래프를 그립니다.

이때 plot에 전달되는 **인자**는 각각 x축, y축, 마커의 모양, 선의 모양, 색깔을 뜻합니다. 다음으로 **title, xlabel, ylabel**을 이용해 그래프의 제목, x축 레이블, y축 레이블을 설정하고 그래프의 x축과 y축의 값을 보다 잘 읽어올 수 있도록 눈금선(grid)을 추가합니다.

◎ **라이브러리**: 프로그램을 만들 때 자주 사용하는 패키지와 모듈을 모아둔 것.
◎ **인자**: 특정 동작을 하는 함수나 메서드를 사용할 때 함께 전달되어 동작을 제어하는 데 사용되는 변수.

2 1에서 생성한 삼성전자 주식 데이터 꺾은선 그래프를 메모리에 저장합니다.

```
img_buffer = BytesIO()
fig.write_image(img_buffer, format='png')
img_buffer.seek(0)
```

BytesIO를 이용해 메모리에 데이터를 저장할 수 있는 공간을 만들고, 앞서 생성했던 차트에서 **savefig** 메서드를 이용해 차트 데이터를 해당 공간에 입력합니다.

⊘ **메서드**: 함수의 일종으로 클래스 내부에 정의된 함수를 지칭함. cf. 클래스: 프로그램 측면의 설계도 또는 틀

3 **다음으로 이메일을 발송하기 위한 준비를 합니다.**

```
smtp_server = 'smtp.gmail.com'
smtp_port = 587
smtp_username = '여기에 본인의 gmail 주소를 입력합니다.'
smtp_password = '여기에 본인의 앱 비밀번호를 입력합니다.'
recipient_email = '여기에 수신 메일 주소를 입력합니다'
```

이메일을 발송할 서버로는 앞서 언급한 바와 같이 gmail을 이용합니다. 이때 서버를 smtp.gmail.com과 같이 저장해야 하고 포트(port)로는 587번을 사용할 예정으로 587을 **smtp_port** 변수에 할당해 놓습니다. 587번 포트는 보안 이메일을 전송하기 위한 표준 포트라고 이해하면 됩니다. **smtp_username, smtp_password, recipient_email** 변수에 앞서 설명한 메일 송신 계정(gmail)과 앱 비밀번호, 그리고 메일을 수신할 이메일 주소를 각각 입력합니다.

⊘ **smtp**: 단순 전자우편 전송 규약으로 우리가 온라인에서 이메일을 주고받을 때 사용하는 통신 규약.
⊘ **변수**: 언제든지 변할 수 있는 값을 저장하는 공간.

4 **메일의 제목으로 사용할 문자열을 subject 변수에 할당합니다.**

```
subject = f'{today.strftime("%Y-%m-%d")} 삼성전자 주식 데이터'
```

여기서는 '년도-월-일 삼성전자 주식 데이터'의 형식으로 설정했습니다.

⊘ **문자열**: 문자로 이루어진 배열. ↔ 문자

5 **body 변수에는 이메일의 본문 내용을 작성합니다.**

```
body = '''
<html>
  <body>
    <p>첨부된 그래프는 지난 한 달 동안의 삼성전자 주식 가격을 보여줍니다.</p>
    <img src="cid:stock_chart">
  </body>
</html>
'''
```

마지막으로 body 변수에는 이메일의 본문 내용을 작성합니다. 여기서는 HTML 형식으로 작성되어 있는데, 중간에 **cid:stock_chart**라는 부분이 이미지가 해당 위치에 삽입될 것임을 의미합니다.

6 **MIMEMultipart 함수는 여러 부분으로 나누어진 이메일을 만들 때 사용합니다.**

```
msg = MIMEMultipart('related')
msg['From'] = smtp_username
msg['To'] = recipient_email
msg['Subject'] = subject
```

여기서 인자로 전달된 **related**는 이메일의 각 부분이 서로 연관되어 있음을 의미합니다. 이번 예제는 본문과 이미지가 함께 사용되므로 위와 같이 설정합니다. MIMEMultipart **함수**를 할당한 msg 변수의 **From, To, Subject**에는 각각 보낸 사람, 받는 사람, 이메일의 제목이 할당됩니다. msg_alternative 변수에 MIMEMultipart 함수에 **alternative**를 할당하는데, 이는 본문을 여러 형식 (여기서는 HTML과 일반 텍스트 형식)으로 보낼 수 있음을 의미합니다. 아래 **MIMEText** 함수를 통해 이메일 본문을 HTML 형식으로 설정하며, **msg_alternative에 attach** 메서드를 적용해 HTML 형식의 본문을 이메일 메시지에 첨부합니다.

⊘ **함수**: 특정 기능을 수행하는 코드의 집합. cf.엑셀 함수.

7 **MIMEImage 함수는 메일에 이미지 데이터를 포함할 수 있도록 합니다.**

```
image = MIMEImage(img_buffer.read())
image.add_header('Content-ID', '<stock_chart>')
msg.attach(image)
```

아래에서 **add_header** 메서드를 이용해 이미지를 참조하기 위한 헤더를 추가하며, 4에서 정의한 msg 변수에 attach 메서드를 이용해 이미지를 첨부합니다.

8 **smtplib의 SMTP는 이메일 서버와의 연결을 설정합니다.**

```
server = smtplib.SMTP(smtp_server, smtp_port)
server.starttls()
server.login(smtp_username, smtp_password)
server.sendmail(smtp_username, recipient_email, msg.as_string())
server.quit()

print('이메일 발송 완료!')
```

이때 인자로 gmail의 SMTP 서버와 포트 번호를 사용합니다. **startttls** 메서드는 서버와의 통신을 암호화하며, **login** 메서드를 이용해 서버에 로그인합니다. 여기서는 앞서 할당한 gmail 계정과 앱 비밀번호를 사용합니다.

아래의 **sendmail** 메서드가 이메일을 보내는 부분입니다. 보낸 사람의 이메일 주소, 받는 사람의 이메일 주소 및 이메일 내용을 설정합니다.

마지막으로 **quit** 메서드를 이용해 서버 연결을 종료한 후 **print** 함수를 이용해 메일이 성공적으로 보내졌음을 알리는 문구를 출력한 후 스크립트가 종료됩니다.

지금까지 특정 기간 동안의 삼성전자 주식 데이터를 크롤링해 꺾은선 그래프를 만들고 이를 이메일로해 전송하는 스크립트를 살펴보았습니다. 전체 스크립트가 너무 길다고 느끼실 수 있는데, 이번 CHAPTER의 주제인 이메일 전송의 관점에서만 살펴보면 이메일을 전송하는 부분은 이 스크립트의 3~6 부분으로 비교적 짧은 것을 알 수 있습니다.

스크립트 수정 1
With ChatGPT
차트 대신 표로 크롤링한 데이터를 메일로 자동 발송하기

앞의 예제에서는 이미지와 텍스트를 이메일로 전송하는 것을 알아보았습니다. 그런데 이메일에 그림이 아닌 표를 전달하려면 어떻게 해야 할까요? 예를 들어, 위 스크립트에서 크롤링했던 삼성전자의 한 달간의 주식 데이터를 차트로 생성해 이메일을 보내는 것이 아니라, 표 형식으로 데이터를 전송하고자 하는 상황이라고 가정해보겠습니다.

이를 위해 표를 생성하는 HTML 코드를 공부하기에는 우리들의 시간은 너무나도 부족합니다. 챗GPT를 통해 손쉽게 코드를 변형해서 활용해보겠습니다. 다음과 같이 표를 전송하기 위해 스크립트 수정을 요청하는 챗GPT 프롬프트를 작성하겠습니다.

> 💬 **아래 스크립트는 네이버 증권에서 삼성전자 주식 데이터를 크롤링 해 시각화하고, 이메일로 전송하는 코드야. 주식 데이터를 차트로 시각화 하지 않고, 표 형식으로 그대로 이메일 본문에 포함해 전송하도록 스크립트를 수정해 줘.**
>
> email_stock.py 스크립트의 내용을 이곳에 붙여넣습니다.

> 🌀 **주식 데이터를 표 형식으로 이메일 본문에 포함해 전송하도록 코드를 수정했습니다. 주식 데이터를 HTML 테이블 형식으로 변환해 이메일 본문에 포함시키도록 하겠습니다.**

```python
import smtplib
from email.mime.multipart import MIMEMultipart
from email.mime.text import MIMEText
from datetime import datetime, timedelta
from bs4 import BeautifulSoup
import requests
import pandas as pd

# 주식 데이터 크롤링 코드
url = 'https://finance.naver.com/item/sise_day.naver?code=005930'
headers = {
    'User-Agent': 'Mozilla/5.0 (Windows NT 10.0; Win64; x64) AppleWebKit/537.36
(KHTML, like Gecko) Chrome/58.0.3029.110 Safari/537.3'
}
data = []
today = datetime.now()
one_month_ago = today - timedelta(days=30)

for page in range(1, 5):
    response = requests.get(f'{url}&page={page}', headers=headers)
    html = response.text
    soup = BeautifulSoup(html, 'html.parser')
    table = soup.find('table', class_='type2')
    rows = table.find_all('tr')
    for row in rows:
        cols = row.find_all('td')
        if len(cols) < 7:
            continue
        date = cols[0].text.strip()
        try:
            date_parsed = datetime.strptime(date, '%Y.%m.%d')
        except ValueError:
            continue
        if one_month_ago <= date_parsed <= today:
            data.append({
                'date': date,
                'close': cols[1].text.strip().replace(',', ''),
                'open': cols[3].text.strip().replace(',', ''),
                'high': cols[4].text.strip().replace(',', ''),
                'low': cols[5].text.strip().replace(',', ''),
                'volume': cols[6].text.strip().replace(',', '')
            })
```

```python
df = pd.DataFrame(data)
df['date'] = pd.to_datetime(df['date'])
df['close'] = df['close'].astype(float)

# HTML 테이블 생성
html_table = df.to_html(index=False)

# 이메일 발송 설정
smtp_server = 'smtp.gmail.com'
smtp_port = 587
smtp_username = '여기에 본인의 gmail 주소를 입력합니다.'
smtp_password = '여기에 본인의 앱 비밀번호를 입력합니다.'
recipient_email = '여기에 수신 메일 주소를 입력합니다.'
subject = f'{today.strftime("%Y-%m-%d")} 삼성전자 주식 데이터'
body = f'''
<html>
  <body>
    <p>아래 표는 지난 한 달 동안의 삼성전자 주식 데이터를 보여줍니다.</p>
    {html_table}
  </body>
</html>
'''

# 이메일 생성
msg = MIMEMultipart('alternative')
msg['From'] = smtp_username
msg['To'] = recipient_email
msg['Subject'] = subject
msg.attach(MIMEText(body, 'html'))

# 이메일 발송
server = smtplib.SMTP(smtp_server, smtp_port)
server.starttls()
server.login(smtp_username, smtp_password)
server.sendmail(smtp_username, recipient_email, msg.as_string())
server.quit()

print('이메일 발송 완료!')
```

🌀 이 스크립트는 주식 데이터를 HTML 테이블로 변환하고, 이메일 본문에 포함해 전송합니다. 이를 통해 주식 데이터가 표 형식으로 수신됩니다.

이 스크립트를 Visual Studio Code로 가져오겠습니다. 중간의 **smtp_username, smtp_password, recipient_email** 부분을 앞서 했던 것과 동일하게 채워 넣어야 합니다.

```
email_stock_table.py

import smtplib
from email.mime.multipart import MIMEMultipart
from email.mime.text import MIMEText
from datetime import datetime, timedelta
from bs4 import BeautifulSoup
import requests
import pandas as pd

url = 'https://finance.naver.com/item/sise_day.naver?code=005930'
headers = {
    'User-Agent': 'Mozilla/5.0 (Windows NT 10.0; Win64; x64)
AppleWebKit/537.36 (KHTML, like Gecko) Chrome/58.0.3029.110 Safari/537.3'
}
data = []
today = datetime.now()
one_month_ago = today - timedelta(days=30)

for page in range(1, 5):
    response = requests.get(f'{url}&page={page}', headers=headers)
    html = response.text
    soup = BeautifulSoup(html, 'html.parser')
    table = soup.find('table', class_='type2')
    rows = table.find_all('tr')
    for row in rows:
        cols = row.find_all('td')
        if len(cols) < 7:
            continue
        date = cols[0].text.strip()
        try:
            date_parsed = datetime.strptime(date, '%Y.%m.%d')
        except ValueError:
            continue
        if one_month_ago <= date_parsed <= today:
            data.append({
                'date': date,
                'close': cols[1].text.strip().replace(',', ''),
                'open': cols[3].text.strip().replace(',', ''),
```

```python
                    'high': cols[4].text.strip().replace(',', ''),
                    'low': cols[5].text.strip().replace(',', ''),
                    'volume': cols[6].text.strip().replace(',', '')
                })

    df = pd.DataFrame(data)
    df['date'] = pd.to_datetime(df['date'])
    df['close'] = df['close'].astype(float)
```

1

```python
    html_table = df.to_html(index=False)

    smtp_server = 'smtp.gmail.com'
    smtp_port = 587
    smtp_username = '여기에 본인의 gmail 주소를 입력합니다.'
    smtp_password = '여기에 본인의 앱 비밀번호를 입력합니다.'
    recipient_email = '여기에 수신 메일 주소를 입력합니다.'
    subject = f'{today.strftime("%Y-%m-%d")} 삼성전자 주식 데이터'
```

2

```python
    body = f'''
    <html>
      <body>
        <p>아래 표는 지난 한 달 동안의 삼성전자 주식 데이터를 보여줍니다.</p>
        {html_table}
      </body>
    </html>
    '''

    msg = MIMEMultipart('alternative')
    msg['From'] = smtp_username
    msg['To'] = recipient_email
    msg['Subject'] = subject
    msg.attach(MIMEText(body, 'html'))

    server = smtplib.SMTP(smtp_server, smtp_port)
    server.starttls()
    server.login(smtp_username, smtp_password)
    server.sendmail(smtp_username, recipient_email, msg.as_string())
    server.quit()

    print('이메일 발송 완료!')
```

| 실행 결과 |

스크립트가 성공적으로 실행되고 나면 터미널에서 **이메일 발송 완료!** 라는 메시지가 출력되며, recipient_email 변수에 할당했던 수신 이메일 계정에서 "[오늘 날짜] 삼성전자 주식 데이터"라는 메일이 수신된 것을 확인할 수 있습니다.

시각화 차트를 메일로 전송하는 [email_stock.py] 스크립트 대비 표 형태로 전달하는 [email_stock_table.py] 스크립트에서 달라진 부분은 크게 두 가지입니다.

❶ 삼성전자 주식 데이터를 크롤링해 df 변수에 할당합니다.

```
html_table = df.to_html(index=False)
```

이를 to_html 메서드를 이용해 HTML 형태로 변환해 html_table 변수에 할당합니다.

2 메일의 본문 내용을 HTML 형식으로 작성하는 body 변수에 표를 넣기 위해 1에서 할당했던 html_table 변수를 HTML body 중간에 삽입합니다.

```
body = f'''
<html>
  <body>
    <p>아래 표는 지난 한 달 동안의 삼성전자 주식 데이터를 보여줍니다.</p>
    {html_table}
  </body>
</html>
'''
```

스크립트 수정 2 With ChatGPT
데이터 값의 크기에 따라 배경색이 적용된 표 만들기

데이터를 시각화할 때 꺾은선 차트와 같은 그래프 대신 표로 나타내면 날짜에 따른 주식 데이터의 변화를 한 눈에 파악하기가 어렵습니다. 데이터를 나타내는 방식을 표로 유지하면서 각 데이터 컬럼의 변화를 날짜에 따라 한눈에 파악할 수 있는 방법이 있는데, 각 표의 셀을 데이터 값의 크기에 따라 적용하는 것입니다.

이를 직접 챗GPT의 도움을 받아 구현해 보겠습니다. 앞서 확인했던 메일로 전송된 표에서 각 컬럼의 최대값에 가까운 숫자일수록 셀 배경을 빨간색으로, 최소값에 가까울수록 셀 배경을 파란색으로 설정하겠습니다. 다음과 같이 프롬프트를 작성해 챗GPT에게 전달합니다.

> 💬 **아래 사항을 반영해서 위 스크립트를 조금 더 수정해 줘**
>
> ① 크롤링한 주식 데이터를 메일 본문에 표 형식으로 표현하되, close, open, high, low, volume 컬럼들은 각 컬럼의 데이터 크기에 따라 셀 배경에 색깔을 입혀 줘.
> ② 각 컬럼의 최대값에 가까울 수록 빨간색을, 최소값에 가까울수록 파란색으로 설정해 줘.
>
> 🔗 주식 데이터의 각 컬럼 값에 따라 배경 색상을 설정하는 코드를 추가해, 최대값에 가까울수록 빨간색, 최소값에 가까울수록 파란색으로 설정하도록 하겠습니다. 이를 위해 HTML과 CSS 스타일을 사용해 색상을 설정하겠습니다.

```python
import smtplib
from email.mime.multipart import MIMEMultipart
from email.mime.text import MIMEText
from datetime import datetime, timedelta
from bs4 import BeautifulSoup
import requests
import pandas as pd

# 주식 데이터 크롤링 코드
url = 'https://finance.naver.com/item/sise_day.naver?code=005930'
headers = {
    'User-Agent': 'Mozilla/5.0 (Windows NT 10.0; Win64; x64) AppleWebKit/537.36
(KHTML, like Gecko) Chrome/58.0.3029.110 Safari/537.3'
}
data = []
today = datetime.now()
one_month_ago = today - timedelta(days=30)

for page in range(1, 5):
    response = requests.get(f'{url}&page={page}', headers=headers)
    html = response.text
    soup = BeautifulSoup(html, 'html.parser')
    table = soup.find('table', class_='type2')
    rows = table.find_all('tr')
    for row in rows:
        cols = row.find_all('td')
        if len(cols) < 7:
            continue
        date = cols[0].text.strip()
        try:
            date_parsed = datetime.strptime(date, '%Y.%m.%d')
        except ValueError:
            continue
        if one_month_ago <= date_parsed <= today:
            data.append({
                'date': date,
                'close': float(cols[1].text.strip().replace(',', '')),
                'open': float(cols[3].text.strip().replace(',', '')),
                'high': float(cols[4].text.strip().replace(',', '')),
                'low': float(cols[5].text.strip().replace(',', '')),
                'volume': int(cols[6].text.strip().replace(',', ''))
            })
```

```python
df = pd.DataFrame(data)
df['date'] = pd.to_datetime(df['date'])

# 색상 설정 함수
def get_color(value, min_val, max_val):
    # Normalize the value to a range between 0 and 1
    normalized = (value - min_val) / (max_val - min_val)
    # Invert the normalized value to get red for high values and blue for low values
    red = int(normalized * 255)
    blue = int((1 - normalized) * 255)
    return f'background-color: rgb({red}, 0, {blue});'

# 각 컬럼의 최소값과 최대값 계산
min_close, max_close = df['close'].min(), df['close'].max()
min_open, max_open = df['open'].min(), df['open'].max()
min_high, max_high = df['high'].min(), df['high'].max()
min_low, max_low = df['low'].min(), df['low'].max()
min_volume, max_volume = df['volume'].min(), df['volume'].max()

# HTML 테이블 생성
html_table = '<table border="1" style="border-collapse:collapse;">'
html_table += '<tr><th>Date</th><th>Close</th><th>Open</th><th>High</th><th>Low</th><th>Volume</th></tr>'
for index, row in df.iterrows():
    html_table += '<tr>'
    html_table += f'<td>{row["date"].strftime("%Y-%m-%d")}</td>'
    html_table += f'<td style="{get_color(row["close"], min_close, max_close)}">{row["close"]}</td>'
    html_table += f'<td style="{get_color(row["open"], min_open, max_open)}">{row["open"]}</td>'
    html_table += f'<td style="{get_color(row["high"], min_high, max_high)}">{row["high"]}</td>'
    html_table += f'<td style="{get_color(row["low"], min_low, max_low)}">{row["low"]}</td>'
    html_table += f'<td style="{get_color(row["volume"], min_volume, max_volume)}">{row["volume"]}</td>'
    html_table += '</tr>'
html_table += '</table>'

# 이메일 발송 설정
smtp_server = 'smtp.gmail.com'
smtp_port = 587
smtp_username = '여기에 본인의 gmail 주소를 입력합니다.'
```

```
smtp_password = '여기에 본인의 앱 비밀번호를 입력합니다.'
recipient_email = '여기에 수신 메일 주소를 입력합니다.'
subject = f'{today.strftime("%Y-%m-%d")} 삼성전자 주식 데이터'
body = f'''
<html>
  <body>
    <p>아래 표는 지난 한 달 동안의 삼성전자 주식 데이터를 보여줍니다.</p>
    {html_table}
  </body>
</html>
'''

# 이메일 생성
msg = MIMEMultipart('alternative')
msg['From'] = smtp_username
msg['To'] = recipient_email
msg['Subject'] = subject
msg.attach(MIMEText(body, 'html'))

# 이메일 발송
server = smtplib.SMTP(smtp_server, smtp_port)
server.starttls()
server.login(smtp_username, smtp_password)
server.sendmail(smtp_username, recipient_email, msg.as_string())
server.quit()

print('이메일 발송 완료!')
```

◎ **위 스크립트는 크롤링한 주식 데이터를 각 컬럼 값에 따라 셀 배경 색상이 다르게 설정된 HTML 테이블로 변환하고, 이 테이블을 이메일 본문에 포함해 전송합니다. 색상 설정 함수 get_color는 각 값의 크기에 따라 빨간색과 파란색 사이의 색상을 설정합니다.**

이 스크립트를 Visual Studio Code로 가져오겠습니다. 중간의 **smtp_username, smtp_password, recipient_email** 부분을 앞서 했던 것과 동일하게 채워 넣어야 합니다.

email_stock_table_color.py

```
import smtplib
from email.mime.multipart import MIMEMultipart
from email.mime.text import MIMEText
```

```python
from datetime import datetime, timedelta
from bs4 import BeautifulSoup
import requests
import pandas as pd

url = 'https://finance.naver.com/item/sise_day.naver?code=005930'
headers = {
    'User-Agent': 'Mozilla/5.0 (Windows NT 10.0; Win64; x64)
AppleWebKit/537.36 (KHTML, like Gecko) Chrome/58.0.3029.110 Safari/537.3'
}
data = []
today = datetime.now()
one_month_ago = today - timedelta(days=30)

for page in range(1, 5):
    response = requests.get(f'{url}&page={page}', headers=headers)
    html = response.text
    soup = BeautifulSoup(html, 'html.parser')
    table = soup.find('table', class_='type2')
    rows = table.find_all('tr')
    for row in rows:
        cols = row.find_all('td')
        if len(cols) < 7:
            continue
        date = cols[0].text.strip()
        try:
            date_parsed = datetime.strptime(date, '%Y.%m.%d')
        except ValueError:
            continue
        if one_month_ago <= date_parsed <= today:
            data.append({
                'date': date,
                'close': float(cols[1].text.strip().replace(',', '')),
                'open': float(cols[3].text.strip().replace(',', '')),
                'high': float(cols[4].text.strip().replace(',', '')),
                'low': float(cols[5].text.strip().replace(',', '')),
                'volume': int(cols[6].text.strip().replace(',', ''))
            })

df = pd.DataFrame(data)
df['date'] = pd.to_datetime(df['date'])
```

```
# 색상 설정 함수
```

```python
def get_color(value, min_val, max_val):
    # Normalize the value to a range between 0 and 1
    normalized = (value - min_val) / (max_val - min_val)
    # Invert the normalized value to get red for high values and blue for low values
    red = int(normalized * 255)
    blue = int((1 - normalized) * 255)
    return f'background-color: rgb({red}, 0, {blue});'
```

3
```python
# 각 컬럼의 최소값과 최대값 계산
min_close, max_close = df['close'].min(), df['close'].max()
min_open, max_open = df['open'].min(), df['open'].max()
min_high, max_high = df['high'].min(), df['high'].max()
min_low, max_low = df['low'].min(), df['low'].max()
min_volume, max_volume = df['volume'].min(), df['volume'].max()

# HTML 테이블 생성
html_table = '<table border="1" style="border-collapse:collapse;">'
html_table += '<tr><th>Date</th><th>Close</th><th>Open</th><th>High</th><th>Low</th><th>Volume</th></tr>'
```
4
```python
for index, row in df.iterrows():
    html_table += '<tr>'
    html_table += f'<td>{row["date"].strftime("%Y-%m-%d")}</td>'
    html_table += f'<td style="{get_color(row["close"], min_close, max_close)}">{row["close"]}</td>'
    html_table += f'<td style="{get_color(row["open"], min_open, max_open)}">{row["open"]}</td>'
    html_table += f'<td style="{get_color(row["high"], min_high, max_high)}">{row["high"]}</td>'
    html_table += f'<td style="{get_color(row["low"], min_low, max_low)}">{row["low"]}</td>'
    html_table += f'<td style="{get_color(row["volume"], min_volume, max_volume)}">{row["volume"]}</td>'
    html_table += '</tr>'
    html_table += '</table>'

smtp_server = 'smtp.gmail.com'
smtp_port = 587
smtp_username = '여기에 본인의 gmail 주소를 입력합니다.'
smtp_password = '여기에 본인의 앱 비밀번호를 입력합니다.'
recipient_email = '여기에 수신 메일 주소를 입력합니다.'
subject = f'{today.strftime("%Y-%m-%d")} 삼성전자 주식 데이터'
body = f'''
<html>
```

CHAPTER 3. 이메일 자동화 145

```
    <body>
        <p>아래 표는 지난 한 달 동안의 삼성전자 주식 데이터를 보여줍니다.</p>
        {html_table}
    </body>
</html>
'''


msg = MIMEMultipart('alternative')
msg['From'] = smtp_username
msg['To'] = recipient_email
msg['Subject'] = subject
msg.attach(MIMEText(body, 'html'))

server = smtplib.SMTP(smtp_server, smtp_port)
server.starttls()
server.login(smtp_username, smtp_password)
server.sendmail(smtp_username, recipient_email, msg.as_string())
server.quit()

print('이메일 발송 완료!')
```

| 실행 결과 |

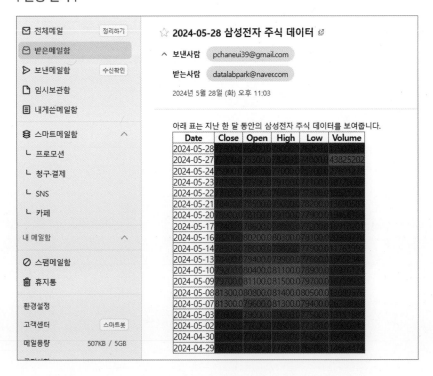

스크립트를 실행한 후 recipient_email에 입력했던 이메일 계정으로 로그인하면 다음과 같이 데이터의 값 크기에 따라 표의 셀 배경 색이 추가된 메일을 확인할 수 있습니다. 각 컬럼별로 데이터의 크기가 최대값에 가까울수록 빨간색으로, 최소값에 가까울수록 파란색으로 표시됩니다.

이 스크립트에서 크게 변경된 부분은 네 가지로, 아래에서 알고리즘을 설명하겠습니다.

1 삼성전자 주식 데이터를 크롤링한 후 **data** 변수에 저장하는 과정에서 **딕셔너리의 값에 해당하는 부분에 float 함수를 적용해 데이터를 실수 형태로 변환합니다.**

```
if one_month_ago <= date_parsed <= today:
```

이는 크롤링한 데이터가 문자열 형태로 저장될 수 있는데, 이를 수치형 데이터로 변환해 최대 및 최소값을 확인하고 데이터의 상대적인 크기를 파악해 셀 배경 색을 지정하기 위함입니다.

◎ **딕셔너리**: 딕셔너리는 파이썬의 대표적인 자료 구조 중 하나로, {[키]:[값]}의 형태로 데이터를 저장함.

2 **색상을 설정하는** 사용자 정의 함수인 **get_color를 정의합니다.**

```
# 색상 설정 함수
def get_color(value, min_val, max_val):
```

이 함수는 셀의 값, 각 컬럼의 최소값 및 최대값으로 총 세 개의 매개변수를 전달받습니다. 전달받은 최소 및 최대값을 기반으로 각 셀의 데이터 크기를 상대적인 값으로 변환한 후 표현할 색을 지정합니다.

◎ **사용자 정의 함수**: def [함수명]([매개변수]): 형태를 가지며 파이썬에서 기본적으로 제공하는 함수 외에 사용자가 필요에 따라 직접 알고리즘을 구현하도록 정의한 함수.

3 크롤링한 데이터에서 close, open, high, low, volume 각 컬럼별 최소값과 최대값을 얻습니다.

```
# 각 컬럼의 최소값과 최대값 계산
min_close, max_close = df['close'].min(), df['close'].max()
min_open, max_open = df['open'].min(), df['open'].max()
min_high, max_high = df['high'].min(), df['high'].max()
min_low, max_low = df['low'].min(), df['low'].max()
min_volume, max_volume = df['volume'].min(), df['volume'].max()
```

4 HTML을 이용해 테이블을 생성합니다.

```
for index, row in df.iterrows():
    html_table += '<tr>'
    html_table += f'<td>{row["date"].strftime("%Y-%m-%d")}</td>'
    html_table += f'<td style="{get_color(row["close"], min_close, max_
close)}">{row["close"]}</td>'
    ...
    html_table += '</tr>'
    html_table += '</table>'
```

주식 데이터의 각 컬럼들을 표에 하나씩 추가하며, style 요소를 지정해 2의 get_color 함수를 통해
얻은 색상 값이 셀에 반영되도록 지정합니다.

여러 파일을 압축해
첨부 파일로 메일 보내기

이번에는 여러 파일을 압축해 하나의 zip 파일로 만들고 이를 첨부해 이메일을 전송하는 예제를 소개합니다. 실무 환경에서 대량의 데이터를 하나로 묶어서 메일로 전송해야 하는 일상적이고 반복적인 업무를 겪는 경우가 많은데, 이를 자동화함으로써 효과적인 업무 효율화를 기대할 수 있습니다.

스크립트 | 여러 파일을 하나의 zip 파일로 압축해 메일로 보내는 코드

다음 코드는 **CODE 01 하나의 파일을 특정 기준(날짜)으로 분할해 저장하기**에서 다루었던 에어비앤비 사의 2022년 9월 한 달간의 주식 데이터를 일별로 쪼갠 csv 파일들을 하나의 압축된 zip 파일로 만들고, 이를 메일로 첨부해 전송합니다.

rcecode › Chapter 3 › ABNB_stock_by_date

이름	상태
ABNB_stock_2022-09-01	⊘
ABNB_stock_2022-09-02	⊘
ABNB_stock_2022-09-06	⊘
ABNB_stock_2022-09-07	⊘
ABNB_stock_2022-09-08	⊘
ABNB_stock_2022-09-09	⊘
ABNB_stock_2022-09-12	⊘
ABNB_stock_2022-09-13	⊘
ABNB_stock_2022-09-14	⊘
ABNB_stock_2022-09-15	⊘
ABNB_stock_2022-09-16	⊘
ABNB_stock_2022-09-19	⊘
ABNB_stock_2022-09-20	⊘
ABNB_stock_2022-09-21	⊘
ABNB_stock_2022-09-22	⊘
ABNB_stock_2022-09-23	⊘
ABNB_stock_2022-09-26	⊘
ABNB_stock_2022-09-27	⊘
ABNB_stock_2022-09-28	⊘
ABNB_stock_2022-09-29	⊘
ABNB_stock_2022-09-30	⊘

▶ **CHAPTER 1**을 별도로 진행하지 않고 이번 CODE를 먼저 학습하시는 분들을 위해 소스코드와 함께 제공되는 ABNB_stock_by_date 폴더에 쪼개진 csv 파일이 있으니 해당 폴더 및 파일을 다운로드해 실습을 진행하면 됩니다.

```
email_stock_attachment.py

      import os
      import zipfile
      import smtplib
      from email.mime.multipart import MIMEMultipart
      from email.mime.base import MIMEBase
      from email.mime.text import MIMEText
      from email import encoders

1     folder_path = r'여기에 ABNB_stock_by_date 폴더의 경로를 입력합니다.'
      zip_file_path = 'ABNB_stock_by_date.zip'

2     with zipfile.ZipFile(zip_file_path, 'w') as zipf:
          for root, dirs, files in os.walk(folder_path):
              for file in files:
                  file_path = os.path.join(root, file)
                  zipf.write(file_path, os.path.relpath(file_path, folder_path))

      smtp_server = 'smtp.gmail.com'
      smtp_port = 587
      smtp_username = '여기에 본인의 gmail 주소를 입력합니다.'
      smtp_password = '여기에 본인의 앱 비밀번호를 입력합니다.'
      recipient_email = '여기에 수신 메일 주소를 입력합니다.'
      subject = 'ABNB Stock Data'
      body = '''
      <html>
        <body>
          <p>ABNB 주식 데이터가 첨부 파일로 포함되어 있습니다.</p>
        </body>
      </html>
      '''

      msg = MIMEMultipart()
      msg['From'] = smtp_username
      msg['To'] = recipient_email
      msg['Subject'] = subject

      msg.attach(MIMEText(body, 'html'))

3     with open(zip_file_path, 'rb') as attachment:
          part = MIMEBase('application', 'octet-stream')
          part.set_payload(attachment.read())
```

```
            encoders.encode_base64(part)
            part.add_header('Content-Disposition',f'attachment; filename={os.path.
    basename(zip_file_path)}')
            msg.attach(part)

4   with smtplib.SMTP(smtp_server, smtp_port) as server:
        server.starttls()
        server.login(smtp_username, smtp_password)
        server.sendmail(smtp_username, recipient_email, msg.as_string())

    print('이메일 발송 완료!')
```

스크립트를 실행하기 전 위 스크립트의 1에 분할된 csv 파일이 저장된 **ABNB_stock_by_date** 폴더의 경로를 입력해야 합니다. 추가로, 앞에서 소개한 것과 같이 **smtp_username** 및 **smtp_password** 변수에 본인의 gmail 이메일 주소와 앱 비밀번호를, **recipient_email** 변수에 메일을 수신할 이메일 주소를 입력해야 합니다.

▶ gmail 앱 비밀번호 설정 방법은 <CODE 10 크롤링한 데이터를 기반으로 매일 데이터가 업데이트 되는 자동 메일 보내기> 126쪽을 참고합니다.

압축할 파일이 존재하는 폴더의 경로와 메일 발송에 필요한 계정 정보를 정상적으로 입력한 후 스크립트를 실행합시다.

| 실행 결과 |

▲ 압축 파일 메일로 전송

무사히 스크립트가 실행되었다면 **이메일 발송 완료!**라는 메시지가 커맨드에 출력되며 스크립트가 위치한 경로에 **ABNB_stock_by_date.zip** 파일이 생성됩니다.

이제 앞의 스크립트에서 수신인 메일 주소(recipient_email 변수)에 입력했던 메일로 로그인해 메일함을 확인해보겠습니다. 그럼 실행 결과와 같이 zip 파일을 첨부한 형태로 메일이 정상적으로 수신된 것을 확인할 수 있습니다.

해당 메일의 첨부 파일을 다시 다운로드해 csv 파일이 잘 압축되었는지 직접 확인해 보시길 바랍니다.

작동 원리 **파일이 압축되어 메일로 발송된 이유**

이어서 스크립트의 알고리즘을 설명하겠습니다. 메일을 보내는 코드의 전반적인 흐름은 앞 **CODE 10 크롤링한 데이터를 기반으로 매일 데이터가 업데이트 되는 자동 메일 보내기**에서 소개한 것과 크게 다르지 않습니다. 따라서 다른 그와 다른 부분 위주로 설명하겠습니다.

1 압축할 파일 경로와 압출한 파일의 저장 경로를 설정합니다. 이 부분을 여러분의 실습 환경에 알맞게 수정한 후 스크립트를 실행해야 합니다.

```
folder_path = r'여기에 ABNB_stock_by_date 폴더의 경로를 입력합니다.'
zip_file_path = 'ABNB_stock_by_date.zip'
```

압축할 csv 파일이 존재하는 경로를 **folder_path** 변수에 전달합니다. 이때 형식은 C:\Users\win\Desktop와 같이 지정합니다. 압축된 파일이 저장될 경로와 압축파일 이름을 **zip_file_path** 변수에 저장합니다. 이처럼 경로를 표시하지 않고 파일 이름만 지정하는 경우 앞서 folder_path 변수에 입력한 경로에 파일이 생성됩니다.

⊘ **변수**: 언제든지 변할 수 있는 값을 저장하는 공간.

2 folder_path 변수에 저장된 경로의 파일들을 모두 합쳐 하나의 zip 파일로 저장합니다.

```
with zipfile.ZipFile(zip_file_path, 'w') as zipf:
    for root, dirs, files in os.walk(folder_path):
        for file in files:
            file_path = os.path.join(root, file)
            zipf.write(file_path, os.path.relpath(file_path, folder_path))
```

with 구문은 파일을 열고 닫는 것을 자동으로 처리해줍니다. **zipfile.ZipFile**은 zip 파일을 만드는 클래스이며, **os.walk**는 폴더 내 모든 파일과 하위 폴더를 탐색하는 함수입니다. **folder_path** 변수에 저장된 폴더를 탐색하며 폴더 내 존재하는 파일들을 for **반복문**을 통해 zipf.write를 이용해 하나씩 압축 파일에 추가합니다. 이때 **os.path.relpath**는 절대 경로를 상대 경로로 변환하는 함수입니다.

- ⊘ **클래스**: 데이터와 함수(메서드)를 하나의 단위로 묶어 관리하게 하는 개념.
- ⊘ **함수**: 특정 기능을 수행하는 코드의 집합. cf.엑셀 함수.
- ⊘ **for 반복문**: 'for [요소] in [시퀀스]' 형태로 이루어지며 [시퀀스]에서 각 요소를 하나씩 순차적으로 불러와 for 반복문 내 들여쓰기된 구문을 반복해 실행하는 기능을 함.

3 **2에서 압축해 저장한 파일을 다시 with 구문을 이용해 읽어옵니다.**

```
with open(zip_file_path, 'rb') as attachment:
    part = MIMEBase('application', 'octet-stream')
    part.set_payload(attachment.read())
    encoders.encode_base64(part)
    part.add_header('Content-Disposition',f'attachment; filename={os.path.
basename(zip_file_path)}')
    msg.attach(part)
```

with 구문에 **zip_file_path** 변수와 **rb 인자**를 전달해 압축 파일을 읽기 모드로 읽습니다. **MIMEBase**는 첨부 파일을 추가하기 위해 사용되며, **set_payload**는 파일의 내용을 설정하는 기능을 합니다. **encoders.encode_base64**는 파일을 base64 형식으로 인코딩합니다.

이후 **add_header**를 통해 첨부 파일의 헤더 정보를 추가하며, **attach** 메서드를 이용해 첨부 파일을 이메일에 추가하게 됩니다. 이때 첨부 파일을 **with** 구문으로 읽어왔으므로 **quit** 메서드를 사용하지 않아도 코드가 진행되며 **with** 구문을 빠져나가면서 자동으로 파일을 닫습니다.

- ⊘ **with 구문**: with [표현식] as [이름]의 형태로 정의되며 [표현식]을 [이름]으로 사용한 후, with 블록이 끝나면 자동으로 [표현식]을 닫아주는 기능을 함.
- ⊘ **인자**: 특정 동작을 하는 함수나 메서드를 사용할 때 함께 전달되어 동작을 제어하는 데 사용되는 변수.
- ⊘ **base64**: 데이터를 텍스트 형식으로 인코딩 하는 방법 중 하나.

4 **with 구문을 이용해 이메일을 전송합니다.**

```
with smtplib.SMTP(smtp_server, smtp_port) as server:
    server.starttls()
    server.login(smtp_username, smtp_password)
    server.sendmail(smtp_username, recipient_email, msg.as_string())
```

앞에서는 이메일을 보내는 부분에서는 **with** 구문을 사용하지 않고 서버에 연결한 후 마지막으로 **quit** 메서드를 이용해 서버와의 연결을 종료했습니다. 이번 스크립트에서는 with 구문을 이용해 서버와의 연결을 진행하고 이메일을 발송한 후 별도로 **quit** 메서드를 이용해 서버와의 연결을 종료하지 않더라도 **with** 구문을 빠져나오면서 자동으로 서버와의 연결이 종료되도록 수정했습니다. 한마디로 코드가 더 간결해졌다고 이해하면 됩니다.

☑ **메서드**: 함수의 일종으로 클래스 내부에 정의된 함수를 지칭함. cf. 클래스: 프로그램 측면의 설계도 또는 틀

스크립트 수정   **With ChatGPT**
수신인과 참조인을 더 추가해서 메일 발송하기

지금까지의 예제는 1명의 수신인에게만 메일을 전송했습니다. 이번에는 여러 명의 수신인과 더불어 참조인까지 추가해서 보내겠습니다. 물론 챗GPT의 도움을 받아 매우 효율적으로 스크립트의 알고리즘을 원하는 대로 수정하는 방향으로 말입니다.

다음과 같이 프롬프트를 작성해 챗GPT에게 스크립트 수정을 요청하겠습니다. 여기서는 메일의 수신인을 2명으로 하고, 참조인을 1명 추가하겠습니다.

> 💬 아래 파이썬 스크립트는 특정 폴더 내 존재하는 파일을 하나로 압축해 메일로 전송하는 스크립트야. 해당 스크립트를 수정해 아래와 같이 수신인과 참조인을 설정할 수 있도록 해 줘.
>
> **\<수신인\>**
> AAAAA@naver.com (이 부분에 실제 테스트를 위한 독자분들의 이메일을 넣어주세요)
> BBBBB@naver.com (이 부분에 실제 테스트를 위한 독자분들의 이메일을 넣어주세요)
> **\<참조인\>**
> CCCCC@naver.com (이 부분에 실제 테스트를 위한 독자분들의 이메일을 넣어주세요)
>
> **\<파이썬 스크립트\>**
> 이곳에 [email_stock_attachment.py] 스크립트를 붙여넣습니다.

> ⑨ 아래는 수신인과 참조인을 설정할 수 있도록 수정된 파이썬 스크립트입니다:

```
import os
import zipfile
import smtplib
```

```
from email.mime.multipart import MIMEMultipart
from email.mime.base import MIMEBase
from email.mime.text import MIMEText
from email import encoders

# 폴더 경로와 생성할 zip 파일 경로
folder_path = r'여기에 ABNB_stock_by_date 폴더의 경로를 입력합니다.'
zip_file_path = 'ABNB_stock_by_date.zip'

# 폴더를 zip 파일로 압축
with zipfile.ZipFile(zip_file_path, 'w') as zipf:
    for root, dirs, files in os.walk(folder_path):
        for file in files:
            file_path = os.path.join(root, file)
            zipf.write(file_path, os.path.relpath(file_path, folder_path))

# 이메일 발송 설정
smtp_server = 'smtp.gmail.com'
smtp_port = 587
smtp_username = '여기에 본인의 gmail 주소를 입력합니다.'
smtp_password = '여기에 본인의 앱 비밀번호를 입력합니다.'
recipient_emails = ['AAAAA@naver.com', 'BBBBB@naver.com']
cc_emails = ['CCCCC@naver.com']
subject = 'ABNB Stock Data'
body = '''
<html>
  <body>
    <p>ABNB 주식 데이터가 첨부 파일로 포함되어 있습니다.</p>
  </body>
</html>
'''

# 이메일 생성
msg = MIMEMultipart()
msg['From'] = smtp_username
msg['To'] = ', '.join(recipient_emails)
msg['Cc'] = ', '.join(cc_emails)
msg['Subject'] = subject

# 이메일 본문 추가
msg.attach(MIMEText(body, 'html'))

# 첨부 파일 추가
```

```
with open(zip_file_path, 'rb') as attachment:
    part = MIMEBase('application', 'octet-stream')
    part.set_payload(attachment.read())
    encoders.encode_base64(part)
     part.add_header('Content-Disposition', f'attachment; filename={os.path.
basename(zip_file_path)}')
    msg.attach(part)

# 이메일 주소 설정 (수신인 + 참조인)
all_recipients = recipient_emails + cc_emails

# 이메일 발송
with smtplib.SMTP(smtp_server, smtp_port) as server:
    server.starttls()
    server.login(smtp_username, smtp_password)
    server.sendmail(smtp_username, all_recipients, msg.as_string())

print('이메일 발송 완료!')
```

> ⚙ 이 스크립트는 recipient_emails와 cc_emails 리스트를 사용해 수신인과 참조인을 설정합니
> 다. msg['To']와 msg['Cc']에 각각 해당 이메일 주소들을 추가하고, 모든 수신자를 포함한 all_
> recipients 리스트를 만들어 이메일을 발송합니다.

위 스크립트를 Visual Studio Code로 가져오면 다음과 같습니다. 다음 스크립트를 테스트하기
위해서는 **folder_path** 변수에 ABNB_stock_by_date 폴더의 경로를 입력하고, **smtp_username,
smtp_password** 변수에 메일을 보낼 gmail 이메일 주소와 해당 계정의 앱 비밀번호를 입력하며,
recipient_emails, cc_emails 변수에 리스트 형식으로 각각 수신인과 참조인의 이메일 주소를 입력
해야 합니다.

email_stock_attachment_gpt.py

```
import os
import zipfile
import smtplib
from email.mime.multipart import MIMEMultipart
from email.mime.base import MIMEBase
from email.mime.text import MIMEText
from email import encoders

folder_path = r'여기에 ABNB_stock_by_date 폴더의 경로를 입력합니다.'
```

```
        zip_file_path = 'ABNB_stock_by_date.zip'

        with zipfile.ZipFile(zip_file_path, 'w') as zipf:
            for root, dirs, files in os.walk(folder_path):
                for file in files:
                    file_path = os.path.join(root, file)
                    zipf.write(file_path, os.path.relpath(file_path, folder_path))

 ①     smtp_server = 'smtp.gmail.com'
        smtp_port = 587
        smtp_username = '여기에 본인의 gmail 주소를 입력합니다.'
        smtp_password = '여기에 본인의 앱 비밀번호를 입력합니다.'
        recipient_emails = ['AAAAA@naver.com', 'BBBBB@naver.com']
        cc_emails = ['CCCCC@naver.com']
        subject = 'ABNB Stock Data'
        body = '''
        <html>
          <body>
            <p>ABNB 주식 데이터가 첨부 파일로 포함되어 있습니다.</p>
          </body>
        </html>
        '''

 ②     msg = MIMEMultipart()
        msg['From'] = smtp_username
        msg['To'] = ', '.join(recipient_emails)
        msg['Cc'] = ', '.join(cc_emails)
        msg['Subject'] = subject

        msg.attach(MIMEText(body, 'html'))

        with open(zip_file_path, 'rb') as attachment:
            part = MIMEBase('application', 'octet-stream')
            part.set_payload(attachment.read())
            encoders.encode_base64(part)
             part.add_header('Content-Disposition', f'attachment; filename={os.path.
        basename(zip_file_path)}')
            msg.attach(part)

 ③     all_recipients = recipient_emails + cc_emails

        with smtplib.SMTP(smtp_server, smtp_port) as server:
            server.starttls()
```

```
            server.login(smtp_username, smtp_password)
            server.sendmail(smtp_username, all_recipients, msg.as_string())

    print('이메일 발송 완료!')
```

| 실행 결과 |

스크립트를 실행하면 **이메일 발송 완료!** 메시지가 터미널에 출력됩니다. 수신으로 설정했던 메일 계정으로 로그인해 메일을 확인해보면 실행 결과와 같이 2명의 수신인 및 참조인에게도 정상적으로 발송되었음을 알 수 있습니다.

챗GPT를 통해 수정한 코드가 정상적으로 동작하는 것을 확인했으니 해당 코드의 알고리즘을 살펴본 후 이번 CHAPTER를 마무리하겠습니다. 앞의 코드와 비교했을 때 변경된 부분 위주로 설명하겠습니다.

1 수신할 이메일 주소를 설정합니다.

```
smtp_server = 'smtp.gmail.com'
smtp_port = 587
smtp_username = '여기에 본인의 gmail 주소를 입력합니다.'
smtp_password = '여기에 본인의 앱 비밀번호를 입력합니다.'
recipient_emails = ['AAAAA@naver.com', 'BBBBB@naver.com']
cc_emails = ['CCCCC@naver.com']
```

recipient_emails 변수에 수신할 이메일 주소를 입력해야 하는데 다수의 수신인에게 메일을 발송하기 위해 **리스트** 형식으로 수신인 이메일 주소를 저장합니다. 또한 참조인으로 메일을 수신할 수 있게끔 cc_emails 변수를 추가했으며, 참조인 역시 2명 이상으로 설정할 수 있도록 리스트 형식으로 이메일을 저장합니다.

⊘ **리스트**: ["요소1", "요소2"]와 같은 형태로 사용되며 여러 개의 값을 순차적으로 보관하는 자료 구조.

② **msg 변수에 한 명 이상의 수신인을 설정할 수 있도록 설정합니다.**

```
msg = MIMEMultipart()
msg['From'] = smtp_username
msg['To'] = ', '.join(recipient_emails)
msg['Cc'] = ', '.join(cc_emails)
msg['Subject'] = subject
```

join 메서드를 이용해 수신인의 이메일 주소 사이에 콤마와 공백을 삽입해 연결합니다. 예를 들어, 수신인 이메일이 AAAAA@naver.com와 BBBBB@naver.com 두 가지라면 AAAAA@naver.com, BBBBB@naver.com 과 같이 설정됩니다. 참조인을 추가하였으므로 **Cc**라는 키를 추가해 입력합니다. 여기에 할당되는 참조인 이메일 주소는 수신인에서와 동일하게 join 메서드를 이용해 콤마와 스페이스로 서로 연결됩니다.

③ **수신인과 참조인 이메일 주소를 합해 all_recipients 변수에 저장합니다.**

```
all_recipients = recipient_emails + cc_emails
```

4

CHAPTER

파일 자동화

파이썬은 간단하고 직관적인 문법을 통해 복잡한 작업을 손쉽게 자동화할 수 있는 장점이 있습니다. 이번 CHAPTER에서는 파일 자동화의 관점에서 파이썬의 유용함을 소개합니다. 먼저 여러 규칙적인 엑셀 파일의 내용을 일괄적으로 수정하는 예제, PDF 문서에서 주요 내용을 추출하는 기술을 배웁니다. 마지막으로 파일명에 따라 파일을 자동으로 분류하는 예제를 알아보겠습니다.

12

규칙적인 여러 엑셀 파일 내용 자동 수정하기

이번 CODE에서는 파이썬을 이용해 하나 이상의 엑셀 파일을 보다 손쉽게 다루는 방법을 소개하려고 합니다.

사전 준비 | '방문 기록' 데이터세트 준비하기

📎 **준비 파일**: chapter 4/방문 기록

본격적으로 예제를 실습하기 전에 소스 코드와 함께 제공된 4장의 '방문 기록' 데이터세트를 미리 준비하세요. 해당 데이터세트에는 다음 그림과 같이 2024년 1월부터 5월까지의 방문 기록이 있습니다. 방문 날짜별로 방문한 사람의 이름, 나이, 전화번호가 저장된 데이터세트임을 확인할 수 있습니다.

방문날짜	이름	나이	전화번호
2024-01-01	김정민	35	010-2267-246
2024-01-02	송수민	32	010-8835-366
2024-01-03	이수희	28	010-2492-164
2024-01-04	송수민	32	010-8835-366
2024-01-05	심정민	22	010-7915-736
2024-01-06	심정민	22	010-7915-736
2024-01-07	이수희	28	010-2492-164
2024-01-08	노민하	27	010-7815-064
2024-01-09	박승의	22	010-9730-154

이처럼 하나 이상의 엑셀 파일로 분할되어 저장된 규칙적인 파일에서 수정이 필요한 사항이 있다고 가정해보겠습니다. 예를 들어, 이름이 '박승의'인 사람의 나이는 앞의 그림에서 보는 것과 같이 '22'로 되어있는데 사실 이는 잘못된 정보이고 실제 나이는 25세인 상황이라면 모든 엑셀 파일을 열어 '이름' 컬럼이 '박승의'인 행을 찾아서 '나이' 컬럼의 값을 모두 '25'로 변경해야 할 것입니다.

이번 예제에서는 변경해야 할 파일이 5개로 적은 편이지만, 만약 파일의 개수가 수십, 아니 수백 개라면 이러한 간단한 수정 사항일지라도 매우 번거로운 일이 됩니다. 이때 파이썬을 이용하면 단순 반복 업무를 훨씬 효율적으로 수행할 수 있습니다. 지금부터 그 방법을 알아보겠습니다.

규칙을 가지는 여러 엑셀 파일 내용을 자동으로 수정하는 코드

| 잠깐! | 패키지/라이브러리부터 설치하자!

openpyxl
※ 이 책의 앞부분을 참고해 해당 패키지/라이브러리를 설치합니다.

앞서 가정한 상황에서 다음과 같은 파이썬 스크립트를 사용할 수 있습니다.

이 스크립트는 엑셀 파일을 읽고 쓸 수 있는 openpyxl 라이브러리를 이용해 특정 폴더 내 존재하는 모든 엑셀 파일을 하나씩 읽으며 B열(이름)이 '박승의'인 모든 행을 찾고 해당 행의 C열(나이) 값을 '25'로 변경하고, 해당 파일의 이름 뒤에 '_new'를 붙여서 새로 저장합니다. 추가로, 각 파일별로 총 몇 번의 변경이 있었는지(몇 개의 행이 '박승의'라는 값을 가지는지) 요약해서 출력하는 알고리즘도 있습니다.

▶ folder_path 변수에 엑셀 파일을 저장한 경로를 입력한 후 스크립트를 실행합니다.

excel_edit.py

```
   import os
   import openpyxl

1  def process_exce  l_files(folder_path):
       summary = {}

2     for filename in os.listdir(folder_path):
           if filename.endswith(".xlsx"):
               file_path = os.path.join(folder_path, filename)
               workbook = openpyxl.load_workbook(file_path)
               sheet = workbook.worksheets[0]
               modifications = 0

3             for row in sheet.iter_rows(min_col=2, max_col=3, min_row=1):
                   if row[0].value == "박승의":
                       row[1].value = 25
                       modifications += 1

4             new_filename = f"{filename.rsplit('.', 1)[0]}_new.xlsx"
               new_file_path = os.path.join(folder_path, new_filename)
               workbook.save(new_file_path)
```

```
5                          summary[filename] = modifications

         return summary

6    def print_summary(summary):
         for filename, modifications in summary.items():
             print(f"{filename}: {modifications} modifications")

7    folder_path = r"이 곳에 엑셀 파일의 경로를 입력합니다"

8    summary = process_excel_files(folder_path)
     print_summary(summary)
```

| 실행 결과 |

방문날짜	이름	나이	전화번호
2024-01-01	김정민	35	010-2267-246
2024-01-02	송수민	32	010-8835-366
2024-01-03	이수희	28	010-2492-164
2024-01-04	송수민	32	010-8835-366
2024-01-05	심정민	22	010-7915-736
2024-01-06	심정민	22	010-7915-736
2024-01-07	이수희	28	010-2492-164
2024-01-08	노민하	27	010-7815-064
2024-01-09	박승의	25	010-9730-154

그림에 표시된 데이터의 맨 아래쪽 행을 살펴보면 이름이 '박승의'인 행의 나이 값이 '25'로 수정된 것을 확인할 수 있습니다. 이는 스크립트에 의해 변경된 값으로, 변경되기 전의 데이터('_new'가 붙지 않은 '2024년1월' 파일)의 동일한 행을 살펴보면 수정되기 전의 나이 값이 '22'였다는 사실을 확인할 수 있습니다.

'2024년1월_new' 파일뿐 아니라 다른 파일에서도 동일하게 잘 변경되었는지 직접 확인해보기 바랍니다.

특정 데이터를 가지는 행의 다른 열의 값이 바뀐 이유

이 스크립트에 의해 특정 데이터를 가지는 행(이름 열의 값이 '박승의'인 행)의 다른 열(나이)의 값이 성공적으로 변경된 것을 확인했습니다. 그렇다면 이 스크립트의 알고리즘은 어떻게 될까요? 지금부터 알아보겠습니다.

1 엑셀 파일을 읽고 수정하는 역할을 하는 process_excel_files 사용자 정의 함수를 정의합니다.

```python
def process_excel_files(folder_path):
    summary = {}
```

이 함수는 **folder_path** 매개변수를 받습니다. 함수의 안에서 **summary**라는 **변수**를 정의해 이후 읽어올 엑셀 파일별로 수정 횟수 정보를 저장합니다.

⊘ **사용자 정의 함수**: def [함수명]([매개변수]): 형태를 가지며 파이썬에서 기본적으로 제공하는 함수 외에 사용자가 필요에 따라 직접 알고리즘을 구현하도록 정의한 함수.
⊘ **함수**: 특정 기능을 수행하는 코드의 집합. cf.엑셀 함수.
⊘ **변수**: 언제든지 변할 수 있는 값을 저장하는 공간.

2 폴더 내 존재하는 파일 목록을 가져오고 엑셀 파일을 읽어옵니다.

```python
for filename in os.listdir(folder_path):
    if filename.endswith(".xlsx"):
        file_path = os.path.join(folder_path, filename)
        workbook = openpyxl.load_workbook(file_path)
        sheet = workbook.worksheets[0]
        modifications = 0
```

os 라이브러리는 운영체제와 상호작용할 수 있는 **라이브러리**로, **listdir** 함수를 이용해 매개변수로 전달된 경로의 폴더 내 존재하는 모든 파일과 폴더의 이름을 리스트 형태로 반환합니다. 반환된 파일 및 폴더 목록을 **for 반복문**을 이용해 **filename**이라는 변수로 하나씩 받아와 for 반복문의 들여쓰기 내 구문을 반복합니다.

우선 **os.path.join**을 이용해 매개변수로 전달된 파일 이름 및 폴더 경로를 합쳐 읽어올 파일의 전체 경로를 완성합니다. 예를 들어, C 드라이브에 저장된 'file.xlsx' 파일의 경우 전체 경로가 C:\file.xlsx가 됩니다. 다음으로 openpyxl 라이브러리의 **load_workbook** 함수를 이용해 해당 엑셀 파일을 읽어 **workbook** 변수에 저장합니다. 엑셀 파일의 첫 번째 시트를 **workbook.worksheets[0]**를 이용해 선택한 후 **modification** 변수를 '0'으로 초기화합니다. 이 변수는 해당 파일이 몇 개의 데이터를 수정했는지, 그 수치를 저장하는데 사용합니다.

- ✓ **라이브러리**: 프로그램을 만들 때 자주 사용하는 패키지와 모듈을 모아둔 것.
- ✓ **for 반복문**: 'for [요소] in [시퀀스]' 형태로 이루어지며 [시퀀스]에서 각 요소를 하나씩 순차적으로 불러와 for 반복문 내 들여쓰기된 구문을 반복해 실행하는 기능을 함.

3 읽어온 엑셀 시트 내 데이터를 다시 for 반복문으로 순회하며 각 행별로 데이터를 조회합니다.

```
for row in sheet.iter_rows(min_col=2, max_col=3, min_row=1):
    if row[0].value == "박승의":
        row[1].value = 25
        modifications += 1
```

이때 **iter_rows**를 이용하는데 매개변수로 전달된 **min_col=2, max_col=3**은 두 번째 열(B열)부터 세 번째 열(C열) 을 반복하며 순회함을 의미합니다. 이름이 '박승의'임을 확인하기 위한 이름 열이 B열이고, '박승의'에 해당하는 데이터를 찾은 경우 수정해야 하는 나이 열이 세 번째 열이므로 이와 같이 설정합니다.

이처럼 B열과 C열 데이터를 for 반복문을 통해 **row** 변수에 받아오며 한 줄(행)씩 데이터를 조회합니다. **row[0].value**를 통해 row의 첫 번째 데이터가 '박승의'인 경우 if 조건문을 통해 두 번째 데이터 (**row[1].value**)를 25로 수정하고 **modification** 변수의 값에 1을 더합니다.

- ✓ **매개변수**: 함수나 메서드가 호출될 때 입력으로 전달받는 값으로 다양한 입력값에 대해 동작을 수행할 수 있도록 함.
- ✓ **if 조건문**: if [조건식]: 의 형태로 표현되는 조건식은 조건식이 참인 경우에만 함께 묶이는 구문을 실행함.

4 하나의 엑셀 파일 내 첫 번째 시트의 모든 행을 조회한 후 수정된 엑셀 파일을 저장합니다.

```
new_filename = f"{filename.rsplit('.', 1)[0]}_new.xlsx"
new_file_path = os.path.join(folder_path, new_filename)
workbook.save(new_file_path)
```

엑셀 파일의 기존 파일 이름에 '_new'를 추가해 파일을 저장합니다.

5 1에서 생성한 summary 변수에 파일의 이름과 해당 파일의 수정 횟수를 저장하고, 함수의 종료와 함께 해당 변수를 반환합니다.

```
        summary[filename] = modifications
return summary
```

6 각 파일의 이름과 수정된 횟수를 요약해 출력할 print_summary 사용자 정의 함수를 생성합니다.

```
def print_summary(summary):
    for filename, modifications in summary.items():
        print(f"{filename}: {modifications} modifications")
```

5에서 저장한 **summary** 변수를 매개변수로 받으며, 해당 변수에 저장된 데이터를 for 반복문을 통해 반복하며 파일 이름과 수정 횟수 데이터를 가져와 **print** 함수를 통해 출력합니다.

7 folder_path 변수에 엑셀 파일이 저장된 경로를 입력해야 합니다.

```
folder_path = r"이곳에 엑셀 파일의 경로를 입력합니다"
```

여러분이 엑셀 파일을 저장한 경로에 맞춰 이 부분을 수정해야 합니다.

8 앞서 정의한 두 가지 함수 process_excel_files와 print_summary를 호출합니다.

```
summary = process_excel_files(folder_path)
print_summary(summary)
```

이때 **process_excel_files** 함수의 반환값을 할당받을 summary 변수를 생성하며 이 변수를 다시 **print_summary**의 매개변수로 전달해 수정에 관련한 요약 정보를 표시하게끔 합니다.

지금까지 하나 이상의 엑셀 파일의 내용을, 엑셀 파일을 직접 실행하지 않고 파이썬 openpyxl 라이브러리를 이용해 변경하는 예제를 살펴보며 '이름' 열이 '박승의'인 행의 '나이' 열의 값을 '22'에서 '25'로 수정하는 알고리즘을 설명했습니다. 만약 값을 수정하고 수정된 셀의 배경을 노란색 하이라이트로 표시하려면 어떻게 해야 할까요?

이처럼 소개한 예제 스크립트를 기반으로 여러 상황에 맞게 활용하고자 할 때에는 챗GPT의 도움을 받으면 매우 편리하게 스크립트를 수정할 수 있습니다. 다음과 같이 프롬프트를 작성한 후 챗GPT에 질문하겠습니다.

> 😃 아래 파이썬 스크립트는 폴더 내 엑셀 파일을 불러와 특정 데이터를 찾고 수정하는 스크립트야.
> B 열의 값이 '박승의'인 행의 C 열 값을 25로 변경하는데, 단순히 값만 변경하는 것이 아니라 값을 변경하고 변경된 셀의 배경 색깔을 노란색으로 설정할 수 있게끔 아래 코드를 수정해 줘.
>
> 이곳에 [excel_edit.py] 스크립트의 내용을 붙여넣습니다.

> ⑥ 엑셀 파일에서 특정 셀의 값을 변경하고 해당 셀의 배경 색깔을 노란색으로 설정하려면 openpyxl.styles의 PatternFill 클래스를 사용할 수 있습니다. 아래는 수정된 코드입니다.

```python
import os
import openpyxl
from openpyxl.styles import PatternFill

# 폴더 내 모든 엑셀 파일을 처리
def process_excel_files(folder_path):
    summary = {}  # 수정 요약을 저장할 딕셔너리
    yellow_fill = PatternFill(start_color="FFFF00", end_color="FFFF00", fill_type="solid")

    for filename in os.listdir(folder_path):
        if filename.endswith(".xlsx"):
            file_path = os.path.join(folder_path, filename)
            workbook = openpyxl.load_workbook(file_path)
            sheet = workbook.worksheets[0]  # 첫 번째 시트 선택
            modifications = 0
```

```python
            # B열이 "박승의"인 행을 찾아 C열 값을 25로 수정하고 배경색 변경
            for row in sheet.iter_rows(min_col=2, max_col=3, min_row=1):
                if row[0].value == "박승의":
                    row[1].value = 25
                    row[1].fill = yellow_fill
                    modifications += 1

            # 수정된 엑셀 파일 저장
            new_filename = f"{filename.rsplit('.', 1)[0]}_new.xlsx"
            new_file_path = os.path.join(folder_path, new_filename)
            workbook.save(new_file_path)

            # 요약 정보 저장
            summary[filename] = modifications

    return summary

# 수정 요약 출력
def print_summary(summary):
    for filename, modifications in summary.items():
        print(f"{filename}: {modifications} modifications")

# 폴더 경로 설정 (예시)
folder_path = r"이곳에 엑셀 파일의 경로를 입력합니다"

# 엑셀 파일 처리 및 요약 출력
summary = process_excel_files(folder_path)
print_summary(summary)
```

....

🌀 이 수정된 코드는 PatternFill 클래스를 사용하여 값을 변경한 셀의 배경 색깔을 노란색으로 설정
합니다. row[1].fill = yellow_fill 부분이 셀의 배경 색을 설정하는 부분입니다.

챗GPT가 생성한 스크립트를 Visual Studio Code로 가져온 후 'excel_edit_yellow.py' 스크립트로
저장합니다. 그리고 다음 스크립트에서 folder_path 변수에 앞선 예제에서와 동일하게 엑셀 파일
이 들어있는 폴더명을 입력한 후 스크립트를 실행합니다.

```
excel_edit_yellow.py

  import os
  import openpyxl
1 from openpyxl.styles import PatternFill

  def process_excel_files(folder_path):
      summary = {}
2     yellow_fill = PatternFill(start_color="FFFF00", end_color="FFFF00", fill_
  type="solid")

      for filename in os.listdir(folder_path):
          if filename.endswith(".xlsx"):
              file_path = os.path.join(folder_path, filename)
              workbook = openpyxl.load_workbook(file_path)
              sheet = workbook.worksheets[0]
              modifications = 0

              for row in sheet.iter_rows(min_col=2, max_col=3, min_row=1):
                  if row[0].value == "박승의":
                      row[1].value = 25
3                     row[1].fill = yellow_fill
                      modifications += 1

              new_filename = f"{filename.rsplit('.', 1)[0]}_new.xlsx"
              new_file_path = os.path.join(folder_path, new_filename)
              workbook.save(new_file_path)

              summary[filename] = modifications

      return summary

  def print_summary(summary):
      for filename, modifications in summary.items():
          print(f"{filename}: {modifications} modifications")

  folder_path = r"이곳에 엑셀 파일의 경로를 입력합니다"

  summary = process_excel_files(folder_path)
  print_summary(summary)
```

| 실행 결과 |

	A	B	C	D	E
1	방문날짜	이름	나이	전화번호	
2	2024.01.01	김정민	35	010-2267-246	
3	2024.01.02	송수민	32	010-8835-366	
4	2024.01.03	이수희	28	010-2492-164	
5	2024.01.04	송수민	32	010-8835-366	
6	2024.01.05	심정민	22	010-7915-736	
7	2024.01.06	심정민	22	010-7915-736	
8	2024.01.07	이수희	28	010-2492-164	
9	2024.01.08	노민하	27	010-7815-064	
10	2024.01.09	박승의	25	010-9730-154	
11	2024.01.10	채수열	37	010-7305-034	

스크립트를 실행하면 앞에서와 동일하게 엑셀 파일의 파일명 뒤에 '_new'가 붙은 새로운 파일이 생성됩니다. 그중 '2024년1월_new' 파일을 열어보면 실행 결과와 같이 10번째 행 C 열의 데이터가 25로 바뀌어 있으며, 해당 셀의 색상이 노란색으로 변경되었음을 확인할 수 있습니다. '2024년1월_new' 파일뿐 아니라 다른 파일 역시 동일한 알고리즘으로 변경되어 있을 것이니 다른 파일의 변경점을 직접 눈으로 확인해보길 바랍니다.

실행 결과에서 변경된 셀의 배경이 노란색으로, 성공적으로 변경되었는데 스크립트에서 어떤 부분이 변경되었는지 챗GPT가 수정한 부분의 알고리즘을 간단히 짚어보겠습니다.

① 셀의 배경색을 변경하기 위한 패키지를 임포트합니다.

```
from openpyxl.styles import PatternFill
```

openpyxl 라이브러리의 styles 패키지에는 엑셀에서 다룰 수 있는 다양한 서식을 다룰 수 있는 함수들이 포함되어 있는데 그중 PatternFill 함수를 이용해 셀의 배경색을 조절할 수 있습니다.

⊘ **패키지**: 특정 기능과 관련된 모듈을 모아둔 것.

② 1에서 임포트한 PatternFill을 이용해 셀의 배경 색깔을 지정하고 해당 데이터를 yellow_fill 변수에 저장합니다.

```
yellow_fill = PatternFill(start_color="FFFF00", end_color="FFFF00", fill_
type="solid")
```

이때 **PatternFill** 변수에 전달되는 매개변수 중 **"FFFF00"**은 노란색을 뜻하는 색깔의 컬러 코드입니다.

3 변경 대상 데이터(row[1])의 fill 속성을 2에서 변수로 저장했던 yellow_fill로 설정합니다.

```
row[1].fill = yellow_fill
```

이 부분이 직접적으로 셀의 배경색을 변경하는 코드입니다.

스크립트 수정 2 ── With ChatGPT ── DRM을 회피해서 여러 엑셀 파일 내용을 자동으로 수정하기

| 잠깐! | 패키지/라이브러리부터 설치하자!

xlwings
※ 이 책의 앞부분을 참고해 해당 패키지/라이브러리를 설치합니다.

종종 문서 파일에 보안 프로그램이 걸려 있어 마음대로 접근하거나 수정하기 어려운 경우가 있습니다. 이와 같이 문서의 접근을 제한하는 보안 프로그램을 넓은 의미에서 DRM(Digital Rights Management)이라고 하는데, 엑셀 파일을 포함한 문서 파일에 DRM이 걸려 있다면 암호화되어 openpyxl 라이브러리를 이용해 해당 파일을 읽어올 수 없게 됩니다. 다시 말해, 앞서 소개한 스크립트 1을 사용할 수 없습니다.

이런 경우, openpyxl 대신 xlwings 라이브러리를 사용하면 DRM을 회피해 엑셀 문서를 읽고 쓸 수 있습니다. 앞에서 소개한 예제를 xlwings 라이브러리를 이용해 동일하게 수행하는 스크립트를 소개하겠습니다.

다음은 openpyxl 대신 xlwings 라이브러리를 활용해 앞의 예제를 동일하게 진행하는 스크립트입니다. '이름' 열의 값이 '박승의'인 행을 찾아서 해당 행의 '나이' 열의 값을 '25'로 변경한 후 변경한 셀의 배경색을 노란색으로 변경합니다.

▶ folder_path 변수에 엑셀 파일이 저장된 경로를 입력한 후 스크립트를 실행합니다.

excel_edit_yellow_xlwings.py

```
    import os
1   import xlwings as xw

    def process_excel_files(folder_path):
        summary = {}
```

```
  2        for filename in os.listdir(folder_path):
               if filename.endswith(".xlsx"):
                   file_path = os.path.join(folder_path, filename)
                   workbook = xw.Book(file_path)
                   sheet = workbook.sheets[0]  # 첫 번째 시트 선택

  3                new_workbook = xw.Book()
                   new_sheet = new_workbook.sheets[0]
                   new_sheet.range('A1').value = sheet.range('A1').expand().value

                   modifications = 0

  4                for cell in new_sheet.range('B1').expand('down'):
                       if cell.value == "박승의":
                           cell.offset(0, 1).value = 25
                           cell.offset(0, 1).color = (255, 255, 0)
                           modifications += 1

                   new_filename = f"{filename.rsplit('.', 1)[0]}_new.xlsx"
                   new_file_path = os.path.join(folder_path, new_filename)
  5                new_workbook.save(new_file_path)
                   new_workbook.close()
                   workbook.close()

                   summary[filename] = modifications

       return summary

def print_summary(summary):
    for filename, modifications in summary.items():
        print(f"{filename}: {modifications} modifications")

folder_path = r"여기에 엑셀 파일이 있는 폴더의 경로를 입력합니다"

summary = process_excel_files(folder_path)
print_summary(summary)
```

| 실행 결과 |

Chapter 4 › 방문 기록
이름
2024년1월
2024년1월_new
2024년2월
2024년2월_new
2024년3월
2024년3월_new
2024년4월
2024년4월_new
2024년5월
2024년5월_new

	A	B	C	D	E
1	방문날짜	이름	나이	전화번호	
2	2024.01.01	김정민	35	010-2267-246	
3	2024.01.02	송수민	32	010-8835-366	
4	2024.01.03	이수희	28	010-2492-164	
5	2024.01.04	송수민	32	010-8835-366	
6	2024.01.05	심정민	22	010-7915-736	
7	2024.01.06	심정민	22	010-7915-736	
8	2024.01.07	이수희	28	010-2492-164	
9	2024.01.08	노민하	27	010-7815-064	
10	2024.01.09	박승의	25	010-9730-154	
11	2024.01.10	채수연	37	010-7305-034	

이 스크립트를 실행하면 스크립트 수정 1과 동일한 결과를 확인할 수 있으며 예제의 알고리즘은 다음 설명을 참고하시길 바랍니다. openpyxl 라이브러리를 사용하는 스크립트와 큰 틀은 동일하나, xlwings 패키지 기반으로 변경되면서 함께 바뀌는 부분을 위주로 설명하겠습니다.

① openpyxl 라이브러리 대신 xlwings 라이브러리를 임포트합니다.

```
import xlwings as xw
```

xlwings 라이브러리는 **xw**로 축약해 사용하는 것이 관례입니다.

② os 라이브러리의 listdir 함수를 이용해 매개변수로 전달된 경로에 존재하는 모든 파일과 하위 폴더들의 이름을 가져옵니다.

```
for filename in os.listdir(folder_path):
    if filename.endswith(".xlsx"):
        file_path = os.path.join(folder_path, filename)
        workbook = xw.Book(file_path)
        sheet = workbook.sheets[0]  # 첫 번째 시트 선택
```

해당 파일 중 xlsx로 끝나는 것만 for 반복문을 이용해 **filename**이라는 변수 이름으로 하나씩 순회하며 들여쓰기된 for 반복문을 실행합니다. openpyxl과 달리 xlwings 라이브러리에서는 엑셀 파일을, **Book** 함수를 이용해 불러와 **workbook** 변수에 저장하며, 불러온 파일에 **sheets** 메서드를 이용해 첫 번째 시트를 선택해 **sheet** 변수에 저장합니다.

⊘ **메서드**: 함수의 일종으로 클래스 내부에 정의된 함수를 지칭함. cf. 클래스: 프로그램 측면의 설계도 또는 틀

3 새로운 엑셀 파일을 생성해 new_workbook 변수에 저장하고 읽어온 원본 데이터를 그대로 새로 생성한 엑셀 파일로 가져옵니다.

```
new_workbook = xw.Book()
new_sheet = new_workbook.sheets[0]
new_sheet.range('A1').value = sheet.range('A1').expand().value

modifications = 0
```

4 3에서 생성한 신규 엑셀 파일에서 B1 셀부터 시작해 아래로 확장된 모든 셀을 for 반복문을 통해 조회합니다.

```
for cell in new_sheet.range('B1').expand('down'):
    if cell.value == "박승의":
        cell.offset(0, 1).value = 25
        cell.offset(0, 1).color = (255, 255, 0)
        modifications += 1
```

이때 검사하는 셀의 값이 '박승의'인 경우 해당 셀을 기준으로 **offset** 메서드를 이용해 0행 1열만큼 이동한 후 셀의 값을 25로 변경합니다. 또한 해당 셀의 값을 RGB 형식인 (255, 255, 0)으로 전달함으로써 노란색으로 배경색을 설정합니다.

▶ '0행 1열만큼 이동'은 바로 우측 1칸을 의미합니다. 이렇게 이동하는 이유는 이동한 셀에 나이 데이터가 들어있기 때문입니다.

5 데이터 확인 및 수정이 완료되면 해당 파일(new_workbook 변수)을 save 메서드를 이용해 저장하고, close 메서드를 이용해 닫습니다.

```
new_workbook.save(new_file_path)
new_workbook.close()
workbook.close()
```

이후 스크립트는 openpyxl 라이브러리를 사용한 예제와 동일합니다.

openpyxl과 xlwings 라이브러리는 파이썬에서 엑셀 파일을 읽고 쓰기 위한 대표적인 두 가지 라이브러리인데, 이 두 가지 라이브러리는 엑셀 파일을 처리하는 데 큰 차이점을 가지고 있습니다.

openpyxl 라이브러리의 경우 주로 xlsx 형식을 지원하며 엑셀 파일의 구조를 직접 파이썬에서 사용할 수 있도록 엑셀 데이터를 그대로 해석해 읽어온 후 데이터를 쓰거나 수정합니다. 마치 영어로 된 문서를 직접 번역해 어떤 의미인지 이해하는 방식에 비유할 수 있습니다.

반면, **xlwings** 라이브러리는 xlsx 외에도 xls 등의 다양한 형식을 지원합니다. xlwings는 백그라운드에서 엑셀을 실행해 엑셀 문서를 읽고 쓰는 작업을 진행합니다. 즉, xlwings로 엑셀 데이터를 다룰 때에는 백그라운드에 켜져 있는 엑셀을 파이썬으로 조종하는 방식이라고 이해할 수 있습니다.

openpyxl은 직접 엑셀 데이터를 다루므로 처리 속도가 빠르고 대용량 데이터를 다루는 데 효과적입니다. 반면, xlwings는 엑셀 프로그램을 기반으로 데이터를 처리하므로 처리 속도는 openpyxl보다는 조금 느립니다. 하지만 엑셀 대부분의 기능을 사용할 수 있고, 엑셀 프로그램에서 DRM을 처리할 수 있다면 DRM이 걸린 보안 문서도 처리할 수 있다는 장점이 있습니다.

스크립트 수정 3 **With ChatGPT**
규칙을 가지는 여러 엑셀 파일을 파일 하나의 시트로 구분해 저장하기

끝으로 한 가지 활용 예시를 더 소개하겠습니다. 지금까지 소개한 예제는 openpyxl 혹은 xlwings 패키지를 이용해 특정 폴더 내 존재하는 엑셀 파일을 모두 읽고 파일 내 특정 데이터를 찾아서 수정한 후 각 파일의 이름에 '_new'를 붙여서 새로운 파일로 저장했습니다.

이번 예제에서는 폴더 내에 존재하는 파일별로 이름에 '_new'를 붙여 새로운 파일을 만드는 대신, 하나의 엑셀 파일에 불러온 각 파일별로 시트를 구분해 저장해보겠습니다. 이를 위해 앞서 소개한 스크립트 수정 2의 'excel_edit_yellow_xlwings.py'를 기반으로 프롬프트를 작성하고 챗GPT에 질문해보겠습니다.

> ☺ 아래 파이썬 스크립트는 xlwings를 이용해 폴더 내 존재하는 파일들을 읽어오고, 특정 데이터를 찾아 셀의 내용과 배경 색을 변경한 후 파일 이름에 '_new'를 추가해 저장하는 스크립트야. 해당 스크립트를 아래 사항이 반영될 수 있도록 수정해 줘.
>
> ① 불러온 각 파일별로 수정된 파일을 파일의 이름에 "_new"를 추가하여 저장하는 것 대신 각 파일을 수정한 엑셀 시트를 "xlwings_수정.xlsx"라는 새로운 신규 파일에 시트를 구분하여 저장하도록 해 줘.
> ② xlwings_수정.xlsx 파일의 각 시트 이름은 수정된 파일의 이름을 확장자를 제외한 것으로 설정해 줘.

여기에 [excel_edit_yellow_xlwings.py] 스크립트의 내용을 붙여넣습니다.

🌀 다음과 같이 주어진 조건을 반영한 파이썬 스크립트를 수정하였습니다.

① 각 파일을 수정한 내용을 "xlwings_수정.xlsx" 파일의 개별 시트로 저장합니다.
② 각 시트의 이름은 수정된 파일의 이름(확장자 제외)으로 설정합니다.

```python
import os
import xlwings as xw

def process_excel_files(folder_path):
    summary = {}

    # 신규 파일 생성
    new_workbook = xw.Book()
    new_workbook.save(os.path.join(folder_path, "xlwings_수정.xlsx"))

    for filename in os.listdir(folder_path):
        if filename.endswith(".xlsx") and filename != "xlwings_수정.xlsx":
            file_path = os.path.join(folder_path, filename)
            workbook = xw.Book(file_path)
            sheet = workbook.sheets[0]

            new_sheet = new_workbook.sheets.add(name=filename.rsplit('.', 1)[0])
            new_sheet.range('A1').value = sheet.range('A1').expand().value
            modifications = 0

            for cell in new_sheet.range('B1').expand('down'):
                if cell.value == "박승의":
                    cell.offset(0, 1).value = 25
                    cell.offset(0, 1).color = (255, 255, 0)
                    modifications += 1

            workbook.close()

            summary[filename] = modifications

    new_workbook.save()
    new_workbook.close()

    return summary
```

```
def print_summary(summary):
    for filename, modifications in summary.items():
        print(f"{filename}: {modifications} modifications")

# 폴더 경로 설정
folder_path = r"이곳에 엑셀 파일의 경로를 입력합니다"

summary = process_excel_files(folder_path)
print_summary(summary)
```

ⓖ 이 스크립트는 지정된 폴더 내의 모든 엑셀 파일을 읽어와서 각 파일을 "xlwings_수정.xlsx"라는
신규 파일에 개별 시트로 저장하며, 각 시트 이름은 원본 파일 이름(확장자 제외)으로 설정합니다.
또한, 요약 정보를 출력하여 파일별 수정된 셀의 개수를 보여줍니다.

이 스크립트를 Visual Studio Code로 가져와 아래쪽의 folder_path 변수에 엑셀 파일이 저장되어
있는 경로를 입력합니다.

excel_edit_yellow_xlwings_gpt.py

```
    import os
    import xlwings as xw

    def process_excel_files(folder_path):
        summary = {}

1       new_workbook = xw.Book()
        new_workbook.save(os.path.join(folder_path, "xlwings_수정.xlsx"))

2       for filename in os.listdir(folder_path):
            if filename.endswith(".xlsx") and filename != "xlwings_수정.xlsx":
                file_path = os.path.join(folder_path, filename)
                workbook = xw.Book(file_path)
                sheet = workbook.sheets[0]

3               new_sheet = new_workbook.sheets.add(name=filename.rsplit('.', 1)[0])
                new_sheet.range('A1').value = sheet.range('A1').expand().value

                modifications = 0

4               for cell in new_sheet.range('B1').expand('down'):
```

```
                    if cell.value == "박승의":
                        cell.offset(0, 1).value = 25
                        cell.offset(0, 1).color = (255, 255, 0)
                        modifications += 1

            workbook.close()

            summary[filename] = modifications

        new_workbook.save()
        new_workbook.close()

        return summary

def print_summary(summary):
    for filename, modifications in summary.items():
        print(f"{filename}: {modifications} modifications")

folder_path = r"이곳에 엑셀 파일의 경로를 입력합니다"

summary = process_excel_files(folder_path)
print_summary(summary)
```

| 실행 결과 |

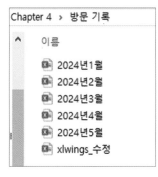

	A	B	C	D	E	F	G	H	I
1	방문날짜	이름	나이	전화번호					
2	2024.01.01	김정민	35	010-2267-246					
3	2024.01.02	송수민	32	010-8835-366					
4	2024.01.03	이수희	28	010-2492-164					
5	2024.01.04	송수민	32	010-8835-366					
6	2024.01.05	심정민	22	010-7915-736					
7	2024.01.06	심정민	22	010-7915-736					
8	2024.01.07	이수희	28	010-2492-164					
9	2024.01.08	노민하	27	010-7815-064					
10	2024.01.09	박승의	25	010-9730-154					
11	2024.01.10	채수연	37	010-7305-034					
12	2024.01.11	심정민	22	010-7915-736					
13	2024.01.12	김정민	35	010-2267-246					
14	2024.01.13	이수희	28	010-2492-164					
15	2024.01.14	신동훈	36	010-3781-543					
16	2024.01.15	김나연	20	010-0345-468					
17	2024.01.16	김정민	35	010-2267-246					
18	2024.01.17	김정민	35	010-2267-246					
19	2024.01.18	임보미	30	010-9223-150					
20	2024.01.19	박승의	25	010-9730-154					
21	2024.01.20	이경민	30	010-2714-154					
22	2024.01.21	이시춘	27	010-7305-481					

2024년5월 | 2024년4월 | 2024년1월 | 2024년2월 | 2024년3월

준비   접근성: 계속 진행 가능

실행 결과와 같이 'xlwings_수정'이라는 이름으로 새로운 엑셀 파일이 생성된 것을 확인할 수 있습니다. 해당 파일을 실행해보면 앞선 예제에서 보았던 것과 동일하게 이름이 '박승의'인 행의 나이 값이 25로 설정되고 셀 배경 색이 노란색으로 처리되었음을 확인할 수 있습니다.

여기서 주목할 점이 있습니다. 바로 엑셀 윈도우 하단에 5개의 워크시트를 확인할 수 있는데 folder_path 변수에 지정된 폴더에 존재하는 엑셀 파일명을 이름으로 하는 워크시트가 존재한다는 사실입니다. 이는 챗GPT를 통해 폴더 내 존재하는 각 파일별로 수정된 파일을 새로 생성하는 것이 아닌 하나의 새로운 엑셀 파일 내 워크시트로 구분하도록 알고리즘 수정했기 때문입니다.

챗GPT를 통해 수정한 스크립트가 의도한 대로 무사히 동작하는 것을 확인했으니 수정된 스크립트의 알고리즘을 살펴보겠습니다. 수정 전 스크립트 대비 바뀐 부분 위주로 설명하겠습니다.

1 수정 결과를 통합할 새로운 엑셀 파일을 만듭니다.

```
new_workbook = xw.Book()
new_workbook.save(os.path.join(folder_path, "xlwings_수정.xlsx"))
```

xlwings 라이브러리의 **Book** 함수를 이용해 신규 엑셀 파일 개체를 만들고, 이를 new_workbook 변수에 할당합니다. 이때 해당 엑셀 파일의 이름은 **xlwings_수정.xlsx**으로 설정합니다.

2 폴더 내에 있는 모든 엑셀 파일을 하나씩 읽어옵니다.

```
for filename in os.listdir(folder_path):
    if filename.endswith(".xlsx") and filename != "xlwings_수정.xlsx":
        file_path = os.path.join(folder_path, filename)
        workbook = xw.Book(file_path)
        sheet = workbook.sheets[0]
```

단, 이미 생성한 'xlwings_수정.xlsx' 파일은 제외합니다. 읽어온 파일의 첫 번째 워크시트를 **sheet** 변수에 할당합니다.

3 읽어온 각 파일의 내용을 새로 생성한 'xlwings_수정.xlsx' 파일의 시트로 추가합니다.

```
new_sheet = new_workbook.sheets.add(name=filename.rsplit('.', 1)[0])
new_sheet.range('A1').value = sheet.range('A1').expand().value
```

이때 시트의 이름은 확장자를 제외한 원본 파일의 이름으로 설정합니다.

4 새 시트에서 특정 셀의 값을 찾아서 수정합니다.

```
for cell in new_sheet.range('B1').expand('down'):
    if cell.value == "박승의":
        cell.offset(0, 1).value = 25
        cell.offset(0, 1).color = (255, 255, 0)
        modifications += 1
```

앞의 예제에서 소개한 것과 같이 '박승의'라는 값을 찾아서 그 오른쪽 셀의 값을 25로 설정하고 셀의 배경색을 노란색으로 변경합니다.

파워포인트, 워드 파일을
PDF 파일로 변환하고 합치기

이번에는 파워포인트(.pptx) 및 워드(.docx) 파일을 PDF 파일로 변환하는 예제를 다루고자 합니다. 일을 하다 보면 파워포인트나 워드와 같은 파일을 PDF 파일로 변환해야 하는 일이 많습니다. 실제로 파워포인트나 워드 각 프로그램에서 자체적으로 PDF 파일로 변환하는 기능을 제공합니다.

PDF 파일로 변환하고자 하는 파일의 개수가 많지 않다면 위와 같은 과정으로 진행하는 데 어려움이 없겠지만, 만약 변환해야 하는 파일의 개수가 많다면 파일 하나하나 PDF 파일로 변환하는 과정이 쉽지 않을 것입니다. 이때 활용할 수 있는 것이 파이썬입니다. 지금부터 그 방법을 알아보겠습니다.

사전 준비 ┃ 파워포인트 및 워드 파일 준비하기

📎 **준비 파일**: chapter 4/PDF 변환하기

예제를 살펴보기 앞서 인공지능으로 생성한 파워포인트 파일과 워드 파일을 소스 코드와 함께 제공되는 'PDF 변환하기' 폴더에 넣어두었으니 해당 파일을 준비합시다. 만약 제공되는 테스트용 파일 대신 개별적으로 테스트해보고 싶은 파워포인트 파일이 있다면 어떤 것을 사용해도 무방합니다.

스크립트 ┃ 파워포인트 파일을 PDF 파일로 변환하는 코드

다음 스크립트는 특정 폴더 내 존재하는 파워포인트 형식의 파일을 모두 동일한 이름을 가지는 PDF 파일로 변환하는 파이썬 스크립트입니다.

▶ 스크립트의 input_folder와 output_folder 변수에 PDF로 변환할 파워포인트 파일이 있는 폴더의 경로, 생성된 PDF 파일을 저장할 경로를 각각 입력한 후 스크립트를 실행합시다. 여기서는 input_folder와 output_folder의 경로를 동일하게 설정한 후 스크립트를 실행했습니다.

```
ppt_to_pdf.py

1    import os
     import win32com.client

2    def convert_pptx_to_pdf(input_folder, output_folder):
         if not os.path.exists(output_folder):
             os.makedirs(output_folder)

3        powerpoint = win32com.client.Dispatch("PowerPoint.Application")

4        for filename in os.listdir(input_folder):
             if filename.endswith(".pptx"):
                 full_file_path = os.path.join(input_folder, filename)
                 output_file_path = os.path.join(output_folder, os.path.
     splitext(filename)[0] + ".pdf")

5                presentation = powerpoint.Presentations.Open(full_file_path)
                 presentation.SaveAs(output_file_path, 32)
                 presentation.Close()

         powerpoint.Quit()

6    input_folder = r"여기에 변환할 파워포인트 파일이 존재하는 경로를 입력합니다"
     output_folder = r"여기에 변환한 PDF 파일을 저장할 경로를 입력합니다"
     convert_pptx_to_pdf(input_folder, output_folder)
```

| 실행 결과 |

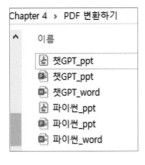

input_folder 변수에 전달된 경로에는 실행 결과와 같이 파워포인트(.pptx) 파일과 워드(.docx) 파일이 함께 존재합니다. 그중 파워포인트 파일에 대해서만 동일한 파일 이름을 가진 PDF 파일이 생성된 것을 확인할 수 있습니다. 해당 PDF 파일을 열어보면 성공적으로 변환되었음을 확인할 수 있습니다.

> **작동 원리** 파워포인트 파일이 PDF 파일로 변환되는 이유

성공적으로 스크립트가 실행되고 잘 동작하는 것을 확인했으니 이어서 해당 스크립트의 알고리즘을 알아보겠습니다.

1 필요한 라이브러리를 임포트합니다.

```
import os
import win32com.client
```

이 스크립트는 os와 win32com, 두 가지 라이브러리를 사용합니다. os에는 운영 체제와 상호작용할 수 있게 해주는 기능이, **win32com**에는 파워포인트를 포함한 MS 오피스 프로그램을 제어할 수 있게 해주는 기능이 담겨있습니다.

⊘ **라이브러리**: 프로그램을 만들 때 자주 사용하는 패키지와 모듈을 모아둔 것.

2 파워포인트 파일을 읽어와 PDF 파일로 변환하는 작업을 하는 사용자 정의 함수 convert_pptx_to_pdf를 정의합니다.

```
def convert_pptx_to_pdf(input_folder, output_folder):
    if not os.path.exists(output_folder):
        os.makedirs(output_folder)
```

이때 **함수**에 전달되는 두 가지 **매개변수**는 **input_folder**와 **output_folder**로 각각 파워포인트 파일들이 있는 폴더 경로와 변환된 PDF 파일을 저장할 폴더 경로입니다. **os.path.exists**를 이용해 output_folder로 전달된 경로가 존재하는지 확인하며, 만약 폴더가 없는 경우 **makedirs** 함수를 이용해 PDF 파일을 저장할 폴더를 새로 만듭니다.

- **사용자 정의 함수**: def [함수명]([매개변수]): 형태를 가지며 파이썬에서 기본적으로 제공하는 함수 외에 사용자가 필요에 따라 직접 알고리즘을 구현하도록 정의한 함수.
- **함수**: 특정 기능을 수행하는 코드의 집합. cf.엑셀 함수.
- **매개변수**: 함수나 메서드가 호출될 때 입력으로 전달받는 값으로 다양한 입력값에 대해 동작을 수행할 수 있도록 함.

③ win32com 라이브러리의 client.Dispatch 메서드를 이용해 파워포인트 프로그램을 실행합니다.

```
powerpoint = win32com.client.Dispatch("PowerPoint.Application")
```

이때 실행한 프로그램은 powerpoint 변수에 저장해 이어지는 코드에서 각종 **메서드**를 사용하는 데 활용됩니다.

- **메서드**: 함수의 일종으로 클래스 내부에 정의된 함수를 지칭함. cf. 클래스: 프로그램 측면의 설계도 또는 틀

④ 파일 목록을 불러오고 파워포인트 파일만 골라내 파일명과 경로를 변수에 저장합니다.

```
for filename in os.listdir(input_folder):
    if filename.endswith(".pptx"):
        full_file_path = os.path.join(input_folder, filename)
        output_file_path = os.path.join(output_folder, os.path.splitext(filename)[0]
 + ".pdf")
```

for 반복문과 os 라이브러리의 **listdir** 함수를 이용해 input_folder에 저장된 모든 파일의 목록을 불러오며, **if** 조건문을 이용해 해당 파일의 확장자가 pptx인 경우 경로를 포함한 파워포인트 파일 이름과 pdf 확장자로 저장할 파일의 경로를 포함한 파일 이름을 각각 **full_file_path, output_file_path** 변수에 저장합니다.

- **for 반복문**: 'for [요소] in [시퀀스]' 형태로 이루어지며 [시퀀스]에서 각 요소를 하나씩 순차적으로 불러와 for 반복문 내 들여쓰기된 구문을 반복하여 실행하는 기능을 함.
- **if 조건문**: if [조건식]: 의 형태로 표현되는 조건식은 조건식이 참인 경우에만 함께 묶이는 구문을 실행함.
- **변수**: 언제든지 변할 수 있는 값을 저장하는 공간.

5 파워포인트 파일을 PDF 파일로 변환하는 사용자 정의 함수를 완성합니다.

```
    presentation = powerpoint.Presentations.Open(full_file_path)
    presentation.SaveAs(output_file_path, 32)
    presentation.Close()

powerpoint.Quit()
```

3에서 실행한 파워포인트 프로그램에 **4**의 full_file_path에 해당하는 파일을 불러와 **presentation** 변수에 저장합니다.

이어서 presentation 변수에 **SaveAs** 메서드를 통해 '다른 이름으로 저장' 기능을 사용할 수 있는데, 여기에 'output_file_path'와 '32'를 매개변수로 전달합니다. **output_file_path**는 다른 이름으로 저장할 경로를 포함한 파일 이름이며, '32'는 PDF 파일 형식을 의미하는 숫자 코드입니다. 즉, 이 한 줄이 파워포인트 파일을 불러와 다른 이름으로 저장하기 기능을 통해 PDF 파일로 저장하는 부분입니다.

이후 presentation 파일과 실행했던 파워포인트 프로그램을 각각 **Close, Quit** 메서드를 이용해 종료하므로써 **convert_pptx_to_pdf** 사용자 정의 함수가 완성됩니다.

6 경로를 지정하고 convert_pptx_to_pdf 사용자 정의 함수를 실행해 파워포인트 파일을 PDF 파일로 변환합니다.

```
input_folder = r"여기에 변환할 파워포인트 파일이 존재하는 경로를 입력합니다"
output_folder = r"여기에 변환한 PDF 파일을 저장할 경로를 입력합니다"
convert_pptx_to_pdf(input_folder, output_folder)
```

사용자 정의 함수의 바깥에서 **input_folder**와 **output_folder** 변수를 선언합니다. 해당 변수는 각각 파워포인트 파일이 존재하는 경로, 변환한 PDF 파일을 저장할 경로를 의미합니다. 이 변수를 바탕으로 **convert_pptx_to_pdf** 함수를 실행합니다.

스크립트 수정 1 워드 파일을 PDF 파일로 변환하기

지금까지 특정 폴더 내 존재하는 파워포인트 파일을 따로 실행하지 않고 한 번에 PDF 파일로 변환하는 파이썬 스크립트를 살펴보았습니다. 소스 코드와 함께 제공되는 'PDF 변환하기' 폴더 내에는 파워포인트 파일뿐 아니라 워드 파일도 있습니다.

앞서 설명한 것과 같이 win32com 라이브러리에는 MS 오피스 프로그램을 제어하기 위한 기능이 담겨 있습니다. 따라서 파워포인트뿐 아니라 워드 파일도 제어할 수 있습니다. 이를 이용해 다음과 같이 스크립트를 작성해 docx 확장자를 가지는 워드 파일을 PDF 파일로 변환할 수 있습니다. 다음 스크립트를 살펴보겠습니다.

▶ 스크립트의 input_folder와 output_folder 변수에 PDF로 변환할 워드 파일이 있는 폴더의 경로, 생성된 PDF 파일을 저장할 경로를 각각 입력한 후 스크립트를 실행합시다. 여기서는 input_folder와 output_folder의 경로를 동일하게 설정한 후 스크립트를 실행했습니다.

docx_to_pdf.py

```python
import os
import win32com.client

def convert_docx_to_pdf(input_folder, output_folder):
    if not os.path.exists(output_folder):
        os.makedirs(output_folder)

    word = win32com.client.Dispatch("Word.Application")

    for filename in os.listdir(input_folder):
        if filename.endswith(".docx"):
            full_file_path = os.path.join(input_folder, filename)
            output_file_path = os.path.join(output_folder, os.path.splitext(filename)[0] + ".pdf")

            doc = word.Documents.Open(full_file_path)

            doc.SaveAs(output_file_path, FileFormat=17)

            doc.Close()

    word.Quit()

input_folder = r"여기에 변환할 워드 파일이 존재하는 경로를 입력합니다"
output_folder = r"여기에 변환한 PDF 파일을 저장할 경로를 입력합니다"
convert_docx_to_pdf(input_folder, output_folder)
```

1 word = win32com.client.Dispatch("Word.Application")

2 for filename in os.listdir(input_folder):
   if filename.endswith(".docx"):

3 doc.SaveAs(output_file_path, FileFormat=17)

4 input_folder = r"여기에 변환할 워드 파일이 존재하는 경로를 입력합니다"

| 실행 결과 |

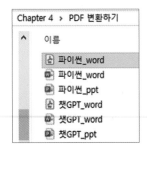 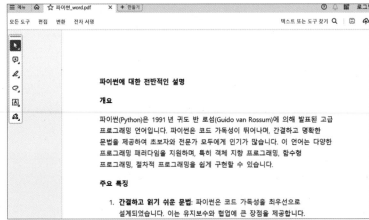

실행 결과와 같이 워드 파일도 PDF 파일로 무사히 변환되었음을 확인할 수 있습니다. 앞서 소개한 파워포인트 파일을 PDF 파일로 변환하는 스크립트와 워드 파일을 PDF 파일로 변환하는 스크립트의 코드 대부분은 동일합니다. 따라서 워드 파일을 변환하기 위해 달라진 부분 위주로 알고리즘을 설명하겠습니다.

❶ win32com 라이브러리 client의 Dispatch 메서드를 통해 워드 프로그램을 실행하고 이를 word 변수에 할당합니다.

```
word = win32com.client.Dispatch("Word.Application")
```

Dispatch 메서드의 매개변수로 앞서 ppt를 PDF로 변환하는 스크립트에서는 PowerPoint. Application를 전달했습니다. 여기서는 워드는 **Word.Application**을 전달해야 합니다.

❷ input_folder 변수로 전달된 폴더 경로에서 파일의 확장자가 .docx인 파일만 필터링합니다.

```
if filename.endswith(".docx"):
    full_file_path = os.path.join(input_folder, filename)
    output_file_path = os.path.join(output_folder, os.path.splitext(filename)[0] +
".pdf")
```

❸ 워드 파일을 다른 이름으로 저장합니다.

```
doc.SaveAs(output_file_path, FileFormat=17)
```

이때 **SaveAs** 함수의 매개변수로 PDF로 변환한 파일을 저장할 경로와 숫자 코드 '17'을 전달합니다. ppt를 PDF로 변환할 때에는 '32'를 전달했지만, 여기서는 '17'을 전달합니다.

4 경로를 지정하고 convert_docx_to_pdf 사용자 정의 함수를 실행해 워드 파일을 PDF 파일로 변환합니다.

```
input_folder = r"여기에 변환할 워드 파일이 존재하는 경로를 입력합니다"
output_folder = r"여기에 변환한 PDF 파일을 저장할 경로를 입력합니다"
convert_docx_to_pdf(input_folder, output_folder)
```

워드 파일이 존재하는 경로를 **input_folder** 변수에, PDF 파일을 저장할 경로를 **output_folder** 변수에 할당한 후 **convert_docx_to_pdf** 함수를 실행합니다.

스크립트 수정 2 **여러 파일을 합쳐서 하나의 PDF 파일로 변환하기**

앞선 예제에서는 특정 폴더 내 파워포인트 파일 및 워드 파일을 각각 PDF로 변환해 각각 저장했습니다. 하지만 특정 폴더 내 존재하는 여러 파일을 병합해 하나의 PDF 파일로 만들어야 하는 경우도 자주 있습니다. 이럴 때는 어떻게 해야 할까요?

이런 활용을 위해 파이썬 문법과 관련 패키지를 처음부터 공부하기에는 시간이 부족합니다. 챗GPT를 통해 보다 효율적으로 스크립트를 수정해보겠습니다. 다음과 같이 챗GPT 프롬프트를 작성해 질문하겠습니다.

> 아래 스크립트는 특정 폴더 내에 존재하는 파워포인트 파일을 읽어와서 각 파일별로 PDF 파일로 변환하는 파이썬 스크립트야. 해당 스크립트를 아래 요구사항에 맞게끔 수정해 줘.
>
> ① input_folder 경로 내 존재하는 파워포인트 파일 이름을 기준으로 사전 순서로 정렬해서 가져온 후
> ② 각 파일별로 별도의 pdf 파일로 변환하여 저장하는 것이 아니라, 폴더 내 존재하는 첫 번째 pptx 파일에 나머지 pptx 파일들의 슬라이드를 이어서 붙여 하나의 pptx 파일을 만들고, 이를 이름을 변경하여 (mergedppt.pptx) 저장하고, 동시에 PDF 파일 (mergedpdf.pdf) 로도 저장해 줘.
>
> 여기에 [ppt_to_pdf.py] 스크립트의 내용을 복사해 붙여넣습니다.

⑯ 해당 요구사항에 맞게 스크립트를 수정했습니다. 아래 코드는 주어진 폴더 내의 파워포인트 파일을 사전순으로 정렬한 후, 첫 번째 파워포인트 파일에 나머지 파워포인트 파일들의 슬라이드를 합쳐 하나의 파워포인트 파일을 만들고, 이를 PDF로 변환하여 저장하는 스크립트입니다.

```python
import os
import win32com.client

def merge_pptx_files(input_folder, output_pptx_path, output_pdf_path):
    # 폴더 존재 여부 확인
    if not os.path.exists(input_folder):
        print(f"The folder {input_folder} does not exist.")
        return

    # PowerPoint Application 시작
    powerpoint = win32com.client.Dispatch("PowerPoint.Application")
    powerpoint.Visible = 1

    # 폴더 내 파워포인트 파일 이름을 사전순으로 정렬
    ppt_files = [f for f in os.listdir(input_folder) if f.endswith(".pptx")]
    ppt_files.sort()

    if not ppt_files:
        print("No PPTX files found in the folder.")
        return

    # 첫 번째 파워포인트 파일을 열어 병합할 프레젠테이션으로 사용
    merged_presentation_path = os.path.join(input_folder, ppt_files[0])
    merged_presentation = powerpoint.Presentations.Open(merged_presentation_path)

    # 나머지 파워포인트 파일들의 슬라이드를 첫 번째 파워포인트 파일에 추가
    for filename in ppt_files[1:]:
        full_file_path = os.path.join(input_folder, filename)
        new_presentation = powerpoint.Presentations.Open(full_file_path)

        for slide in new_presentation.Slides:
            slide.Copy()
            merged_presentation.Slides.Paste(Index=len(merged_presentation.Slides) + 1)

        new_presentation.Close()
```

```
    # 병합된 파워포인트 파일을 저장
    merged_presentation.SaveAs(output_pptx_path)

    # 병합된 파워포인트 파일을 PDF로 저장
    merged_presentation.SaveAs(output_pdf_path, 32)

    # 프레젠테이션 및 PowerPoint 애플리케이션 닫기
    merged_presentation.Close()
    powerpoint.Quit()
    print('Merged files created.')

input_folder = r"여기에 변환할 파워포인트 파일이 존재하는 경로를 입력합니다"
output_pptx_path = os.path.join(input_folder, "mergedppt.pptx")
output_pdf_path = os.path.join(input_folder, "mergedpdf.pdf")

merge_pptx_files(input_folder, output_pptx_path, output_pdf_path)
```

🌀 이 스크립트는 다음과 같은 작업을 수행합니다:

① 입력 폴더 내에 존재하는 모든 pptx 파일을 파일 이름 기준으로 정렬합니다.
② 정렬된 pptx 파일들을 하나의 프레젠테이션으로 병합합니다.
③ 병합된 프레젠테이션을 하나의 PDF 파일로 저장합니다.

스크립트를 실행하기 전에 win32com.client 모듈이 설치되어 있어야 하며, 파워포인트 프로그램
이 설치되어 있어야 합니다.

챗GPT 프롬프트에 특정 폴더 내 존재하는 파워포인트 파일을 파일 이름을 기준으로 사전 순서대
로 정렬한 후, 병합하고 하나의 PDF 파일로 만들어 달라고 요청했습니다. 챗GPT가 생성해준 코드
를 Visual Studio Code로 가져와 약간 수정한 스크립트는 다음과 같습니다.

▶ 스크립트의 input_folder 변수에 PDF로 변환할 파워포인트 파일이 있는 폴더의 경로를 입력한 후 스크립트를
실행합시다.

```
ppt_to_pdf_gpt.py

    import os
    import win32com.client

    def merge_pptx_files(input_folder, output_pptx_path, output_pdf_path):
1       if not os.path.exists(input_folder):
            print(f"The folder {input_folder} does not exist.")
            return

2       powerpoint = win32com.client.Dispatch("PowerPoint.Application")
        powerpoint.Visible = 1

3       ppt_files = [f for f in os.listdir(input_folder) if f.endswith(".pptx")]
        ppt_files.sort()

        if not ppt_files:
            print("No PPTX files found in the folder.")
            return

4       merged_presentation_path = os.path.join(input_folder, ppt_files[0])
        merged_presentation = powerpoint.Presentations.Open(merged_presentation_
    path)

5       for filename in ppt_files[1:]:
            full_file_path = os.path.join(input_folder, filename)
            new_presentation = powerpoint.Presentations.Open(full_file_path)

6           for slide in new_presentation.Slides:
                slide.Copy()
                merged_presentation.Slides.Paste(Index=len(merged_presentation.
    Slides) + 1)

            new_presentation.Close()

7       merged_presentation.SaveAs(output_pptx_path)

        merged_presentation.SaveAs(output_pdf_path, 32)

        merged_presentation.Close()
        powerpoint.Quit()
        print('Merged files created.')
```

```
input_folder = r"여기에 변환할 파워포인트 파일이 존재하는 경로를 입력합니다"
output_pptx_path = os.path.join(input_folder, "mergedppt.pptx")
output_pdf_path = os.path.join(input_folder, "mergedpdf.pdf")

merge_pptx_files(input_folder, output_pptx_path, output_pdf_path)
```

| 실행 결과 |

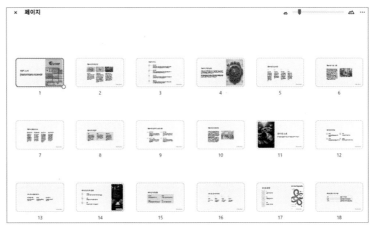

실행 결과와 같이 input_folder 변수에 입력했던 경로와 동일한 폴더에 'mergedppt.pptx' 및 'mergedpdf.pdf' 파일이 생성되었음을 확인할 수 있습니다. 해당 PDF 파일을 실행해 각 페이지를 한 눈에 보면, 총 18페이지로 생성되었음을 확인할 수 있습니다. 1페이지부터 10페이지까지는 '챗 GPT_ppt' 파일에, 11페이지부터 18페이지까지는 '파이썬_ppt' 파일에 해당하는 부분입니다. 즉, 우리의 의도에 맞게 여러 개의 파워포인트 파일을 병합해 하나의 PDF 파일로 변환해주었음을 확인할 수 있습니다.

해당 스크립트가 정상적으로 동작하는 것을 확인했으니 이어서 스크립트의 알고리즘을 알아보겠습니다.

1 input_folder 변수로부터 받아온 경로에 폴더가 실제로 존재하는지 os 라이브러리를 이용해 확인합니다.

```
if not os.path.exists(input_folder):
    print(f"The folder {input_folder} does not exist.")
    return
```

만약 존재하지 않는다면 해당 경로에 폴더가 존재하지 않는다는 메시지를 출력하고 함수를 종료합니다.

2 win32com 라이브러리 client의 Dispatch 메서드를 이용해 파워포인트 프로그램을 실행하고 powerpoint 변수에 할당합니다.

```
powerpoint = win32com.client.Dispatch("PowerPoint.Application")
powerpoint.Visible = 1
```

이어서 powerpoint의 Visible 값을 1로 할당하는데, 이는 파워포인트가 화면에 보이도록 설정하는 것입니다.

3 파일 목록을 불러오고 파워포인트 파일만 골라내 목록화합니다.

```
ppt_files = [f for f in os.listdir(input_folder) if f.endswith(".pptx")]
ppt_files.sort()
```

input_folder 변수에 설정한 경로에 있는 파일의 확장자가 .pptx인지를 조사합니다. 만약 확장자가 .pptx인 파일이 있다면 **ppt_files** 변수에 리스트 형식으로 저장하고 **sort** 메서드를 이용해 해당 파일 목록을 정렬합니다.

4 3에서 만든 ppt_files 변수의 첫 번째 파일 경로를 merged_presentation_path 변수에 할당하고, 그 파일을 열어 병합 기준 파일로 사용합니다.

```
merged_presentation_path = os.path.join(input_folder, ppt_files[0])
merged_presentation = powerpoint.Presentations.Open(merged_presentation_path)
```

5 3의 ppt_files 변수에 있는 파일 중 두 번째 파일부터 순서대로 하나씩 for 반복문을 통해 가져옵니다.

```
for filename in ppt_files[1:]:
    full_file_path = os.path.join(input_folder, filename)
    new_presentation = powerpoint.Presentations.Open(full_file_path)
```

전체 경로를 포함한 해당 파일의 이름을 **full_file_path** 변수에 저장하고, **powerpoint.Presentations.Open** 메서드를 통해 해당 파일을 열어 **new_presentation** 변수에 할당합니다.

6 ppt_files 변수에 들어 있는 각 파일들의 슬라이드를 받아와 하나씩 순회하는 새로운 반복문을 구성합니다.

```
for slide in new_presentation.Slides:
    slide.Copy()
    merged_presentation.Slides.Paste(Index=len(merged_presentation.Slides) + 1)
```

파일 내 각 슬라이드를 Copy 메서드를 이용해 복사하고 **merged_presentation.Slides.Paste** 메서드를 이용해 복사한 슬라이드를 새로운 파워포인트 파일에 붙여넣습니다.

이후 프로그램을 종료하고 새로운 이름으로 파일을 저장하는 코드는 앞선 예제에서 설명한 것과 같은 방식으로 진행됩니다.

7 파워포인트와 PDF, 두 가지 형태의 파일을 모두 저장하기 위해 두 번의 SaveAs 메서드를 호출합니다.

```
merged_presentation.SaveAs(output_pptx_path)

merged_presentation.SaveAs(output_pdf_path, 32)
```

PDF 파일 저장은 앞서 예제에서와 같이 두 번째 매개변수로 '32'가 전달되지만, 파워포인트 파일을 저장하기 위해서 두 번째 매개변수를 따로 전달하지 않아도 됩니다. 기본값으로 사용되기 때문입니다.

파일명 기반 파일 자동 분류 및 정리하기

종종 규칙적인 파일 이름을 가진 수많은 파일을 한 번에 다뤄야 할 때가 있습니다. 예로, 동일한 형식을 가지지만, 특정 기간별로 별개의 파일로 적재되는 데이터, 복합기로 스캔해 '2024-06-01-000000.jpg'와 같이 날짜를 포함한 파일 등을 들 수 있습니다. 이런 경우 파이썬을 이용하면 매우 빠르고 효과적으로 규칙적인 파일명을 가진 파일을 다룰 수 있습니다.

사전 준비 | '아보카도 판매 정보' 데이터세트 준비하기

📎 **준비 파일**: chapter 4/파일명 기반 분류 자동화

소스 코드와 함께 제공되는 준비 파일을 살펴보면 다음과 같이 'YYYY-MM.csv' 형식의 이름을 가지는 csv 파일들이 있습니다. 여기서 'YYYY'는 '2024'와 같이 연도를 네 자리 숫자로 표시한 것을 의미하며, 'MM'은 '06'과 같이 월을 두 자리 숫자로 표시한 것입니다.

각각의 파일은 해당 기간에 포함되는 연월의 아보카도 평균 가격, 판매량, 판매 지역 등의 데이터를 가지고 있습니다. 즉, 동일한 형식을 가지는 데이터세트가 연월이라는 특정 기준에 따라 분리된 파일로 존재하는 형태라고 할 수 있습니다. 해당 데이터세트는 다음의 URL을 통해서도 다운로드할 수 있습니다.

🏠 **URL** https://www.kaggle.com/datasets/neuromusic/avocado-prices

apter 4 > 파일명 기반 분류 자동화		Date	AveragePr	Total Volu	year	region
이름		2016-04-24	1.18	102490.2	2016	Albany
2015-01		2016-04-17	1.22	86433.63	2016	Albany
2015-02		2016-04-10	1.46	70253.3	2016	Albany
2015-03		2016-04-03	0.85	81694.23	2016	Albany
2015-04		2016-04-24	0.79	654018.8	2016	Atlanta
2015-05		2016-04-17	0.89	512348	2016	Atlanta
2015-06		2016-04-10	0.83	590001.8	2016	Atlanta
2015-07		2016-04-03	1.03	423486	2016	Atlanta
2015-08		2016-04-24	1.13	915500	2016	BaltimoreW
2015-09						
2015-10						
2015-11						
2015-12						

연도별로 폴더를 생성하고 파일을 복사하는 코드

| 잠깐! | 패키지/라이브러리부터 설치하자!

pandas
※ 이 책의 앞부분을 참고해 해당 패키지/라이브러리를 설치합니다.

이 예시 파일을, 'YYYY' 형태의 폴더를 생성하고 동일 연도에 해당하는 파일을 분류해야 하는 상황이라고 가정해보겠습니다. 물론, 수작업으로 파일명을 기준으로 파일을 정렬하고 파일을 이동하거나 복사할 수 있겠지만, 분류해야 하는 파일이 훨씬 많거나 분류 규칙이 보다 복잡하다면 (가령, 파일명 정렬 등을 통해 간단히 나타낼 수 없다면) 수작업으로는 한계가 있을 것입니다. 이러한 상황에서 파이썬을 사용하면 정말 손쉽게 파일을 분류할 수 있습니다.

다음 스크립트를 살펴보겠습니다. 이 스크립트는 특정 폴더 내 'YYYY-MM.csv' 형식의 파일명을 가진 모든 csv 파일을 연도 기준으로 'YYYY' 폴더를 만들어 동일 연도의 파일끼리 모아주는 알고리즘을 가지고 있습니다. 소스 코드와 함께 제공되는 '파일명 기반 분류 자동화' 폴더 내 csv 파일들을 가지고 위 예제 코드를 직접 테스트하겠습니다.

▶ folder_path 변수에 csv 파일을 저장한 경로를 입력한 후 스크립트를 실행합니다.

```
filename_sorting.py

    import os
    import shutil
    import re

1   input_folder = '이곳에 폴더 경로를 입력합니다'

2   file_pattern = re.compile(r"^\d{4}-\d{2}\.csv$")

3   files = [f for f in os.listdir(input_folder) if os.path.isfile(os.path.
    join(input_folder, f))]

4   for file in files:
        if file_pattern.match(file):
            year = file[:4]
            year_directory = os.path.join(input_folder, year)

5           if not os.path.exists(year_directory):
```

```
                os.makedirs(year_directory)

6               src_file_path = os.path.join(input_folder, file)
                dest_file_path = os.path.join(year_directory, file)
                shutil.copy2(src_file_path, dest_file_path)
```

| 실행 결과 |

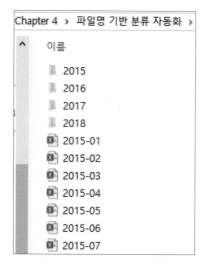

실행 결과와 같이 input_folder 변수에 지정한 폴더 내에 'YYYY' 형식의 연도 이름 폴더가 생성됩니다. 그중 '2016' 폴더로 들어가면 동일한 연도 이름을 가진 csv 파일이 복사되어 있음을 확인할 수 있습니다. '2016' 폴더뿐 아니라 다른 세 가지 폴더를 확인해보아도 폴더의 이름과 동일한 연도에 해당하는 csv 파일이 잘 복사되어 있을 것입니다.

작동 원리 연도별로 폴더가 생성되고 파일이 복사되는 이유

스크립트가 의도한 대로 성공적으로 동작함을 확인했으므로 해당 스크립트의 알고리즘을 설명하겠습니다.

1 분류할 대상 csv 파일이 존재하는 폴더의 경로를 입력합니다.

```
input_folder = '이곳에 폴더 경로를 입력합니다'
```

이 스크립트에서는 소스 코드와 함께 배포되는 '파일명 기반 분류 자동화' 폴더 내에 존재하는 아보카도 csv 파일을 이용합니다. 따라서 여러분이 해당 파일을 다운로드한 폴더의 경로를 입력해야 합니다.

2 re 패키지를 이용한 정규표현식 기반으로 파일명을 인식합니다.

```
file_pattern = re.compile(r"^\d{4}-\d{2}\.csv$")
```

여기서 re 패키지의 compile 함수는 **정규표현식**을 파이썬에서 사용하기 위해 컴파일하는 **함수**입니다. 해당 함수의 매개변수로 전달된 **r"^\d{4}-\d{2}\.csv$"**는 외계어 같이 생겼지만, 규칙적인 파일명을 설명하기 위한 정규표현식입니다. 이를 간단히 설명하면 다음과 같습니다.

 a. ^\d{4} : 숫자 4개로 시작해야 함 (YYYY)
 b. -\d{2} : 하이픈(-)과 숫자 2개 (MM)
 c. \.csv$: 마지막으로 ".csv"로 끝나야 함

해당 규칙을 **컴파일**한 결과를 **file_pattern** 변수에 저장합니다.

⊘ **패키지**: 특정 기능과 관련된 모듈을 모아둔 것.
⊘ **정규표현식**: 문자열에서 특정한 패턴을 찾기 위해 사용되는 특수한 기호들의 조합. 주로 텍스트 검색, 치환, 유효성 검사 등에 사용됨.
⊘ **함수**: 특정 기능을 수행하는 코드의 집합. cf.엑셀 함수.
⊘ **컴파일**: 사람이 이해할 수 있는 언어를 컴퓨터가 이해할 수 있는 언어로 변환하는 과정.

3 리스트 컴프리헨션을 통해 input_folder 변수에 저장된 경로에 있는 모든 파일과 폴더의 이름을 가져옵니다.

```
files = [f for f in os.listdir(input_folder) if os.path.isfile(os.path.join(input_folder, f))]
```

이때 **os.path.isfile(input_folder, f)**은 전달된 경로가 파일인지 확인하는 기능을 하며, **os.listdir (input_folder)**는 전달된 경로에 있는 모든 파일과 폴더의 이름을 가져오는 기능을 합니다. 이 결과를 files 변수에 저장합니다.

⊘ **리스트 컴프리헨션**: 파이썬에서 리스트를 간결하고 효율적으로 생성하는 방법으로 대체로 [표현식 for 요소 in 반복 가능한 시퀀스 if 조건] 형식을 가짐.

⊘ **변수**: 언제든지 변할 수 있는 값을 저장하는 공간.

4 for 반복문을 통해 3에서 가져온 input_folder 경로의 파일을 하나씩 반복합니다.

```
for file in files:
    if file_pattern.match(file):
        year = file[:4]
        year_directory = os.path.join(input_folder, year)
```

앞서 2의 정규표현식에서 설정한 파일명 규칙과 동일한 이름을 가지는 파일의 연도 4글자를 **year** 변수에 저장하고 해당 파일을 복사할 'YYYY' 연도 파일의 경로를 **year_directory** 변수에 저장합니다.

⊘ **for 반복문**: 'for [요소] in [시퀀스]' 형태로 이루어지며 [시퀀스]에서 각 요소를 하나씩 순차적으로 불러와 for 반복문 내 들여쓰기된 구문을 반복해 실행하는 기능을 함.

5 파일을 복사할 'YYYY' 형식의 폴더를 생성합니다.

```
if not os.path.exists(year_directory):
    os.makedirs(year_directory)
```

os.path.exsists 함수를 이용해 4의 year_directory의 경로에 해당하는 폴더가 존재하지 않는다면 os의 **makedirs** 함수를 이용해 해당 폴더를 직접 생성합니다.

⊘ **함수**: 특정 기능을 수행하는 코드의 집합. cf.엑셀 함수.

6 파일을 규칙에 맞게 각 폴더에 복사합니다.

```
src_file_path = os.path.join(input_folder, file)
dest_file_path = os.path.join(year_directory, file)
shutil.copy2(src_file_path, dest_file_path)
```

복사할 파일의 경로를 **src_file_path** 변수에 저장하고 **dest_file_path** 변수에 해당 파일을 붙여넣을 경로를 저장합니다. 그리고 **shutil 라이브러리**의 **copy2** 함수를 이용해 파일을 복사합니다. 여기서 copy2는 파일을 복사하는 함수로 원본 파일의 메타데이터도 함께 복사합니다.

▶ 여기서 src는 source의 약자, 여기서 dest는 destination의 약자입니다.
⊘ **라이브러리**: 프로그램을 만들 때 자주 사용하는 패키지와 모듈을 모아둔 것.

With ChatGPT

홀수, 짝수 연도로 폴더를 생성하고 파일 복사하기

지금까지는 'YYYY-MM' 형식을 가지는 csv 파일을 동일 연도 기준으로 폴더를 나눠 구분하는 스크립트를 살펴보았습니다. 하지만 조금 더 복잡한 규칙으로 파일을 분류해야 한다면 어떻게 해야 할까요? 가령, 홀수 연도와 짝수 연도, 두 가지 폴더로 나눠서 분류해야 하는 상황이라고 가정해보 겠습니다.

이처럼 기존의 스크립트를 기반으로 다양한 활용을 할 때에는 챗GPT를 사용하면 좋습니다. 이번에도 기존의 스크립트를 활용해 새로운 규칙으로 파일을 분류하기 위해 다음과 같이 챗GPT 프롬프트를 작성해 스크립트의 수정을 요청하겠습니다.

> 💬 아래 코드는 폴더 내 존재하는 'YYYY-MM' 형식의 csv 파일을 동일한 연도에 해당하는 폴더로 분류해 복사하는 스크립트야. 해당 알고리즘을 기반으로 아래 수정사항을 반영해 스크립트를 수정해 줘.
>
> ① 파일을 분류하는 기준을 동일 연도가 아니라 짝수 연도, 홀수 연도 기준으로 변경해 줘.
> ② '짝수 연도', '홀수 연도' 두 개의 폴더를 생성하고 여기에 각각 짝수 연도, 홀수 연도에 해당하는 파일을 분류하고 복사해 줘.
>
> 이곳에 [filename_sorting.py] 스크립트의 내용을 복사하여 붙여넣습니다.

> 🌀 아래는 파일을 짝수 연도와 홀수 연도로 분류하여 각각의 폴더에 복사하는 수정된 스크립트입니다:

```python
import os
import shutil
import re

# 1. 입력 폴더 경로
input_folder = '이곳에 폴더 경로를 입력합니다'

# 2. 파일명 패턴 정의
file_pattern = re.compile(r"^\d{4}-\d{2}\.csv$")

# 3. 입력 폴더 내 파일 목록 가져오기
files = [f for f in os.listdir(input_folder) if os.path.isfile(os.path.
join(input_folder, f))]
```

```python
# 4. 짝수 연도 및 홀수 연도 폴더 생성
even_year_folder = os.path.join(input_folder, "짝수 연도")
odd_year_folder = os.path.join(input_folder, "홀수 연도")

if not os.path.exists(even_year_folder):
    os.makedirs(even_year_folder)
if not os.path.exists(odd_year_folder):
    os.makedirs(odd_year_folder)

# 5. 파일 분류 및 복사
for file in files:
    if file_pattern.match(file):
        year = int(file[:4])  # 파일명에서 연도 추출
        if year % 2 == 0:
            # 짝수 연도 파일 복사
            dest_folder = even_year_folder
        else:
            # 홀수 연도 파일 복사
            dest_folder = odd_year_folder

        src_file_path = os.path.join(input_folder, file)
        dest_file_path = os.path.join(dest_folder, file)
        shutil.copy2(src_file_path, dest_file_path)
```

⑤ 수정된 스크립트에서는 다음과 같은 변경 사항이 반영되었습니다:

① 짝수 연도 및 홀수 연도 폴더를 생성합니다.
② 파일명을 검사하여 짝수 연도와 홀수 연도에 따라 해당 폴더에 파일을 복사합니다.

이 스크립트를 실행하면 입력 폴더 내에 있는 [YYYY-MM].csv 파일들이 짝수 연도와 홀수 연도 폴더로 분류되어 복사됩니다.

챗GPT를 통해 연도 기준으로 분류하도록 되어 있던 스크립트의 알고리즘을 홀수, 짝수 연도 기준으로 분류되도록 수정했습니다. 이 스크립트를 Visual Studio Code로 불러와 정리하면 다음과 같습니다.

▶ folder_path 변수에 csv 파일을 저장한 경로를 입력한 후 스크립트를 실행합니다.

```
filename_sorting_gpt.py
```

```python
      import os
      import shutil
      import re

1     input_folder = '이곳에 폴더 경로를 입력합니다'

      file_pattern = re.compile(r"^\d{4}-\d{2}\.csv$")

      files = [f for f in os.listdir(input_folder) if os.path.isfile(os.path.
      join(input_folder, f))]

2     even_year_folder = os.path.join(input_folder, "짝수 연도")
      odd_year_folder = os.path.join(input_folder, "홀수 연도")

3     if not os.path.exists(even_year_folder):
          os.makedirs(even_year_folder)
      if not os.path.exists(odd_year_folder):
          os.makedirs(odd_year_folder)

      for file in files:
          if file_pattern.match(file):

4             year = int(file[:4])
              if year % 2 == 0:
                  dest_folder = even_year_folder
              else:
                  dest_folder = odd_year_folder

5             src_file_path = os.path.join(input_folder, file)
              dest_file_path = os.path.join(dest_folder, file)
              shutil.copy2(src_file_path, dest_file_path)
```

| 실행 결과 |

실행 결과와 같이 **input_folder** 변수에 전달한 경로에 '짝수 연도', '홀수 연도' 두 개의 하위 폴더가 생성됩니다. 그중 '짝수 연도' 폴더를 확인해보면 2016년과 2018년에 해당하는 파일이 분류되어 있고 '홀수 연도' 폴더를 확인해보면 2015년과 2017년에 대한 파일이 분류되어 있음을 확인할 수 있습니다.

챗GPT를 통해 수정한 코드가 정상적으로 실행되는 것을 확인했으니 수정된 스크립트의 알고리즘을 간단히 소개하겠습니다. 앞서 설명한 스크립트 알고리즘 대비 수정되거나 추가된 내용 위주로 말씀드리겠습니다.

1 분류할 대상 csv 파일이 존재하는 폴더의 경로를 입력합니다.

```
input_folder = '이곳에 폴더 경로를 입력합니다'
```

2 홀수 연도와 짝수 연도의 폴더 경로를 변수에 저장합니다.

```
even_year_folder = os.path.join(input_folder, "짝수 연도")
odd_year_folder = os.path.join(input_folder, "홀수 연도")
```

홀수 연도와 짝수 연도에 해당하는 하위 폴더를 생성하기 위하여 해당 폴더들의 경로를 각각 **odd_year_folder, even_year_folder** 변수에 저장합니다.

3 홀수 연도와 짝수 연도의 폴더를 만듭니다.

```
if not os.path.exists(even_year_folder):
    os.makedirs(even_year_folder)
if not os.path.exists(odd_year_folder):
    os.makedirs(odd_year_folder)
```

2에서 odd_year_folder, even_year_folder 변수로 저장한 경로에 폴더가 존재하지 않는다면, 즉 '짝수 연도', '홀수 연도'에 해당하는 폴더가 생성되어 있지 않다면 os 라이브러리의 **makedirs** 함수를 이용해 해당 폴더를 생성합니다.

④ 각 csv 파일 이름에 연도에 해당하는 'YYYY' 값을 year 변수에 정수 형태로 불러옵니다.

```
year = int(file[:4])
    if year % 2 == 0:
        dest_folder = even_year_folder
    else:
        dest_folder = odd_year_folder
```

이후 이 값을 2로 나눴을 때의 나머지가 0인 경우, 즉 짝수라면 dest_folder 변수를 **even_year_folder**로 설정하고, 나머지가 1인 경우, 즉 홀수라면 dest_folder 변수를 **odd_year_folder**로 설정합니다.

▶ year % 2는 year를 2로 나눴을 때의 나머지를 의미합니다.

⑤ 홀수 연도와 짝수 연도 폴더로 파일을 복사합니다.

```
src_file_path = os.path.join(input_folder, file)
dest_file_path = os.path.join(dest_folder, file)
shutil.copy2(src_file_path, dest_file_path)
```

src_file_path와 **dest_file_path** 변수를 각각 원본 파일이 존재하는 경로와 파일을 분류하고 복사할 최종 경로로 설정합니다. 그리고 shutil의 **copy2** 함수를 이용해 파일을 복사합니다.

스크립트 수정 2   **With ChatGPT**
연도별로 파일을 정리하면서 파일 이름 변경하기

지금까지 규칙적인 파일 이름을 가지는 파일을, 그 이름을 기반으로 분류하는 파이썬 스크립트에 관해서 알아보았습니다. 위에서는 단순히 파일을 복사하고 폴더 내에 분류하는 작업을 했지만, 챗 GPT와 함께 이를 보다 다양한 상황에 활용할 수 있습니다.
앞서 사용한 예제 파일은 'YYYY-MM' 형식의 파일명을 가졌었는데 이번에는 'bbb-YYYY' 형식의 파일명을 변경하는 예제를 챗GPT를 활용해 만들어보겠습니다.

▶ 여기서 'bbb'는 Jan, Fab, Mar…과 같은 영문 달 이름의 약어입니다.

> 😃 아래 코드는 폴더 내 존재하는 'YYYY-MM' 형식의 csv 파일들을 동일한 연도에 해당하는 폴더로 분류해 복사하는 스크립트야. 해당 알고리즘을 기반으로 아래 수정사항을 반영해 스크립트를 수정해 줘.
>
> ① '수정' 이라는 하위 폴더를 만들고 원본 폴더에 들어있는 모든 csv 파일을 복사해 줘.
> ② '수정' 폴더 내 'YYYY-MM' 형식의 csv 파일을 'bbb-YYYY' 형식으로 이름을 변경해 줘. 여기서 bbb는 Jan, Fab, Mar과 같은 달 약어야.
>
> 이곳에 [filename_sorting.py] 스크립트의 내용을 붙여넣습니다.

> ◎ 알겠습니다. 요청하신 사항을 반영하여 아래와 같이 스크립트를 수정하였습니다. 이 스크립트는 원본 폴더 내의 모든 csv 파일을 '수정'이라는 하위 폴더로 복사한 후 'YYYY-MM' 형식의 파일명을 'bbb-YYYY' 형식으로 변경합니다.

```python
import os
import shutil
import re
from datetime import datetime

input_folder = '이곳에 csv 파일이 위치한 폴더의 경로를 입력합니다'
output_folder = os.path.join(input_folder, '수정')

file_pattern = re.compile(r"^\d{4}-\d{2}\.csv$")

if not os.path.exists(output_folder):
    os.makedirs(output_folder)

files = [f for f in os.listdir(input_folder) if os.path.isfile(os.path.join(input_folder, f))]

month_abbr = ["Jan", "Feb", "Mar", "Apr", "May", "Jun", "Jul", "Aug", "Sep", "Oct", "Nov", "Dec"]

for file in files:
    src_file_path = os.path.join(input_folder, file)
    dest_file_path = os.path.join(output_folder, file)
```

```
        shutil.copy2(src_file_path, dest_file_path)

        if file_pattern.match(file):
            year = file[:4]
            month = int(file[5:7])
            month_name = month_abbr[month - 1]
            new_file_name = f"{month_name}-{year}.csv"
            new_file_path = os.path.join(output_folder, new_file_name)

            # 파일 이름 변경
            os.rename(dest_file_path, new_file_path)
```

위 스크립트는 다음과 같은 순서로 동작합니다:

① 원본 폴더 내에 [수정] 폴더를 생성합니다.
② 모든 CSV 파일을 [수정] 폴더로 복사합니다.
③ 파일 이름이 [YYYY-MM] 형식에 맞는 경우, 해당 파일의 이름을 [bbb-YYYY] 형식으로 변경합니다. 여기서 bbb는 월의 약어입니다.

이렇게 하면 원본 폴더 내의 모든 csv 파일이 [수정] 폴더로 복사되고, 필요한 경우 파일 이름이 변경됩니다.

챗GPT가 생성해준 코드를 Visual Studio Code로 불러옵니다. 이때 한 가지 수정사항이 있습니다. 우선, 모듈을 임포트하는 부분에서 datetime 모듈도 임포트했는데 이후 코드를 확인해보면 datetime 모듈을 사용하는 부분이 없기에 이 부분을 삭제합니다. 아직까지 이런 한계가 있지만, 챗GPT가 앞으로도 급속도로 발전함에 따라 이러한 작은 오류들은 금방 해결될 것으로 보입니다.

▶ input_folder 변수에 csv 파일을 저장한 경로를 입력한 후 스크립트를 실행합니다.

```
filename_change_gpt.py

    import os
    import shutil
    import re

1   input_folder = '이곳에 csv 파일이 위치한 폴더의 경로를 입력합니다'
    output_folder = os.path.join(input_folder, '수정')

    file_pattern = re.compile(r"^\d{4}-\d{2}\.csv$")
```

```
              if not os.path.exists(output_folder):
                  os.makedirs(output_folder)

              files = [f for f in os.listdir(input_folder) if os.path.isfile(os.path.
              join(input_folder, f))]

2             month_abbr = ["Jan", "Feb", "Mar", "Apr", "May", "Jun", "Jul", "Aug", "Sep",
              "Oct", "Nov", "Dec"]

3             for file in files:
                  src_file_path = os.path.join(input_folder, file)
                  dest_file_path = os.path.join(output_folder, file)
                  shutil.copy2(src_file_path, dest_file_path)

4                 if file_pattern.match(file):
                      year = file[:4]
                      month = int(file[5:7])
                      month_name = month_abbr[month - 1]
                      new_file_name = f"{month_name}-{year}.csv"
                      new_file_path = os.path.join(output_folder, new_file_name)

5                     os.rename(dest_file_path, new_file_path)
```

| 실행 결과 |

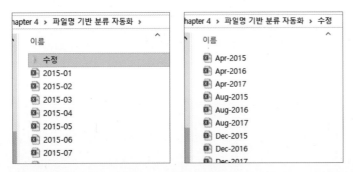

스크립트의 실행이 성공적으로 끝나면 input_folder로 지정한 경로에 실행 결과와 같이 '수정' 폴더가 생성되는 것을 확인할 수 있습니다. 해당 폴더를 확인해보면 '2015-04' 이름을 가진 파일이 'Apr-2015'로 변경된 것처럼 파일 이름이 'bbb-YYYY' 형식으로 변경된 것을 확인할 수 있습니다. 이 스크립트의 알고리즘을 알아볼까요?

1 분류할 대상 csv 파일이 존재하는 폴더의 경로를 입력합니다.

```
input_folder = '이곳에 csv 파일이 위치한 폴더의 경로를 입력합니다'
```

2 1월부터 12월까지 각 월의 약어를 month_abbr 변수에 저장합니다.

```
month_abbr = ["Jan", "Feb", "Mar", "Apr", "May", "Jun", "Jul", "Aug", "Sep", "Oct",
"Nov", "Dec"]
```

3 for 반복문으로 input_folder 변수로 전달된 경로에 존재하는 csv 파일을 하나씩 반복하며 '수정' 폴더에 복사합니다.

```
for file in files:
    src_file_path = os.path.join(input_folder, file)
    dest_file_path = os.path.join(output_folder, file)
    shutil.copy2(src_file_path, dest_file_path)
```

4 파일명을 변경하기 위해 해당 bbb-YYYY.csv 형식으로 파일명을 변수에 저장합니다.

```
if file_pattern.match(file):
    year = file[:4]
    month = int(file[5:7])
    month_name = month_abbr[month - 1]
    new_file_name = f"{month_name}-{year}.csv"
    new_file_path = os.path.join(output_folder, new_file_name)
```

각 파일명이 'YYYY-MM.csv' 형식에 부합할 경우 'YYYY'에 해당하는 연도를 **year** 변수에, 'MM'에 해당하는 월을 정수 형태로 **month** 변수에 정수 형태로 저장합니다. 이후 앞서 월 이름을 축약어로 저장했던 **month_abbr** 변수에서 **month** 변수를 인덱스로 활용해 숫자로 된 월에 해당하는 영어 축약어를 불러옵니다. 이때 가장 첫 원소는 가리키는 **인덱스**는 0부터 시작해 1씩 증가하므로 n월을 지칭하기 위해서는 n-1의 인덱스가 필요합니다. 즉, **month - 1**이 전달되어야 합니다.

이후 **new_file_name** 변수에 'bbb-YYYY.csv' 형식의 파일 이름을 저장합니다.

⊘ **인덱스**: 리스트 내의 요소의 위치를 나타내는 값으로 0부터 시작함.

5 os.rename 함수를 이용해 각 파일의 이름을 4에서 저장한 새로운 파일 이름 형식으로 변경합니다.

```
os.rename(dest_file_path, new_file_path)
```

CHAPTER

GUI 애플리케이션
제작하기

이번 CHAPTER에서는 파이썬으로 그래픽 사용자 인터페이스(GUI)를 구성해 간단한 애플리케이션을 제작한 예제와 더불어 손쉽게 GUI 애플리케이션을 제작하는 방법을 소개하겠습니다. GUI 프로그래밍은 사용자가 마우스 클릭이나 키보드 입력을 통해 애플리케이션과 상호작용할 수 있도록 화면에 버튼, 텍스트, 메뉴 등으로 구성된 시각적 윈도우를 제작하는 것을 의미합니다. 일반적으로 우리가 PC에서 사용하는 대부분의 애플리케이션들이 GUI 기반으로 제작되었습니다.

이번 CHAPTER에서는 파이썬 GUI 프로그래밍을 위해 PyQt5 패키지를 사용합니다. 우선 아나콘다 프롬프트에서 pip install pyqt5 명령어를 이용해 PyQt5 패키지를 설치해야 합니다. 자세한 설치 방법은 이 책의 앞부분을 참고하시길 바랍니다.

15
CODE

클릭 매크로를 통해
GUI 기반 애플리케이션 맛보기

본격적인 학습에 앞서 파이썬 GUI 프로그래밍이 무엇인지 알아보기 위해 직관적인 클릭 매크로 예제를 먼저 살펴보겠습니다.

사전 준비 | 'click_macro.ui' 파일 준비하기

📎 **준비 파일**: chapter 5/click_macro.ui

클릭 매크로 예제를 실행하려면 먼저 'click_macro.ui' 파일을 다운로드해야 합니다. 해당 파일은 소스 코드와 함께 제공됩니다. ui 파일에 대해서는 이후 QtDesigner라는 것을 사용할 때 자세히 설명하겠습니다. 우선은 이 파일을 준비합시다.

스크립트 1 | 특정 좌표 값을 지정 횟수만큼 클릭하는 GUI 기반 코드

| 잠깐! | 패키지/라이브러리부터 설치하자!

pyqt5, pynput
※이 책의 앞부분을 참고해 해당 패키지/라이브러리를 설치합니다.

다음 스크립트는 파이썬 GUI 프로그래밍을 통해 제작된 매우 간단한 클릭 매크로입니다. 클릭할 좌표, 초당 클릭 속도와 총 클릭 횟수를 사용자로부터 입력받고 매크로를 실행하면 입력된 좌표를 일정한 속도로 클릭하는 동작이 실행되도록 설계되었습니다.

▶ uic.loadUi 함수의 인자 즉, uic.loadUi(r'**여기**', self) '**여기**'에 'click_macro.ui' 파일 경로를 입력한 후 스크립트를 실행합니다.

```
1    import sys
     import time
     from PyQt5 import QtCore, QtWidgets, uic
     from PyQt5.QtCore import QThread, pyqtSignal
     from pynput import keyboard, mouse

2    class ClickMacro(QtWidgets.QMainWindow):
         def __init__(self):
             super(ClickMacro, self).__init__()
3            uic.loadUi(r'여기에 소스 코드와 함께 제공된 click_macro.ui 파일의 경
     로를 입력합니다.', self)

4            self.click_speed = 1
             self.click_number = 0
             self.click_count = 0
             self.click_position = (0, 0)
             self.running = False

             self.show()

5            self.keyboard_listener = keyboard.Listener(on_press=self.on_press)
             self.keyboard_listener.start()

6            self.mouse_controller = mouse.Controller()

7            self.location_log = self.findChild(QtWidgets.QTextBrowser, 'location_
     log')
             self.click_counter = self.findChild(QtWidgets.QTextBrowser, 'click_
     counter')
             self.click_speed_input = self.findChild(QtWidgets.QLineEdit, 'click_
     speed')
             self.click_number_input = self.findChild(QtWidgets.QLineEdit, 'click_
     number')

         def on_press(self, key):
             try:
8                if key == keyboard.Key.f5:
                     self.click_position = self.mouse_controller.position
                     QtCore.QMetaObject.invokeMethod(
                         self.location_log,
                         "append",
```

```
                        QtCore.Qt.QueuedConnection,
                        QtCore.Q_ARG(str, f"클릭할 좌표: {self.click_position}")
                    )
                elif key == keyboard.Key.f6:
                    self.start_macro()
            except AttributeError:
                pass

    def start_macro(self):
        try:
            self.click_speed = float(self.click_speed_input.text())
            self.click_number = int(self.click_number_input.text())
        except ValueError:
            self.location_log.append("잘못된 수치를 입력했습니다")
            return

        self.click_count = 0
        self.running = True

        self.click_thread = QThread()
        self.worker = ClickWorker(self.click_speed, self.click_number, self.click_position)
        self.worker.moveToThread(self.click_thread)


        self.worker.update_counter.connect(self.update_click_counter)
        self.worker.finished.connect(self.click_thread.quit)
        self.worker.finished.connect(self.worker.deleteLater)
        self.click_thread.finished.connect(self.click_thread.deleteLater)


        self.click_thread.started.connect(self.worker.run)
        self.click_thread.start()

    def update_click_counter(self, count):
        self.click_counter.setText(f"클릭 횟수: {count}")

class ClickWorker(QtCore.QObject):
    update_counter = pyqtSignal(int)
    finished = pyqtSignal()

    def __init__(self, click_speed, click_number, click_position):
        super().__init__()
```

```
                    self.click_speed = click_speed
                    self.click_number = click_number
                    self.click_position = click_position
                    self.mouse_controller = mouse.Controller()

14          def run(self):
                for i in range(self.click_number):
                    if not self.click_speed > 0:
                        break
                    self.mouse_controller.position = self.click_position
                    self.mouse_controller.click(mouse.Button.left, 1)
                    self.update_counter.emit(i + 1)
                    time.sleep(1 / self.click_speed)
                self.finished.emit()


    app = QtWidgets.QApplication(sys.argv)
    window = ClickMacro()
    app.exec_()
```

다음 그림과 같은 윈도우가 나타납니다. 마우스 포인터를 원하는 위치에 둔 상태로 F5를 누르면 클릭 위치가 설정됩니다. 이어서 초당 클릭 횟수 입력 창에 **5**를, 종료까지 클릭할 횟수에 **50**을 입력합니다. 이때 초당 클릭 횟수 및 클릭할 횟수로는 5, 50 이외에 다른 적절한 값을 입력해도 무방합니다. F6을 입력하면 '종료까지 클릭할 횟수' 입력 창에 입력한 숫자만큼의 클릭이 진행된 후 실행이 종료됩니다.

특정 좌표에서 클릭을 반복할 수 있는 이유

GUI 프로그래밍을 소개하기 위해 클릭 매크로 예시를 들었지만, 코드의 난도가 입문자 입장에서는 다소 어려울 수 있습니다. 입문자가 아니더라도 이 스크립트를 완벽하게 이해하기 위해서는 pyqt에 대한 기본적인 이해가 필요합니다.

하지만 너무 걱정할 필요는 없습니다. GUI 프로그래밍은 명령어 기반 프로그래밍 대비 프로그래밍의 난이도가 높지만, 이 책에서는 챗GPT를 통해 최대한 간편하게 GUI 프로그래밍을 진행하는 방법을 설명하기 때문입니다. 따라서 여기서는 이 스크립트의 알고리즘을 최대한 간략하게 설명만 하고 넘어가겠습니다.

지금 설명할 스크립트의 알고리즘이 잘 이해되지 않더라도 'GUI 프로그래밍은 이런 방식으로 진행되는구나!' 정도로 알아만 둡시다.

1 필요한 패키지와 라이브러리를 불러옵니다.

```
import sys
import time
from PyQt5 import QtCore, QtWidgets, uic
from PyQt5.QtCore import QThread, pyqtSignal
from pynput import keyboard, mouse
```

sys는 파이썬 **인터프리터**와 상호작용하기 위한 모듈이며, PyQt5는 파이썬에서 GUI 애플리케이션을 제작하기 위한 **패키지**입니다. **pynput**은 마우스와 키보드 이벤트를 제어하기 위한 **라이브러리**입니다.

⊘ **인터프리터**: 사람이 이해할 수 있는 형태의 프로그래밍 언어를 컴퓨터가 이해할 수 있는 형태로 변환해주는 것.
⊘ **패키지**: 특정 기능과 관련된 모듈을 모아둔 것.
⊘ **라이브러리**: 프로그램을 만들 때 자주 사용하는 패키지와 모듈을 모아둔 것.

2 클릭 매크로 애플리케이션의 메인 윈도우 역할을 하는 ClickMacro 클래스를 정의합니다.

```
class ClickMacro(QtWidgets.QMainWindow):
    def __init__(self):
        super(ClickMacro, self).__init__()
```

클래스 안에 __init__ 형태로 정의되는 **사용자 정의 함수**를 생성자라고 부르는데, 클래스가 정의되고 호출될 때 자동으로 실행되는 초기화 함수입니다.

⊘ **사용자 정의 함수**: def [함수명]([매개변수]): 형태를 가지며 파이썬에서 기본적으로 제공하는 함수 외에 사용자가 필요에 따라 직접 알고리즘을 구현하도록 정의한 함수.

⊘ **함수**: 특정 기능을 수행하는 코드의 집합. cf.엑셀 함수.

3 **uic 라이브러리의 loadUi 함수를 이용해 ui 파일을 로드합니다.**

```
uic.loadUi(r'여기에 소스 코드와 함께 제공된 click_macro.ui 파일의 경로를 입력합니다.', self)
```

ui 파일은 GUI 윈도우를 어떤 위젯으로 어떻게 구성할지에 관한 정보가 담긴 파일로, 이후 QtDesigner를 설명할 때 자세히 다루겠습니다. 지금은 저런 것이 있구나 정도로만 생각하고 넘어갑시다.

4 **클래스에서 사용될 변수를 초기화합니다.**

```
self.click_speed = 1
self.click_number = 0
self.click_count = 0
self.click_position = (0, 0)
self.running = False
```

⊘ **클래스**: 데이터와 함수(메서드)를 하나의 단위로 묶어 관리하게 하는 개념.

⊘ **변수**: 언제든지 변할 수 있는 값을 저장하는 공간.

5 **키보드 입력을 감지하도록 설정합니다.**

```
self.keyboard_listener = keyboard.Listener(on_press=self.on_press)
self.keyboard_listener.start()
```

keyboard.Listener는 키보드 입력을 감지하는 역할을 합니다. 키보드 입력이 감지되면 **on_press**라는 함수가 실행되도록 설정했습니다.

6 마우스 입출력을 제어합니다.

```
self.mouse_controller = mouse.Controller()
```

mouse.Controller는 마우스 입출력을 제어하는 역할을 합니다.

7 GUI 윈도우에서 각종 위젯들(클릭위치, 초당 클릭 횟수 등의 위젯)을 찾아서 변수에 저장합니다.

```
self.location_log = self.findChild(QtWidgets.QTextBrowser, 'location_log')
self.click_counter = self.findChild(QtWidgets.QTextBrowser, 'click_counter')
self.click_speed_input = self.findChild(QtWidgets.QLineEdit, 'click_speed')
self.click_number_input = self.findChild(QtWidgets.QLineEdit, 'click_number')
```

8 키보드의 키가 입력되었을 때 실행되는 on_press 메서드를 정의합니다.

```
if key == keyboard.Key.f5:
    self.click_position = self.mouse_controller.position
    QtCore.QMetaObject.invokeMethod(
        self.location_log,
        "append",
        QtCore.Qt.QueuedConnection,
        QtCore.Q_ARG(str, f"클릭할 좌표: {self.click_position}")
    )
```

F5를 눌렀을 때의 마우스 위치를 기록하고, 입력된 마우스 커서의 위치를 GUI 윈도우의 '클릭위치' 입력 창에 표시합니다.

⊘ **메서드**: 함수의 일종으로 클래스 내부에 정의된 함수를 지칭함. cf. 클래스: 프로그램 측면의 설계도 또는 틀.

9 F6이 입력되면 start_macro 메서드를 실행해 매크로를 시작합니다.

```
elif key == keyboard.Key.f6:
        self.start_macro()
except AttributeError:
    pass
```

⑩ 사용자로부터 초당 클릭 횟수 및 총 클릭 횟수 값을 입력받아 변수에 할당합니다.

```
try:
    self.click_speed = float(self.click_speed_input.text())
    self.click_number = int(self.click_number_input.text())
except ValueError:
    self.location_log.append("잘못된 수치를 입력했습니다")
    return
```

매크로를 시작하는 **start_macro** 메서드에서 사용자로부터 초당 클릭 횟수 및 총 클릭 횟수 값을 입력받아 **click_speed** 및 **click_number** 변수에 할당합니다. 만약 입력 값이 잘못되었다면, 에러 메시지를 출력합니다.

⑪ 클릭 매크로를 수행할 새로운 스레드를 만들고, 매크로 작업을 백그라운드에서 실행하도록 준비합니다.

```
self.click_thread = QThread()
self.worker = ClickWorker(self.click_speed, self.click_number, self.click_position)
self.worker.moveToThread(self.click_thread)
```

클릭 매크로와 같이 오래 걸리는 작업을 수행하는 프로그램에서는 작업을 진행하는 동안 사용자 인터페이스가 별도로 응답을 유지해야 하므로 이렇게 별도의 **스레드**를 할당해 작업합니다.

▶ 스레드에 대한 개념과 작업을 연결하는 기능은 고급 프로그래밍 기법에 해당하므로 여기서는 그런 것이 있구나 정도라만 알아두고 흐름을 기억하세요.

◇ **스레드**: 프로그램의 작업 단위로, 일반적으로 프로그램은 주요 실행 흐름을 담당하는 메인 스레드를 가집니다. 여기서 소개하는 클릭 매크로처럼 프로그램이 동시에 여러 작업을 수행하게 하기 위해서는 여러 개의 스레드를 생성해 각 스레드가 동시에 다른 작업을 하도록 설정합니다.

⑫ 매크로를 수행하며 클릭 횟수를 업데이트합니다.

```
def update_click_counter(self, count):
    self.click_counter.setText(f"클릭 횟수: {count}")
```

GUI 윈도우의 '클릭 횟수' 입력 창에 현재까지 수행한 클릭 횟수를 업데이트합니다.

⓭ 클릭 매크로 작업을 실제로 수행하는 클래스입니다.

```
class ClickWorker(QtCore.QObject):
```

⓮ 클릭 작업을 직접 수행하는 메서드입니다.

```
def run(self):
    for i in range(self.click_number):
        if not self.click_speed > 0:
            break
        self.mouse_controller.position = self.click_position
        self.mouse_controller.click(mouse.Button.left, 1)
        self.update_counter.emit(i + 1)
        time.sleep(1 / self.click_speed)
    self.finished.emit()
```

click_number에 입력받은 총 클릭 횟수만큼 for **반복문**을 이용해 클릭 작업을 수행합니다. 여기서 **mouse_controller**의 click 메서드를 수행하는 부분이 직접 클릭 명령을 전달하는 메서드입니다.

◎ **for 반복문**: 'for [요소] in [시퀀스]' 형태로 이루어지며 [시퀀스]에서 각 요소를 하나씩 순차적으로 불러와 for 반복문 내 들여쓰기된 구문을 반복해 실행하는 기능을 함.

> **스크립트 2**   **특정 좌표 값을 지정 횟수만큼 클릭하는 명령어 기반 코드**

앞서 설명한 클릭 매크로를 만약 GUI 프로그래밍이 아닌 명령어 기반 프로그래밍으로 구현했다면 어떤 모습이었을까요? 다음 예제는 GUI 기반 클릭 매크로를 명령어 기반으로 구현한 스크립트입니다. 직접 다음 스크립트를 실행해서 GUI 기반 애플리케이션과 어떤 차이점이 있는지 비교해 보겠습니다.

▶ 최대한 유사한 알고리즘으로 구현하였으나, 완전히 동일하다고는 할 수 없습니다. 하지만 메인 동작 알고리즘 관점에서는 크게 중요하지 않으므로 소소한 차이는 넘어가기로 하겠습니다.

```
click_macro.py
```

```python
import sys
import time
from pynput import keyboard, mouse

class ClickMacro:
    def __init__(self):
        self.click_speed = 1
        self.click_number = 0
        self.click_count = 0
        self.click_position = (0, 0)
        self.running = False

        self.keyboard_listener = keyboard.Listener(on_press=self.on_press)
        self.keyboard_listener.start()

        self.mouse_controller = mouse.Controller()

        print("클릭 매크로가 실행됩니다. F5를 눌러 클릭 좌표를 설정하시요,
F6를 누르면 시작됩니다.")

    def on_press(self, key):
        try:
            if key == keyboard.Key.f5:
                self.click_position = self.mouse_controller.position
                print(f"클릭 좌표 설정 완료: {self.click_position}")
            elif key == keyboard.Key.f6:
                self.start_macro()
        except AttributeError:
            pass

    def start_macro(self):
        try:
            self.click_speed = float(input("초당 클릭 횟수 설정: "))
            self.click_number = int(input("총 클릭 횟수 설정: "))
        except ValueError:
            print("잘못된 수치를 입력했습니다")
            return

        self.click_count = 0
        self.running = True
```

```
            self.run_macro()

        def run_macro(self):
            for i in range(self.click_number):
                if not self.running:
                    break
                self.mouse_controller.position = self.click_position
                self.mouse_controller.click(mouse.Button.left, 1)
                self.click_count += 1
                print(f"클릭 횟수: {self.click_count}")
                time.sleep(1 / self.click_speed)
            print("총 클릭 횟수 도달, 클릭 종료")

if __name__ == "__main__":
    click_macro = ClickMacro()
    try:
        while True:
            time.sleep(0.1)
    except KeyboardInterrupt:
        print("프로그램이 종료됩니다.")
```

위 스크립트를 Visual Studio Code에서 실행하면 터미널에 다음 그림과 같이 **클릭 매크로가 실행됩니다. F5를 눌러 클릭 좌표를 설정하시오, F6를 누르면 시작됩니다.**라는 메시지가 출력됩니다. 이때 클릭하고자 하는 위치에 마우스 포인터를 가져다 놓은 후 키보드의 F5 를 입력하면 이어서 **클릭 좌표 설정 완료: (461, 787)**와 같은 메시지가 출력됩니다.

```
클릭 매크로가 실행됩니다. F5를 눌러 클릭 좌표를 설정하시오, F6를 누르면 시작됩니다.
클릭 좌표 설정 완료: (461, 787)
```

▶ 이때 출력되는 좌표는 마우스 포인터의 위치를 나타내므로 책과는 값이 다를 수도 있습니다.

이후 F6 을 입력하면 초당 클릭 횟수와 총 클릭 횟수를 입력하라는 문구가 출력됩니다. 원하는 숫자를 입력하면 클릭 매크로가 실행됩니다(이 책에서는 **5**와 **20**을 입력했습니다). 매 클릭 이벤트가 일어날 때마다 **클릭 횟수 : 2**와 같이 몇 번째 클릭이 진행되었는지 실시간으로 메시지가 출력됩니다. 입력했던 총 클릭 횟수에 도달하면 **총 클릭 횟수 도달, 클릭 종료** 메시지가 출력됩니다. 참고로 이때 터미널에 Ctrl + C 를 입력하면 애플리케이션이 종료됩니다.

```
초당 클릭 횟수 설정: 5        클릭 횟수: 17
총 클릭 횟수 설정: 20        클릭 횟수: 18
클릭 횟수: 1                클릭 횟수: 19
클릭 횟수: 2                클릭 횟수: 20
클릭 횟수: 3                총 클릭 횟수 도달, 클릭 종료
클릭 횟수: 4                프로그램이 종료됩니다.
클릭 횟수: 5
클릭 횟수: 6
클릭 횟수: 7
클릭 횟수: 8
클릭 횟수: 9
클릭 횟수: 10
클릭 횟수: 11
클릭 횟수: 12
```

지금까지 GUI 기반 클릭 매크로와 명령어 기반 클릭 매크로를 비교해보았습니다. GUI 기반 애플리케이션은 사용자 입장에서 더 친화적인 환경을 제공하는 반면, 명령어 기반 인터페이스는 보다 간결한 구조를 가지고 있습니다. 만약 구현하고자 하는 애플리케이션이 클릭 매크로보다 더 복잡한 알고리즘을 가진다면 GUI 프로그래밍으로 구현하는 것이 사용자 친화적 사용성 관점에서 더욱 큰 이점이 될 것입니다.

챗GPT로 GUI 기반
CSV 파일 검색기 만들기

CODE

사전 준비 1 — QtDesigner 설치하기

이번에는 GUI 프로그래밍을 위해 GUI 윈도우를 보다 손쉽게 제작할 수 있는 툴인 QtDesigner를 소개하겠습니다. QtDesigner는 GUI 윈도우를 GUI 환경에서 쉽게 제작할 수 있도록 하는 애플리케이션으로, **pip install PyQt5Designer** 명령어를 이용해 설치할 수 있습니다. 해당 패키지를 설치하면 아나콘다 프롬프트에서 **designer** 명령어를 입력해 손쉽게 QtDesigner를 실행할 수 있습니다.

▶ pip install과 관련된 내용은 이 책의 앞부분에서 확인합시다.

더 알아보기 — 명령어로 QtDesigner가 실행되지 않아요!

만약, 이 명령어를 통해 QtDesigner가 실행되지 않는다면 다음과 같이 직접 QtDesigner가 설치된 경로를 찾아 실행해야 합니다. 우선 아나콘다 프롬프트에 PC에 설치된 모든 가상환경의 목록을 확인할 수 있는 명령어, conda env list 를 입력합니다.

그러면 다음 그림과 같이 PC에 설치된 가상환경의 이름과 해당 경로를 확인할 수 있습니다. 이 책에서는 python_book이라는 가상환경을 사용 중이므로 해당 가상환경 이름에 대한 경로를 확인하면 됩니다.

```
(base) C:\Users\illbtm>conda env list
# conda environments:
#


python_book            C:\Users\illbtm\.conda\envs\python_book
```

다음 그림과 같이 해당 경로를 윈도우 파일탐색기를 통해 접근하면 여러 폴더와 파일이 있습니다. 여기서 Lib > site-packages > QtDesigner 폴더로 더 들어가면 designer라는 실행 프로그램이 있는 것을 확인할 수 있습니다. 해당 프로그램을 더블클릭하면 QtDesigner가 실행됩니다.

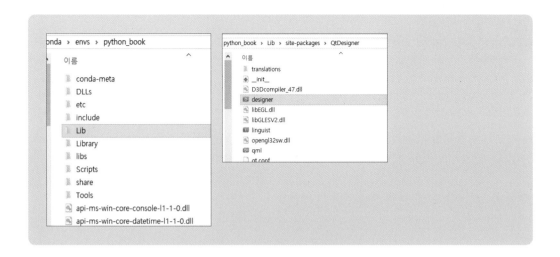

QtDesigner를 실행하면 다음과 같은 화면을 확인할 수 있습니다.

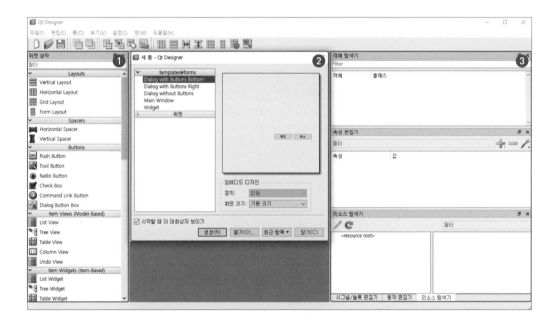

① **위젯 상자**: QtDesigner에서 GUI 윈도우를 제작하는 데 활용할 수 있는 다양한 위젯을 확인할 수 있는 부분입니다.

② **메인 윈도우**: GUI 윈도우를 확인하고 꾸밀 수 있는 부분입니다.

③ **객체 탐색기**: GUI 윈도우 및 GUI 윈도우에 사용되는 다양한 종류의 위젯 속성을 확인하고 변경할 수 있는 부분입니다. 이는 뒤에서 자세히 설명하겠습니다.

본격적으로 QtDesigner를 통해 GUI 윈도우를 제작하기에 앞서, 우선 이번 CODE에서 제작할 GUI 애플리케이션을 설명하겠습니다. 제작할 GUI 애플리케이션은 2개의 사용자 입력 창이 있으며 사용자가 각각 폴더의 경로, 검색 키워드를 입력하면 입력한 경로에 존재하는 csv 파일에서 검색 키워드로 전달된 데이터가 총 몇 개 있는지를 출력합니다.

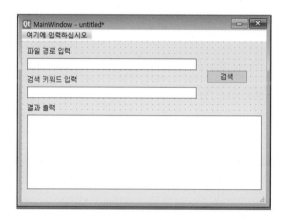

우선 다음 그림과 같이 화면에서 작업할 새 GUI 윈도우를 생성하기 위해 '새 폼' 대화상자에서 **[Main Window]**를 선택하고 **[생성] 버튼**을 클릭합니다. 그러면 비어있는 GUI 윈도우가 나타나는데 필요한 알고리즘을 구성하기 위해 적절한 위젯을 배치해보겠습니다.

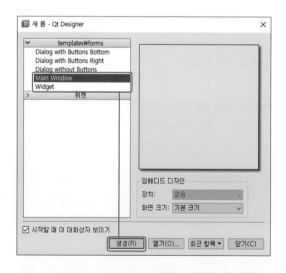

▶ 만약, '새 폼' 대화상자를 종료했다면 메인 메뉴 [파일] - [새 폼]을 클릭해서 다시 불러올 수 있습니다.

텍스트 레이블을 먼저 만들어보겠습니다. '위젯 상자' - 'Display Widgets'의 'Label'을 GUI 윈도우로 드래그 앤 드롭하면 텍스트 레이블이 생성됩니다. 이를 더블 클릭하면 텍스트를 입력할 수 있습니다. 또한 텍스트 레이블의 모서리를 드래그하여 사이즈를 조절할 수 있습니다. 글자가 표시되지 않는다면 이를 이용해 조절합시다. 다음 그림과 같이 각각 **파일 경로 입력, 검색 키워드 입력, 결과 출력**과 같이 텍스트 레이블에 입력한 후 적절한 위치에 배열합니다.

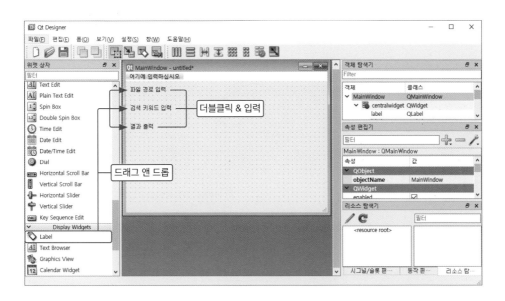

이어서 사용자로부터 텍스트를 입력받을 수 있는 입력 위젯을 생성하겠습니다. 사용자로부터 한 줄의 텍스트를 입력받을 수 있는 위젯으로는 'Line Edit'이 있습니다. Label 때와 마찬가지로 '위젯 상자' - 'Input Widgets' - 'Line Edit'를 드래그 앤 드롭해서 다음 그림을 참고해 '파일 경로 입력'과 '검색 키워드 입력' 아래쪽에 총 2개의 입력 위젯을 배치하고 크기를 조절합니다.

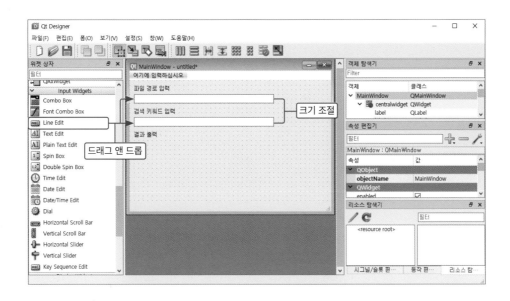

해당 입력 위젯은 각각 사용자로부터 csv 파일이 위치한 경로를 입력받고, 해당 폴더 내 존재하는 csv 파일로부터 검색할 데이터 키워드를 입력받는 역할을 합니다.

이제 입력받은 경로 내 존재하는 csv 파일을 사용자가 입력한 키워드로 검색한 결과를 출력하는 표시 위젯을 가져와야 합니다. 이와 같이 텍스트 형식의 결과를 출력할 수 있는 위젯으로는 'Text Browser'가 있습니다. 지금까지 했던 것과 동일하게 왼쪽의 '위젯 상자' - 'Display Widgets' - 'Text Browser'를 드래그 앤 드롭해서 '결과 출력' 아래쪽에 배치합니다.

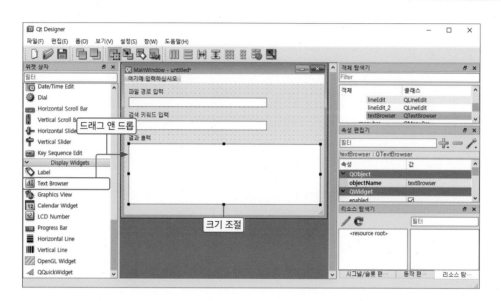

▶ 각각의 파일마다 몇 개의 키워드가 존재하는지에 대한 많은 정보가 표시될 예정이므로 해당 위젯의 크기를 최대한 키웠습니다.

끝으로 앱의 검색 동작을 실행시킬 버튼 위젯을 위치시킵니다. 사용자가 csv 파일이 존재하는 경로와 검색할 키워드를 입력한 상황에서 해당 버튼을 누르면 검색이 시작되고, 결과를 'Text Browser'에 표시합니다. 이렇게 특정 동작의 실행을 유도할 수 있는 버튼 위젯은 'Push Button'입니다.

다음 그림과 같이 '위젯 상자' - 'Buttons' - 'Push Button'을 드래그 앤 드롭한 후 더블클릭해 버튼의 텍스트를 **검색**으로 변경합니다.

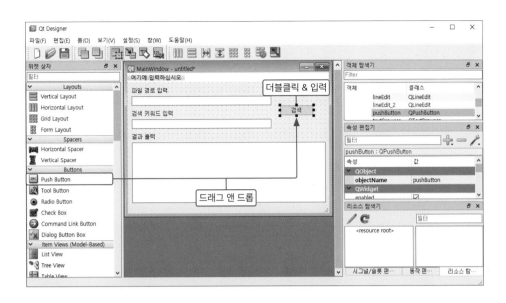

지금까지 GUI 프로그래밍을 위한 간단한 GUI 윈도우를 구성해봤습니다. 이제 각 위젯들의 속성을 확인하고 필요에 따라 변경할 차례입니다. GUI 윈도우에 배치한 위젯은 파이썬 스크립트에서 의도한 동작대로 상호작용하기 위해 각 위젯을 지칭할 '이름'이 필요합니다. 이를 **객체 이름**(object name)이라 합니다. 지금부터 객체 이름을 설정하겠습니다.

우선 '파일 경로 입력' 레이블 아래에 위치한 Line Edit을 클릭합니다. 위젯을 클릭하면 해당 위젯의 크기를 조절할 수 있는 8개의 파란 점이 위젯의 테두리에 생기는 것을 확인할 수 있습니다. 이때 오른쪽의 '속성 편집기' 창을 확인해보면 다음 그림의 빨간 네모 박스로 강조한 것과 같이 **objectName** 속성을 확인할 수 있습니다. 해당 속성에 표시된 값이 **객체 이름**입니다. 이를 더블클릭하면 해당 객체 이름을 변경할 수 있습니다. **input_folder**로 변경합니다.

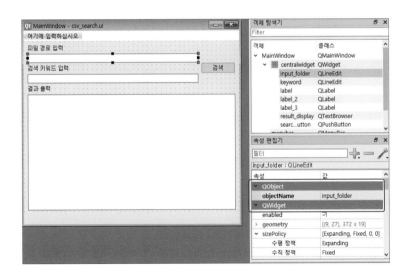

▶ 객체 이름을 변경한 적이 없다면 LineEdit과 같은 객체 이름이 초기값으로 설정되어 있습니다.

이와 같이 '파일 경로 입력' 아래쪽에 있는 LineEdit의 객체 이름을 input_folder로 수정했다면 이어서 나머지 위젯들의 이름도 함께 수정합니다. '검색 키워드 입력' 아래쪽에 있는 Line Edit을 클릭하고 동일한 방식으로 객체 이름을 **keyword**로 수정합니다. 다음으로 '결과 출력' 아래쪽의 Text Browser의 객체 이름을 **result_display**로, [검색] 버튼의 객체 이름을 **search_button**으로 수정합니다. 지금까지 수정한 위젯들의 객체 이름을 GUI 윈도우상에 표시하면 다음과 같습니다.

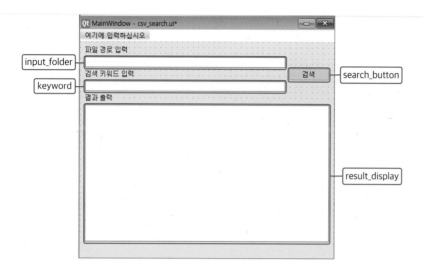

▶ 여러분이 원하는 다른 이름으로 설정하여도 무방하나, 다음 CODE에서 챗GPT를 통해 해당 위젯들을 파이썬 스크립트에서 연결시키는 과정에서 이러한 객체 이름들이 사용될 예정이기 때문에, 헷갈리지 않게 책과 동일한 객체 이름을 사용하시길 권장합니다.

이제 작업한 GUI 윈도우를 ui 파일로 저장하겠습니다. Ctrl+S를 입력하면 파일을 저장할 수 있습니다. 이때 파이썬 스크립트와 동일한 폴더 내에 저장하는 것이 좋습니다.

이처럼 QtDesigner를 통해 GUI 윈도우를 제작해 ui 파일로 저장하면 이를 파이썬 스크립트에서 **uic** 라이브러리를 이용해 쉽게 불러와 사용할 수 있습니다. 이어서 제작한 GUI 윈도우(ui 파일)를 챗GPT를 이용해 파이썬 스크립트와 연결시키고, 실제로 동작하는 GUI 애플리케이션을 제작하겠습니다.

'아보카도 가격' 데이터세트 준비하기

📎 **준비 파일**: chapter 5/avocado-prices

소스 코드와 함께 제공되는 'avocado_price' 데이터세트는 **CHAPTER 4**에서 이미 다뤄본 바 있는 csv 파일입니다. 해당 파일을 열어보면 날짜별로 아보카도의 평균 판매 가격과 판매량, 연도 및 지역에 대한 데이터가 들어 있습니다. 해당 데이터는 날짜의 년과 월까지를 묶어서 하나의 csv 파일로 분할되어 있습니다.

해당 데이터세트는 다음의 URL을 통해서도 다운로드할 수 있습니다.

🏠 **URL** https://www.kaggle.com/datasets/neuromusic/avocado-prices

	A	B	C	D	E
	Date	AveragePr	Total Volu	year	region
	2015-06-28	1.37	89534.81	2015	Albany
	2015-06-21	1.27	104849.4	2015	Albany
	2015-06-14	1.32	89631.3	2015	Albany
	2015-06-07	1.07	122743.1	2015	Albany
	2015-06-28	1.13	435210.7	2015	Atlanta
	2015-06-21	0.99	554763.8	2015	Atlanta
	2015-06-14	1.1	465804.8	2015	Atlanta
	2015-06-07	0.99	551009.1	2015	Atlanta
	2015-06-28	1.15	862261.6	2015	BaltimoreWashington
	2015-06-21	1.16	862840.7	2015	BaltimoreWashington

스크립트 생성 **With ChatGPT**
GUI 윈도우를 이용하는 csv 파일 검색 코드

앞서 QtDesigner를 이용해 csv 파일 검색기 제작을 위한 GUI 윈도우를 구성하고 ui 파일을 완성해 저장했습니다. 이번에는 제작한 ui 파일을 파이썬 스크립트를 이용해 동작하는 애플리케이션으로 제작하겠습니다. 이 과정을 챗GPT를 이용해서 손쉽게 진행해보겠습니다.

제작한 ui 파일을 기반으로 챗GPT에게 요청해 GUI 환경에서 구축하는 파이썬 스크립트를 제작하기 위해서는 다음과 같은 사항을 유의해서 프롬프트를 작성해 전달하면 됩니다.

1. GUI 애플리케이션의 목적과 알고리즘을 정리해 번호를 붙여 열거형으로 설명한다.
2. GUI 윈도우의 각 위젯이 어떤 기능을 하게 될지를 위젯의 객체 이름과 함께 설명한다.

정리하자면 프롬프트에 각 위젯의 종류(QLineEdit, QPushButton 등)와 해당 위젯의 객체 이름 (input_folder, search_button 등)을 함께 전달하며, 해당 위젯이 전체 알고리즘에서 어떻게 상호작용을 하는지에 대한 설명을 열거식으로 상세하게 설명해야 합니다. 이를 유의하면서 다음과 같이 챗 GPT에게 프롬프트를 작성해 전달하겠습니다.

> ☺ **파이썬 PyQt5를 이용해 사용자로부터 폴더 경로와 검색 키워드를 입력받아서 해당 폴더에 존재하는 csv 파일 각각에 해당 키워드가 몇 개 존재하는지를 출력하는 GUI 애플리케이션을 제작하려고 해. 아래 사항을 참고해서 파이썬 스크립트를 생성해 줘.**
>
> 0. QtDesigner로 csv_search.ui파일을 생성했어.
> 1. 사용자가 QLineEdit (input_folder)에 폴더 경로와 QLineEdit (keyword)에 검색하고자 하는 키워드를 입력할거야.
> 2. 이후 QPushButton (search_button)을 클릭하면 input_folder 내 존재하는 csv 파일을 각각 읽은 후 해당 파일에 keyword와 동일한 데이터가 몇 개 있는지를 찾아서 결과를 출력해 줘.
> 3. 결과 출력은 QTextBrowser (result_display)에 각 파일별로 "[파일 이름]에 [검색 키워드] 데이터가 [검색 결과]개 존재합니다."와 같은 형식으로 출력해 줘.

> ⚙ 다음은 PyQt5를 사용하여 요구 사항에 맞는 GUI 애플리케이션을 제작하는 파이썬 스크립트입니다. 이 스크립트는 QtDesigner로 생성한 csv_search.ui 파일을 로드하고, 사용자로부터 폴더 경로와 검색 키워드를 입력받아 각 CSV 파일에서 키워드의 발생 횟수를 계산하여 결과를 출력합니다.

```python
import sys
import os
import pandas as pd
from PyQt5 import QtWidgets, uic

class CSVKeywordSearchApp(QtWidgets.QMainWindow):
    def __init__(self):
        super(CSVKeywordSearchApp, self).__init__()
        uic.loadUi('csv_search.ui', self)

        # UI elements
        self.input_folder = self.findChild(QtWidgets.QLineEdit, 'input_folder')
        self.keyword = self.findChild(QtWidgets.QLineEdit, 'keyword')
        self.search_button = self.findChild(QtWidgets.QPushButton, 'search_button')
        self.result_display = self.findChild(QtWidgets.QTextBrowser, 'result_
```

```
display')

        # Connect button click event
        self.search_button.clicked.connect(self.search_keyword_in_csv)

    def search_keyword_in_csv(self):
        folder_path = self.input_folder.text()
        search_keyword = self.keyword.text()
        self.result_display.clear()

        if not os.path.isdir(folder_path):
            self.result_display.append("유효한 폴더 경로를 입력하세요.")
            return

        if not search_keyword:
            self.result_display.append("검색 키워드를 입력하세요.")
            return

        csv_files = [f for f in os.listdir(folder_path) if f.endswith('.csv')]
        if not csv_files:
            self.result_display.append("해당 폴더에 CSV 파일이 없습니다.")
            return

        for csv_file in csv_files:
            file_path = os.path.join(folder_path, csv_file)
            try:
                df = pd.read_csv(file_path)
                    keyword_count = df.apply(lambda row: row.astype(str).str.
contains(search_keyword).sum(), axis=1).sum()
                self.result_display.append(f"{csv_file}에 '{search_keyword}' 데
이터가 {keyword_count}개 존재합니다.")
            except Exception as e:
                self.result_display.append(f"{csv_file}를 처리하는 중 오류 발생:
{e}")

if __name__ == '__main__':
    app = QtWidgets.QApplication(sys.argv)
    window = CSVKeywordSearchApp()
    window.show()
    sys.exit(app.exec_())
```

1. UI 로드: uic.loadUi('csv_search.ui', self)로 UI 파일을 로드합니다.

2. UI 요소 참조: findChild를 사용하여 QLineEdit, QPushButton, QTextBrowser 등 UI 요소를 참조합니다.

3. 버튼 클릭 이벤트 연결: self.search_button.clicked.connect(self.search_keyword_in_csv)로 버튼 클릭 이벤트를 search_keyword_in_csv 메서드에 연결합니다.

4. 폴더 및 키워드 유효성 검사: 입력된 폴더 경로와 키워드의 유효성을 검사합니다.

5. CSV 파일 검색 및 키워드 카운트: 폴더 내 모든 CSV 파일을 검색하고, 각 파일에서 키워드가 몇 번 등장하는지 계산하여 결과를 출력합니다.

6. 결과 출력: QTextBrowser에 파일별 검색 결과를 출력합니다.

위 스크립트를 사용하면 지정한 폴더 내의 모든 CSV 파일에서 특정 키워드의 발생 횟수를 쉽게 확인할 수 있습니다.

제작하고자 하는 GUI 애플리케이션은 사용자로부터 특정 폴더의 경로와 검색할 키워드를 입력받고, 해당 키워드를 기반으로 입력받은 폴더 내 존재하는 csv 파일에서 입력받은 키워드와 동일한 데이터의 개수를 확인해서 각 파일별로 확인한 데이터의 개수를 출력하는 알고리즘을 가집니다. 이 코드를 다음과 같이 파일 경로 일부를 수정한 후 Visual Studio Code로 불러와 테스트하겠습니다.

▶ uic.loadUi 함수의 인자 즉, uic.loadUi(r'여기', self) '여기'에 앞서 제작했던 ui 파일 경로를 입력한 후 스크립트를 실행합니다.

CSV_search_gui.py

```
import sys
import os
import pandas as pd
from PyQt5 import QtWidgets, uic

class CSVKeywordSearchApp(QtWidgets.QMainWindow):
    def __init__(self):
        super(CSVKeywordSearchApp, self).__init__()
        uic.loadUi(r'이곳에 ui 파일 경로를 입력해야 합니다', self)

        self.input_folder = self.findChild(QtWidgets.QLineEdit, 'input_
folder')
        self.keyword = self.findChild(QtWidgets.QLineEdit, 'keyword')
```

```
            self.search_button = self.findChild(QtWidgets.QPushButton, 'search_
button')
            self.result_display = self.findChild(QtWidgets.QTextBrowser, 'result_
display')

4           self.search_button.clicked.connect(self.search_keyword_in_csv)

5       def search_keyword_in_csv(self):
            folder_path = self.input_folder.text()
            search_keyword = self.keyword.text()
            self.result_display.clear()

6           if not os.path.isdir(folder_path):
                self.result_display.append("유효한 폴더 경로를 입력하세요.")
                return

7           if not search_keyword:
                self.result_display.append("검색 키워드를 입력하세요.")
                return

8           csv_files = [f for f in os.listdir(folder_path) if f.endswith('.
csv')]
            if not csv_files:
                self.result_display.append("해당 폴더에 CSV 파일이 없습니다.")
                return

9           for csv_file in csv_files:
                file_path = os.path.join(folder_path, csv_file)
                try:
                    df = pd.read_csv(file_path)
                    keyword_count = df.apply(lambda row: row.astype(str).str.
contains(search_keyword).sum(), axis=1).sum()
                    self.result_display.append(f"{csv_file}에 '{search_keyword}'
데이터가 {keyword_count}개 존재합니다.")
                except Exception as e:
                    self.result_display.append(f"{csv_file}를 처리하는 중 오류
발생: {e}")

10  if __name__ == '__main__':
        app = QtWidgets.QApplication(sys.argv)
        window = CSVKeywordSearchApp()
        window.show()
        sys.exit(app.exec_())
```

다음 그림과 같이 앞서 만들었던 GUI 애플리케이션이 나타납니다. 이때 '파일 경로 입력'과 '검색 키워드 입력'창에 소스 코드와 함께 제공되는 **'avocado_price' 폴더 경로**와 **Albany**를 입력하고 [검색] 버튼을 클릭합니다.

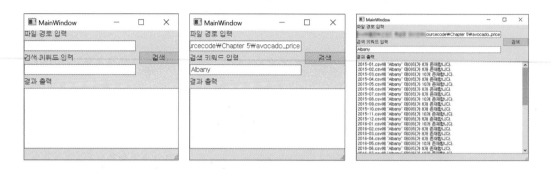

그림에서 볼 수 있는 것과 같이 각 파일별로 [**파일 이름**]에 [**키워드**] 데이터가 [**결과**]개 존재합니다. 라는 메시지와 함께 결과가 출력된 것을 확인할 수 있습니다.

결과를 통해 '2015-06.csv' 파일에는 'Albany'라는 데이터가 8개 존재하는 것을 확인할 수 있습니다. 애플리케이션이 정상적으로 동작했는지 검증하기 위하여 해당 파일을 엑셀로 직접 열어 '찾기 바꾸기' 기능을 사용해보겠습니다. 그 결과 엑셀의 '찾기 및 바꾸기' 기능에서도 GUI 애플리케이션의 결과와 동일하게 'Albany' 데이터가 총 8개 검색된 것을 확인할 수 있습니다.

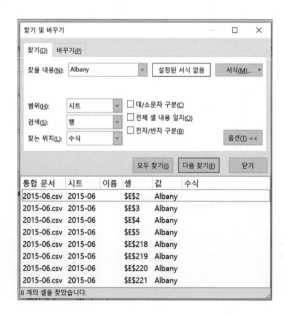

GUI 윈도우를 이용해 csv 파일이 검색되는 이유

QtDesigner와 챗GPT를 이용해 제작한 GUI 애플리케이션이 의도한 것과 같이 정상적으로 동작하는 것을 확인했습니다. 이어서 해당 파이썬 스크립트의 알고리즘을 설명하겠습니다.

1 **CSVKeywordSearchApp이라는 클래스를 만들어 GUI 애플리케이션의 동작을 제어하는 여러 함수들과 변수들을 정의합니다.**

```
class CSVKeywordSearchApp(QtWidgets.QMainWindow):
    def __init__(self):
        super(CSVKeywordSearchApp, self).__init__()
```

⊘ **클래스**: 데이터와 함수(메서드)를 하나의 단위로 묶어 관리하게 하는 개념.

2 **Ui 파일을 가져옵니다.**

```
uic.loadUi(r'이곳에 ui 파일 경로를 입력해야 합니다', self)
```

QtDesigner로 제작했던 GUI 윈도우의 정보를 담고 있는 ui 파일을 uic 라이브러리의 loadUi 함수를 통해 가져옵니다. 이때 ui 파일의 경로가 정확히 입력되어야 합니다.

⊘ **라이브러리**: 프로그램을 만들 때 자주 사용하는 패키지와 모듈을 모아둔 것.
⊘ **함수**: 특정 기능을 수행하는 코드의 집합. cf.엑셀 함수.

3 **ui 파일에서 지정한 객체 이름으로 위젯을 찾고 동일한 이름의 변수에 저장합니다.**

```
self.input_folder = self.findChild(QtWidgets.QLineEdit, 'input_folder')
self.keyword = self.findChild(QtWidgets.QLineEdit, 'keyword')
self.search_button = self.findChild(QtWidgets.QPushButton, 'search_button')
self.result_display = self.findChild(QtWidgets.QTextBrowser, 'result_display')
```

findChild를 이용해 ui 파일에서 지정한 객체 이름으로 위젯을 찾습니다. QtDesigner를 통해 설정했던 객체 이름과 위젯의 종류를 인자로 전달해 **input_folder, keyword, search_button, result_display** 위젯을 찾고 각각 동일한 이름의 변수에 저장합니다.

⊘ **인자**: 특정 동작을 하는 함수나 메서드를 사용할 때 함께 전달되어 동작을 제어하는 데 사용되는 변수.
⊘ **변수**: 언제든지 변할 수 있는 값을 저장하는 공간.

4 **[검색] 버튼 클릭 시 키워드 검색이 이루어지도록 설정합니다.**

```
self.search_button.clicked.connect(self.search_keyword_in_csv)
```

search_button 위젯([검색] 버튼)을 클릭하면 입력받은 데이터(input_folder, keyword)를 기반으로 검색 알고리즘이 수행되어야 합니다. 따라서 [검색] 버튼을 클릭할 때 **clicked.connect**을 이용해 **search_keyword_in_csv** 함수가 동작하도록 설정합니다.

5 **search_button 위젯이 클릭될 경우 수행될 동작을 함수로 정의합니다.**

```
def search_keyword_in_csv(self):
    folder_path = self.input_folder.text()
    search_keyword = self.keyword.text()
    self.result_display.clear()
```

사용자가 입력한 폴더 경로와 검색 키워드를 텍스트 형식으로 가져와 각각 **folder_path, search_keyword** 변수에 저장하고, **result_display** 위젯을 초기화합니다.

6 **입력된 경로가 유효한지 확인합니다.**

```
if not os.path.isdir(folder_path):
    self.result_display.append("유효한 폴더 경로를 입력하세요.")
    return
```

만약, 유효하지 않는다면 result_display 위젯에 **유효한 폴더 경로를 입력하세요.** 메시지를 출력하고 함수를 종료합니다.

7 **사용자가 검색 키워드를 입력하였는지 유무를 확인합니다.**

```
if not search_keyword:
    self.result_display.append("검색 키워드를 입력하세요.")
    return
```

만약, 검색 키워드를 입력하지 않았다면 result_display 위젯에 **검색 키워드를 입력하세요.** 라는 문구를 출력하고 함수를 종료합니다.

8 설정한 경로에 존재하는 파일들 중 확장자가 csv인 것들을 가져와 변수에 할당합니다.

```
csv_files = [f for f in os.listdir(folder_path) if f.endswith('.csv')]
if not csv_files:
    self.result_display.append("해당 폴더에 CSV 파일이 없습니다.")
    return
```

5에서 정의한 folder_path에 존재하는 파일들 중 확장자가 csv인 것들을 **리스트 컴프리헨션**으로 가져와 **csv_files** 변수에 할당합니다. 이때 csv 파일이 존재하지 않는다면 result_display 위젯에 **해 당 폴더에 CSV 파일이 없습니다.** 라는 문구를 출력하고 함수를 종료합니다.

◎ **리스트 컴프리헨션**: 파이썬에서 리스트를 간결하고 효율적으로 생성하는 방법으로 대체로 [표현식 for 요소 in 반복 가능한 시퀀스 if 조건] 형식을 가짐.

9 csv 파일을 하나씩 순회하며 키워드를 검색학 그 결과를 변수에 저장하고 출력합니다.

```
for csv_file in csv_files:
    file_path = os.path.join(folder_path, csv_file)
    try:
        df = pd.read_csv(file_path)
        keyword_count = df.apply(lambda row: row.astype(str).str.contains(search_
keyword).sum(), axis=1).sum()
        self.result_display.append(f"{csv_file}에 '{search_keyword}' 데이터가
{keyword_count}개 존재합니다.")
    except Exception as e:
        self.result_display.append(f"{csv_file}를 처리하는 중 오류 발생: {e}")
```

폴더 내 csv 파일을 **for 반복문**으로 순회하며 하나씩 처리합니다. csv 파일을 pandas 라이브러리의 **read_csv** 함수를 통해 하나씩 불러오고 사용자가 키워드로 입력한 값에 해당하는 데이터의 개수를 **keyword_count** 변수에 저장합니다. 해당 파일에서 키워드와 동일한 데이터의 개수가 확인되면 result_display에 **[파일 이름]에 [키워드] 데이터가 [개수]개 존재합니다.** 라는 문구를 출력합니다. 만약, csv 파일을 처리하는 데 오류가 발생하면 에러 메시지를 출력합니다.

◎ **for 반복문**: 'for [요소] in [시퀀스]' 형태로 이루어지며 [시퀀스]에서 각 요소를 하나씩 순차적으로 불러와 for 반복문 내 들여쓰기된 구문을 반복해 실행하는 기능을 함.

⑩ 해당 스크립트가 직접 실행될 때 GUI 애플리케이션을 동작시킵니다.

```python
if __name__ == '__main__':
    app = QtWidgets.QApplication(sys.argv)
    window = CSVKeywordSearchApp()
    window.show()
    sys.exit(app.exec_())
```

MEMO

CHAPTER

이미지 파일
다루기

파이썬은 이미지 처리와 분석 분야에서도 매우 유연하고 강력한 툴입니다. 특히 오늘날처럼 대량의 이미지 파일을 쉽게 접할 수 있는 시대에서 파이썬은 대량의 이미지 파일에 유사한 이미지를 분석하고 처리할 때 매우 유용하게 활용할 수 있습니다.

이번 CHAPTER에서는 파이썬을 이용한 이미지 포맷 변환, 메타데이터 기반 이미지 파일 분류, 간단한 이미지 처리 등 많은 상황에서 유용하게 사용할 수 있으면서 어렵지 않은 예제를 소개합니다.

17
CODE
이미지 파일의 포맷 변환하기

보통 이미지 파일이라고 하면 jpg, png, HEIC 등 다양한 이미지 포맷이 존재하는데 각각의 특징이 있으므로 각 상황에 맞게 이미지 포맷을 변환해서 사용하는 것이 중요합니다. 특히 HEIC는 주로 iOS 기기에서 사용되는 포맷으로 jpg 대비 높은 압축률과 우수한 품질을 가지지만, 호환성이 낮아 해당 파일을 사용하기 전에 다른 포맷으로 변환해야 할 필요가 종종 있습니다.

따라서 이번 CODE에서는 파이썬으로 이미지 파일 포맷을 변환하는 예제로 heic 이미지 파일을 다른 형식으로 변환하는 파이썬 코드를 소개합니다. 다음은 특정 폴더 내에 존재하는 파일 중 HEIC 파일을 모두 불러와 jpg 형식으로 변환하는 알고리즘을 가집니다.

사전 준비
HEIC 파일 준비하기

📎 **준비 파일**: chapter 6/images

이번 예제를 실습하기 위해 다음과 같이 소스 코드와 함께 제공되는 'images' 폴더의 HEIC 파일을 한 폴더에 다운로드한 후 포맷을 변환한 파일들을 저장할 폴더도 따로 생성합니다.

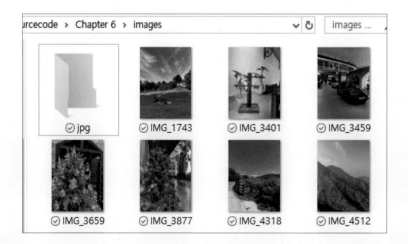

스크립트 | HEIC 파일을 jpg 파일로 변환하는 코드

| 잠깐! | 패키지/라이브러리부터 설치하자!

pillow, pillow-heic
※이 책의 앞부분을 참고해 해당 패키지/라이브러리를 설치합니다.

준비를 마쳤다면 다음 스크립트를 실행해 특정 폴더 내 존재하는 HEIC 이미지를 jpg로 변환해보겠습니다.

▶ folder_path 변수와 convert_path 변수에 각각 heic 파일이 존재하는 경로와 jpg 포맷으로 변환한 파일을 저장할 경로를 입력한 후 스크립트를 실행합니다.

convert_heif_to_jpg.py

```
1   import os
    from PIL import Image
    import pillow_heif

2   folder_path = r'이곳에 포맷을 변환할 파일의 경로를 지정합니다'
    convert_path = r'이곳에 포맷을 변환한 파일을 저장할 경로를 지정합니다'

3   for filename in os.listdir(folder_path):
        if filename.lower().endswith(".heic"):
4           heic_file_path = os.path.join(folder_path, filename)
            jpg_file_path = convert_path + '\\'+ filename.split('.')[0] + ".jpg"

5           heif_file = pillow_heif.open_heif(heic_file_path)
            image = Image.frombytes(
                heif_file.mode,
                heif_file.size,
                heif_file.data,
                "raw",
                heif_file.mode,
                heif_file.stride,
            )

6           image.save(jpg_file_path, "JPEG")
            print(f"Converted {heic_file_path} to {jpg_file_path}")
```

스크립트를 실행하면 Converted [heic 파일 경로] to [변환된 파일 경로]라는 문구가 각 HEIC 파일을 변환할 때마다 출력되며, 스크립트의 실행이 완전히 끝난 후 convert_path 변수에 입력한 경로로 들어가면 실행 결과와 같이 HEIC 파일과 동일한 이름을 가지나, 파일 포맷이 jpg로 변환된 파일이 있습니다.

이처럼 비교적 짧은 파이썬 스크립트 하나로, 많은 HEIC 파일을 실행 한 번으로 편리하게 jpg 파일로 변환할 수 있습니다.

작동 원리 — HEIC 파일이 jpg 파일로 변환되는 이유

스크립트가 정상적으로 작동하는 것을 확인했으니 스크립트의 알고리즘을 상세히 설명하겠습니다.

1 os, pillow, pillow-heif 라이브러리를 불러옵니다.

```
import os
from PIL import Image
import pillow_heif
```

os는 운영 체제와 상호작용 할 수 있게끔 하는 도구로 이번 스크립트에서는 기기의 파일과 폴더를 다룰 때 사용되는 **라이브러리**입니다. **pillow**는 파이썬에서 이미지를 불러와 조작 및 분석할 수 있는 대표적인 라이브러리이며, **pillow-heif**는 파이썬에서 HEIC 파일을 다룰 때 사용할 수 있는 라이브러리입니다.

⊘ **라이브러리**: 프로그램을 만들 때 자주 사용하는 패키지와 모듈을 모아둔 것.

2 변환할 파일이 있는 경로와 변환한 파일을 저장할 경로를 지정합니다.

```
folder_path = r'이곳에 포맷을 변환할 파일의 경로를 지정합니다'
convert_path = r'이곳에 포맷을 변환한 파일을 저장할 경로를 지정합니다'
```

변환할 HEIC 파일이 있는 폴더의 경로 정보를 담고 있는 문자열 변수 **folder_path**와 해당 폴더 내 HEIC 파일을 jpg로 변환한 파일을 저장할 경로에 대한 정보를 담고 있는 변수 **convert_path**입니다. 여기 두 가지 변수에 각각 알맞는 경로를 지정해야 합니다.

⊘ **변수**: 언제든지 변할 수 있는 값을 저장하는 공간.

3 folder_path 변수에 입력된 경로에 존재하는 파일을 하나씩 순회합니다.

```
for filename in os.listdir(folder_path):
    if filename.lower().endswith(".heic"):
```

os 라이브러리의 **listdir** 함수를 이용해 **folder_path** 변수에 입력된 경로에 존재하는 파일을 하나씩 **for 반복문**으로 순회하며 받아옵니다. 이때 아래의 **if 조건문**에서 파일의 이름이 heic로 끝나는 파일만 골라서 다음 코드를 실행합니다.

⊘ **함수**: 특정 기능을 수행하는 코드의 집합. cf.엑셀 함수.
⊘ **for 반복문**: 'for [요소] in [시퀀스]' 형태로 이루어지며 [시퀀스]에서 각 요소를 하나씩 순차적으로 불러와 for 반복문 내 들여쓰기된 구문을 반복해 실행하는 기능을 함.
⊘ **if 조건문**: if [조건식]: 의 형태로 표현되는 조건식은 조건식이 참인 경우에만 함께 묶이는 구문을 실행함.

4 HEIC 파일의 파일명과 경로를 각각의 변수에 저장합니다.

```
heic_file_path = os.path.join(folder_path, filename)
jpg_file_path = convert_path + '\\'+ filename.split('.')[0] + ".jpg"
```

3의 반복문과 조건문을 통해 하나씩 순회하며 반복하는 HEIC 파일의 파일명을 포함한 경로를 **heic_file_path** 변수에, 해당 HEIC 파일을 jpg 파일로 변환해 저장할 파일 이름을 포함한 경로를 **jpg_file_path** 변수에 할당합니다.

5 HEIC 파일을 읽어오고 읽어온 HEIC 파일을 다룹니다.

```
heif_file = pillow_heif.open_heif(heic_file_path)
    image = Image.frombytes(
        heif_file.mode,
        heif_file.size,
        heif_file.data,
        "raw",
        heif_file.mode,
        heif_file.stride,
    )
```

pillow_heif 라이브러리의 **open_heif** 함수를 이용해 HEIC 파일을 읽어와 **heif_file** 변수에 저장합니다. **Image.frombytes**는 읽어온 HEIC 파일을 다룹니다. 이때 전달되는 인자들은 이미지의 색상모드, 크기, 실제 픽셀 데이터 등을 의미합니다.

6 HEIC 이미지 파일을 jpg 파일로 저장합니다.

```
image.save(jpg_file_path, "JPEG")
print(f"Converted {heic_file_path} to {jpg_file_path}")
```

image 변수에 save 메서드를 이용해 HEIC 파일을 jpg 파일로 변환합니다. 이때 앞서 4에서 설정했던 **jpg_file_path**를 경로로 삼아 파일을 저장합니다. 이후 **print** 함수를 이용해 `Converted [HEIC 파일 경로] to [변환한 jpg 파일 경로]` 메시지를 출력합니다.

스크립트 수정 — With ChatGPT
HEIC 파일을 jpg 파일로 변환하기

지금까지 특정 경로 내 존재하는 하나 이상의 HEIC 파일을 jpg 파일로 변환하는 파이썬 스크립트를 살펴보고 그 알고리즘까지 살펴보았습니다. 만약, HEIC 파일을 jpg 형식이 아닌 png 형식으로 변환하려면 어떻게 해야 할까요?
챗GPT를 이용하면 위 스크립트에 사용된 각종 이미지 관련 라이브러리나 파이썬 기초 문법을 학습하지 않더라도 손쉽게 스크립트를 수정할 수 있습니다. 다음과 같이 챗GPT 프롬프트를 작성해 앞서 예시에서 살펴보았던 HEIC 파일을 jpg가 아닌 png 파일로 변환해보겠습니다.

😊 아래 파이썬 코드는 특정 경로 내 존재하는 HEIC 포맷의 이미지 파일들을 jpg 형식으로 변환하는 스크립트야. 해당 스크립트를 수정해 jpg 형식이 아닌 png 형식으로 이미지를 변환할 수 있도록 해 줘.

이곳에 [convert_heic_to_jpg.py] 스크립트 파일의 내용을 복사해 붙여넣습니다.

◉ 아래는 주어진 파이썬 스크립트를 수정하여 HEIC 포맷의 이미지를 PNG 형식으로 변환할 수 있도록 한 코드입니다:

```python
import os
from PIL import Image
import pillow_heif

folder_path = r'이곳에 포맷을 변환할 파일의 경로를 지정합니다'
convert_path = r'이곳에 포맷을 변환한 파일을 저장할 경로를 지정합니다'

for filename in os.listdir(folder_path):
    if filename.lower().endswith(".heic"):
        heic_file_path = os.path.join(folder_path, filename)
        png_file_path = convert_path + '\\' + filename.split('.')[0] + ".png"

        heif_file = pillow_heif.open_heif(heic_file_path)
        image = Image.frombytes(
            heif_file.mode,
            heif_file.size,
            heif_file.data,
            "raw",
            heif_file.mode,
            heif_file.stride,
        )
        image.save(png_file_path, "PNG")
        print(f"Converted {heic_file_path} to {png_file_path}")
```

◉ 이 스크립트는 원래의 .jpg 확장자를 .png로 변경하여 이미지를 PNG 형식으로 저장합니다. image.save() 메서드의 두 번째 인자를 "PNG"로 설정하여 PNG 형식으로 저장하도록 했습니다.

챗GPT에 앞서 소개했던 'convert_heic_to_jpg.py' 파이썬 스크립트를 전달하고 HEIC 파일을 jpg 가 아닌 png 파일로 변환하도록 스크립트 수정을 요청했더니 기존 스크립트와 크게 다르지 않게 끔 스크립트를 수정해주었습니다.

이 스크립트를 Visual Studio Code로 불러온 후 실행해보겠습니다.

▶ folder_path 변수와 convert_path 변수에 각각 heic 파일이 존재하는 경로와 png 포맷으로 변환한 파일을 저장할 경로를 입력한 후 스크립트를 실행합니다.

convert_heic_to_png_gpt.py

```
import os
from PIL import Image
import pillow_heif

folder_path = r'이곳에 포맷을 변환할 파일의 경로를 지정합니다'
convert_path = r'이곳에 포맷을 변환할 파일의 경로를 지정합니다'

for filename in os.listdir(folder_path):
    if filename.lower().endswith(".heic"):
        heic_file_path = os.path.join(folder_path, filename)
        png_file_path = convert_path + '\\' + filename.split('.')[0] + ".png"

        heif_file = pillow_heif.open_heif(heic_file_path)
        image = Image.frombytes(
            heif_file.mode,
            heif_file.size,
            heif_file.data,
            "raw",
            heif_file.mode,
            heif_file.stride,
        )
        image.save(png_file_path, "PNG")
        print(f"Converted {heic_file_path} to {png_file_path}")
```

이 스크립트를 실행한 후 **convert_path** 변수에 지정한 경로를 윈도우 파일탐색기로 살펴보면 실행 결과와 같이 이미지 파일이 png 파일로 변환되었음을 확인할 수 있습니다.

챗GPT를 통해 수정한 스크립트가 의도한 바와 같이 잘 동작하는 것을 확인했으니, 해당 스크립트의 알고리즘을 설명하겠습니다. 앞에서 이미 소개한 스크립트와 유사한 부분은 대부분 생략하고 챗GPT가 수정해준 부분을 위주로 설명하겠습니다.

❶ HEIC 파일을 읽어오고 읽어온 HEIC 파일을 다룹니다.

```
heic_file_path = os.path.join(folder_path, filename)
png_file_path = convert_path + '\\' + filename.split('.')[0] + ".png"


heif_file = pillow_heif.open_heif(heic_file_path)
image = Image.frombytes(
    heif_file.mode,
    heif_file.size,
    heif_file.data,
    "raw",
    heif_file.mode,
    heif_file.stride,
)
```

folder_path 변수에 전달된 HEIC 파일이 존재하는 경로에서 HEIC 파일을 하나씩 불러온 후 해당 이미지 파일의 이름을 포함한 경로를 **heic_file_path** 변수에 할당하는 부분은 동일합니다. 아래의 **png_file_path** 변수에도 변환할 파일의 이름을 포함한 경로를 지정하지만, 이때 앞의 스크립트와는 달리 확장자를 jpg가 아니라 png로 설정합니다.

2 HEIC 이미지 파일을 png 파일로 저장합니다.

```
image.save(png_file_path, "PNG")
print(f"Converted {heic_file_path} to {png_file_path}")
```

image 변수에 **save** 메서드를 이용해 HEIC 파일을 png 파일로 변환합니다. 이때 메서드의 두 번째 인자로 "PNG"가 전달되었는데, 이는 이미지를 png 형식으로 저장하겠다는 의미입니다. 앞서 jpg 형식으로 변환하는 스크립트에서는 해당 부분이 "JPEG"이었음을 확인하시기 바랍니다.

18 CODE

이미지 파일의
메타데이터 가져오기

여기서 메타데이터는 이미지 파일에 포함된 다양한 정보를 뜻합니다. 대표적인 메타데이터로는 파일명, 파일크기, 카메라 모델, 촬영 일시, 셔터 속도, GPS 값이 있습니다. 이미지 파일의 메타데이터는 여러 측면에서 중요한 역할을 하는데, 이미지 파일을 효율적으로 관리하거나 쉽게 검색할 수 있게 해주며, 촬영 정보를 제공해 학습 및 분석에 유용하게 활용할 수 있을 수 있습니다. 또한 작가 정보와 사용 권한을 명시해 저작권 보호에도 사용될 수 있습니다. 이번 CODE에서는 이미지 파일에 포함된 메타데이터 중 일부를 이용해 파일을 분류하는 예제를 소개합니다.

사전 준비 | HEIC 파일 준비하기

📎 **준비 파일**: chapter 6/images

우선 첫 번째 예제로 소스 코드와 함께 제공되는 'images' 폴더 내 존재하는 여러 HEIC 파일의 메타데이터를 읽어오고 해당 이미지의 촬영 날짜를 이미지 파일명 앞에 추가해 보고자 합니다.

우선 윈도우 탐색기를 이용해 'images' 폴더 내 존재하는 'IMG_3401.HEIC' 이미지 파일을 마우스 오른쪽 클릭 메뉴에서 [속성]을 클릭하면 나타나는 '속성' 창에서 **[자세히] 탭**을 클릭하면 다음과 같은 메타데이터를 확인할 수 있습니다.

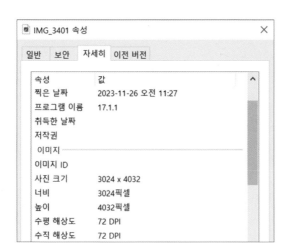

이 그림을 살펴보면 이미지를 찍은 날짜, 크기, 등 다양한 메타데이터를 확인할 수 있습니다. 그림에는 나타나지 않았지만, 스크롤을 밑으로 더 내려보면 이미지를 촬영한 카메라 정보, 이미지를 촬영한 카메라의 조리개값, 노출시간, 초점거리와 해당 이미지가 촬영된 장소를 나타내는 GPS 값 등이 나타나 있습니다.

스크립트   이미지의 촬영 날짜를 이미지 파일명 앞에 추가하는 코드

| 잠깐! | 패키지/라이브러리부터 설치하자!

pillow_heif
piexif
※이 책의 앞부분을 참고해 해당 패키지/라이브러리를 설치합니다.

이제 파이썬을 이용해 'images' 폴더 내 존재하는 메타데이터가 존재하는 이미지 파일에서 각 이미지가 촬영된 날짜를 추출해 해당 날짜를 각 이미지 파일명 앞에 붙인 후 복사-저장하는 파이썬 스크립트를 실행해보겠습니다.

▶ source_folder, target_folder 두 변수에 각각 메타데이터를 읽어올 원본 이미지 파일이 존재하는 경로와 읽어온 메타데이터를 바탕으로 파일명에 각 이미지의 촬영 날짜를 추가하여 이미지의 복사본을 저장할 폴더의 경로를 입력한 후 스크립트를 실행합니다.

get_metadata_rename_date.py

```
1    import os
     import shutil
     from pillow_heif import register_heif_opener, open_heif
     import piexif

     register_heif_opener()

     #원본 폴더와 대상 폴더 경로 설정
2    source_folder = r'이곳에 원본 이미지 파일이 위치한 폴더의 경로를 입력합니다'
     target_folder = r'이곳에 파일명을 변환 후 저장할 폴더의 경로를 입력합니다'

     os.makedirs(target_folder, exist_ok=True)

3    for filename in os.listdir(source_folder):
         if filename.lower().endswith('.heic'):
```

```
4          source_path = os.path.join(source_folder, filename)
5          try:
               heif_file = open_heif(source_path)
           except Exception as e:
               print(f"Error opening {filename}: {e}")
               continue
6          metadata = heif_file.info.get('exif')
7          if metadata:
               exif_dict = piexif.load(metadata)
               date_time_original = exif_dict["Exif"].get(piexif.ExifIFD.
    DateTimeOriginal)
8              if date_time_original:
                   date_str = date_time_original.decode("utf-8").split(" ")[0].
    replace(":", "")
                   new_filename = f"{date_str}_{filename}"
                   target_path = os.path.join(target_folder, new_filename)

9                  try:
                       shutil.copy2(source_path, target_path)
                       print(f"Renamed and copied {filename} to {new_filename}")
                   except Exception as e:
                       print(f"Error copying {filename} to {new_filename}: {e}")
10             else:
                   print(f"No DateTimeOriginal found in {filename}")
11         else:
               print(f"No EXIF metadata found in {filename}")
```

| 실행 결과 |

```
Renamed and copied IMG_1743.HEIC to 20230923_IMG_1743.HEIC
Renamed and copied IMG_3401.HEIC to 20231126_IMG_3401.HEIC
Renamed and copied IMG_3659.HEIC to 20231202_IMG_3659.HEIC
Renamed and copied IMG_3877.HEIC to 20231215_IMG_3877.HEIC
Renamed and copied IMG_4318.HEIC to 20220601_IMG_4318.HEIC
Renamed and copied IMG_4512.HEIC to 20240303_IMG_4512.HEIC
Renamed and copied IMG_4838.HEIC to 20220618_IMG_4838.HEIC
Renamed and copied IMG_5695.HEIC to 20221009_IMG_5695.HEIC
Renamed and copied IMG_7172.HEIC to 20230107_IMG_7172.HEIC
Renamed and copied IMG_7733.HEIC to 20230227_IMG_7733.HEIC
Renamed and copied IMG_8817.HEIC to 20230610_IMG_8817.HEIC
```

apter 6 > images > rename_date

이름 ^

- 20220601_IMG_4318
- 20220618_IMG_4838
- 20221009_IMG_5695
- 20230107_IMG_7172
- 20230227_IMG_7733
- 20230610_IMG_8817
- 20230923_IMG_1743
- 20231126_IMG_3401
- 20231202_IMG_3659
- 20231215_IMG_3877
- 20240303_IMG_4512

스크립트를 실행하면 실행 결과와 같이 하나의 이미지 파일이 변환될 때마다 터미널에 **Renamed and copied [파일 이름] to [촬영된 날짜를 포함한 파일 이름]** 와 같은 메시지가 출력됨을 확인할 수 있습니다.

source_folder 변수에 지정된 경로의 폴더 내부에 존재하는 모든 HEIC 이미지 파일을 순회한 뒤 해당 스크립트가 종료되며, 스크립트가 종료된 후 **target_folder** 변수에 저장된 경로를 윈도우 파일탐색기로 복사된 원본 이미지 파일이 복사되었음을 확인할 수 있습니다. 이때 복사된 각 파일의 이름의 앞에 해당 이미지가 촬영된 날짜가 추가된 것을 확인할 수 있습니다.

작동 원리 **이미지의 촬영 날짜가 이미지 파일명 앞에 추가되는 이유**

스크립트가 의도한 바와 같이 정상적으로 동작하는 것을 확인했으니, 해당 스크립트의 알고리즘을 간단히 설명하겠습니다.

1 필요한 라이브러리를 불러옵니다.

```
import os
import shutil
from pillow_heif import register_heif_opener, open_heif
import piexif
```

os는 운영체제와 상호작용하기 위한 **라이브러리**이며 이번 스크립트에서는 사용자가 입력한 경로 내 파일 목록을 확인하고 폴더를 생성하는 데 사용됩니다. **shutil**은 파일을 복사하거나 이동하는 데, **pillow_heif**는 HEIC 파일을 읽고 다루는 데, **piexif**는 이미지의 메타데이터를 읽고 수정하는 데 사용되는 라이브러리입니다.

⊘ **라이브러리**: 프로그램을 만들 때 자주 사용하는 패키지와 모듈을 모아둔 것.

2 원본 파일과 작업 후 파일 경로를 변수에 저장하고 작업 후 파일을 보관할 폴더를 만듭니다.

```
source_folder = r'이곳에 원본 이미지 파일이 위치한 폴더의 경로를 입력합니다'
target_folder = r'이곳에 파일명을 변환 후 저장할 폴더의 경로를 입력합니다'

os.makedirs(target_folder, exist_ok=True)
```

HEIC 파일이 저장된 경로를 **source_folder** 변수에 문자열 형식으로 입력하며, 해당 경로에 저장된 이미지 파일의 메타데이터를 읽은 후 복사할 경로를 **target_folder** 변수에 입력합니다. 그리고 os 라이브러리의 **makedirs** 함수를 이용해 target_folder에 해당하는 경로에 폴더를 생성합니다. 만약, 해당 폴더가 이미 생성되어 있다면 그냥 넘어갑니다.

◎ **변수**: 언제든지 변할 수 있는 값을 저장하는 공간.
◎ **함수**: 특정 기능을 수행하는 코드의 집합. cf.엑셀 함수.

③ source_folder 변수에 입력된 경로에 존재하는 파일을 하나씩 순회합니다.

```
for filename in os.listdir(source_folder):
    if filename.lower().endswith('.heic'):
```

for 반복문을 이용해 **source_folder** 내 존재하는 파일을 하나씩 가져와 **filename** 요소로 받아서 순회합니다. 이때 filename으로 받아온 파일의 확장자를 소문자로 변환했을 때 heic와 일치한다면 if 조건문을 실행합니다.

◎ **for 반복문**: 'for [요소] in [시퀀스]' 형태로 이루어지며 [시퀀스]에서 각 요소를 하나씩 순차적으로 불러와 for 반복문 내 들여쓰기된 구문을 반복해 실행하는 기능을 함.

④ HEIC 파일의 파일명과 경로를 각각의 변수에 저장합니다.

```
source_path = os.path.join(source_folder, filename)
```

HEIC 파일의 파일명과 **source_folder** 파일 경로를 합쳐서 순회하고 있는 이미지 파일의 경로를 포함한 파일명을 **source_path** 변수에 저장합니다.

⑤ 4에서 지정한 source_path 파일을 open_heif 함수를 이용해 불러옵니다.

```
try:
    heif_file = open_heif(source_path)
except Exception as e:
    print(f"Error opening {filename}: {e}")
    continue
```

이때 **try-except 예외처리**를 이용해 **open_heif**로 파일을 불러올 수 없는 경우 **print** 함수로 **Error openning [파일명]** 메시지를 출력합니다.

✅ **try-except 예외처리**: 프로그램에서 오류가 발생했을 때 이를 처리하여 프로그램이 중단되지 않도록 처리하는 방법.

6 **불러온 HEIC 파일에서 메타데이터를 가져옵니다.**

```
metadata = heif_file.info.get('exif')
```

7 **메타데이터를 파이썬에서 읽을 수 있는 형태로 변환한 후 촬영 날짜 데이터를 변수에 저장합니다.**

```
if metadata:
    exif_dict = piexif.load(metadata)
    date_time_original = exif_dict["Exif"].get(piexif.ExifIFD.DateTimeOriginal)
```

if 조건문을 이용해 불러온 메타데이터가 존재한다면, 즉 메타데이터가 빈 값이 아니라면 해당 메타데이터를 파이썬에서 읽을 수 있는 형식으로 변환해야 합니다. 이를 위해 **piexif** 라이브러리의 **load** 함수를 사용해 데이터를 불러오고 **exif_dict** 변수에 저장합니다. 이어서 **DateTimeOriginal**를 이용해 exif 데이터에서 촬영 날짜를 가져와 **date_time_original** 변수에 저장합니다.

✅ **if 조건문**: if [조건식]: 의 형태로 표현되는 조건식은 조건식이 참인 경우에만 함께 묶이는 구문을 실행함.

8 **date_time_original 변수에 값이 할당되면 if 조건문 내부의 코드를 실행합니다.**

```
if date_time_original:
    date_str = date_time_original.decode("utf-8").split(" ")[0].replace(":", "")
    new_filename = f"{date_str}_{filename}"
    target_path = os.path.join(target_folder, new_filename)
```

date_time_original에 저장된 데이터를 utf-8 형식으로 변환해 사용자가 해석할 수 있는 형태로 변환합니다. 그리고 공백을 기준으로 문자열을 쪼갠 후 맨 첫 번째 요소(날짜)를 가져옵니다. 날짜 문자열에서 **replace** 메서드를 이용해 콜론을 제거하고 YYYYMMDD 형식으로 만들어줍니다.

이후 **new_filename** 변수에 지금까지 가져온 날짜 메타데이터와 HEIC 파일명을 이용해 '[촬영 날짜]_[HEIC 파일명]' 형식의 문자열을 할당하며, **target_path** 변수에 새로운 파일의 전체 저장 경로를 포함한 파일명을 할당합니다.

▶ 0과 1로 이루어진 기계어를 사람이 이해할 수 있는 문자로 표현하는 방식을 유니코드라고 합니다. utf-8은 유니코드에 따라 기계어를 문자로 변환해주는 형식 중 하나입니다.

⑨ 원본 파일을 shutil 라이브러리의 copy2 함수를 이용해 복사합니다.

```
try:
    shutil.copy2(source_path, target_path)
    print(f"Renamed and copied {filename} to {new_filename}")
    except Exception as e:
    print(f"Error copying {filename} to {new_filename}: {e}")
```

복사한 파일은 8에서 생성했던 target_path에 해당하는 경로 및 파일명으로 저장됩니다. 파일을 성공적으로 복사한 경우 **Renamed and copied [파일 이름] to [촬영된 날짜를 포함한 파일 이름]** 메시지를 출력하며, 파일을 복사하는 과정에서 에러가 발생한 경우 예외처리를 이용해 **Error copying [파일 이름] to [촬영된 날짜를 포함한 파일 이름] [에러 메시지]** 메시지가 출력되게 합니다.

⑩ 촬영 날짜를 가지고 오지 못했을 때 에러 메시지를 출력합니다.

```
else:
    print(f"No DateTimeOriginal found in {filename}")
```

이 부분은 8의 if 조건문과 묶이며, 메타데이터에서 촬영 날짜를 **date_time_original** 변수로 가져오지 못한 경우 **No DateTimeOriginal found in [파일명]**과 같은 에러 메시지를 출력합니다.

⑪ HEIC 파일의 메타데이터를 가지고 오지 못했을 때 에러 메시지를 출력합니다.

```
else:
    print(f"No EXIF metadata found in {filename}")
```

이 부분은 7의 if 조건문과 묶이며, HEIC 파일의 메타데이터를 **metadata** 변수에 불러오지 못한 경우 **No EXIF metadata found in [파일명]**과 같은 에러 메시지를 출력합니다.

스크립트 수정 1
With ChatGPT
사진 촬영 날짜로 파일 분류하기

지금까지 소개한 스크립트는 HEIC 파일의 메타데이터를 읽고 각 사진의 촬영 일자를 파일명 앞에 붙여 사본을 생성했습니다. 앞서 설명한 바와 같이 **target_folder** 변수에 지정된 경로로 사본을 생성하는 데 그쳤는데, 촬영 연도별로 폴더를 생성하고 해당 폴더로 각 사진 파일을 분류하고자 한다면 어떻게 해야 할까요?

앞서 소개한 스크립트를 기반으로 챗GPT를 이용해 손쉽게 수정해보겠습니다. 다음과 같이 프롬프트를 작성해 챗GPT에 전달합니다.

💬 아래는 HEIC 사진 파일들의 메타데이터를 읽어서 촬영 날짜를 각 파일의 파일명 앞에 붙인 후 사본을 생성하여 target_folder에 복사하는 파이썬 스크립트야. 해당 스크립트를 아래 사항들을 반영해 수정한 스크립트를 생성해 줘.

1. 각 이미지 파일들을 촬영 연도로 분류해 target_folder 내 [YYYY]와 같이 하위 폴더를 생성한 후 해당 폴더에 복사한다.
3. 복사하는 이미지 파일의 파일명은 아래 스크립트에 설정된 것과 같이 [촬영 날짜]_[원본 파일명]을 유지한다.

이곳에 [get_matadata_rename_date.py] 스크립트의 내용을 복사해서 붙여넣습니다.

---

⑥ 다음은 촬영 연도별로 이미지를 분류하여 사본을 생성하는 파이썬 스크립트입니다.

```python
import os
import shutil
from pillow_heif import register_heif_opener, open_heif
import piexif

register_heif_opener()

#1, 원본 폴더와 대상 폴더 경로 설정
source_folder = r'이곳에 원본 이미지 파일이 위치한 폴더의 경로를 입력합니다'
target_folder = r'이곳에 파일명을 변환 후 저장할 폴더의 경로를 입력합니다'

os.makedirs(target_folder, exist_ok=True)

for filename in os.listdir(source_folder):
    if filename.lower().endswith('.heic'):
        source_path = os.path.join(source_folder, filename)

        try:
            heif_file = open_heif(source_path)
        except Exception as e:
```

```
            print(f"Error opening {filename}: {e}")
            continue

    metadata = heif_file.info.get('exif')

    if metadata:
        exif_dict = piexif.load(metadata)
        date_time_original = exif_dict["Exif"].get(piexif.ExifIFD.
DateTimeOriginal)
        if date_time_original:
            date_str = date_time_original.decode("utf-8").split(" ")[0].
replace(":", "")
            year = date_str[:4]
            year_folder = os.path.join(target_folder, year)
            os.makedirs(year_folder, exist_ok=True)

            new_filename = f"{date_str}_{filename}"
            target_path = os.path.join(year_folder, new_filename)

            try:
                shutil.copy2(source_path, target_path)
                print(f"Renamed and copied {filename} to {new_filename}")
            except Exception as e:
                print(f"Error copying {filename} to {new_filename}: {e}")
        else:
            print(f"No DateTimeOriginal found in {filename}")
    else:
        print(f"No EXIF metadata found in {filename}")
```

🌀 **이 스크립트는 다음과 같은 방식으로 동작합니다:**

1. 원본 폴더에서 .heic 파일들을 읽어옵니다.
2. 각 파일의 EXIF 메타데이터에서 촬영 날짜를 추출합니다.
3. 촬영 날짜를 기반으로 연도를 추출하고, 해당 연도 폴더를 target_folder 내에 생성합니다.
4. 새로운 파일명을 [촬영 날짜]_[원본 파일명] 형식으로 설정합니다.
5. 새로운 파일명을 사용하여 해당 연도 폴더에 파일을 복사합니다.

챗GPT에 앞서 소개한 '**get_matadata_rename_date.py**' 스크립트를 기반으로 **target_folder** 변수에
촬영 연도를 기준으로 분류하기 위한 하위 폴더를 생성해 줄 것, 각 파일의 메타데이터를 읽어와

촬영 연도를 기준으로 알맞은 연도 하위 폴더에 해당 파일을 복사할 것, 파일의 이름 설정 규칙은 원본 스크립트를 유지할 것을 요청했더니 다음과 같은 스크립트를 만들어주었습니다.

스크립트의 **source_folder**와 **target_folder** 변수에 각각 원본 HEIC 파일이 존재하는 경로와 파일을 연도별로 분류하기 위한 폴더의 경로를 전달한 후 스크립트를 실행해 보겠습니다.

```python
get_metadata_rename_date_gpt.py

import os
import shutil
from pillow_heif import register_heif_opener, open_heif
import piexif

register_heif_opener()

# 원본 폴더와 대상 폴더 경로 설정
source_folder = r'이곳에 원본 이미지 파일이 위치한 폴더의 경로를 입력합니다'
target_folder = r'이곳에 파일명을 변환 후 저장할 폴더의 경로를 입력합니다'

os.makedirs(target_folder, exist_ok=True)

for filename in os.listdir(source_folder):
    if filename.lower().endswith('.heic'):
        source_path = os.path.join(source_folder, filename)

        try:
            heif_file = open_heif(source_path)
        except Exception as e:
            print(f"Error opening {filename}: {e}")
            continue

        metadata = heif_file.info.get('exif')

        if metadata:
            exif_dict = piexif.load(metadata)
            date_time_original = exif_dict["Exif"].get(piexif.ExifIFD.
DateTimeOriginal)
            if date_time_original:
                date_str = date_time_original.decode("utf-8").split(" ")[0].
replace(":", "")
                year = date_str[:4]
                year_folder = os.path.join(target_folder, year)
                os.makedirs(year_folder, exist_ok=True)
```

```
            new_filename = f"{date_str}_{filename}"
            target_path = os.path.join(year_folder, new_filename)

            try:
                shutil.copy2(source_path, target_path)
                print(f"Renamed and copied {filename} to {new_filename}")
            except Exception as e:
                print(f"Error copying {filename} to {new_filename}: {e}")
        else:
            print(f"No DateTimeOriginal found in {filename}")
    else:
        print(f"No EXIF metadata found in {filename}")
```

| 실행 결과 |

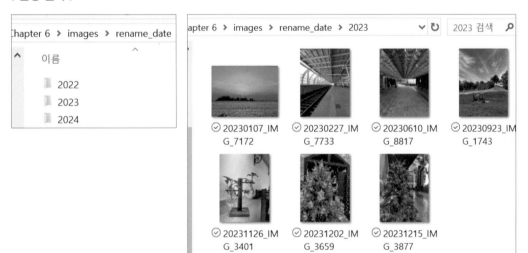

스크립트가 실행되면 앞에서 살펴본 스크립트와 동일하게 **Renamed and copied [파일 이름] to [촬영된 날짜를 포함한 파일 이름]** 메시지가 터미널에 출력되며, **target_folder** 변수에 입력한 경로를 윈도우 파일탐색기로 찾아가면 실행 결과와 같이 4자리 연도가 표시된 폴더가 생성되었음을 확인할 수 있습니다.

그 중 '2023' 폴더를 살펴보면 촬영 연도가 2023년인 이미지 파일만 따로 분류되어 있음을 확인할 수 있으며, 분류된 파일들의 파일명도 '[촬영 날짜]_[원본 파일 이름]'과 같은 형식을 띄고 있음을 알 수 있습니다. 이처럼 챗GPT를 활용하면 주어진 상황에 맞춰 다양하게 스크립트의 활용이 가능합니다. 말 나온 김에 챗GPT로 스크립트를 또 한 번 변형시켜보겠습니다.

| 잠깐! | 패키지/라이브러리부터 설치하자!

> **folium**
> ※ 이 책의 앞부분을 참고해 해당 패키지/라이브러리를 설치합니다.

이미지 파일의 메타데이터를 다루는 지금까지의 예제에서는 촬영 날짜만을 다루었는데, 이외의 데이터도 활용해 볼 수 있습니다. 그런 의미로 GPS 값을 읽어와 이미지를 촬영한 날짜 대신 촬영한 장소를 지도에 표시하는 스크립트를 챗GPT를 이용해 생성하겠습니다.

앞서 사용한 스크립트는 특정 폴더 내 존재하는 HEIC 파일에서 각 파일별로 메타데이터를 읽어온 후 해당 메타데이터를 바탕으로 파일들을 분류합니다. 따라서 해당 스크립트에서 파일을 분류하는 알고리즘을 제거하고, 메타데이터에서 GPS 값을 읽어오는 알고리즘과 해당 GPS 값을 바탕으로 지도에 마커를 추가하는 알고리즘을 추가해 달라고 프롬프트를 작성한 후 챗GPT에 요청하면 됩니다.

참고로 이미지 파일에서 추출한 GPS 좌표를 지도에 매핑하기 위해 파이썬 folium 라이브러리를 이용합니다. folium은 지리 데이터를 시각화하기 위한 라이브러리로, 지리 데이터와 지리적 분석 결과를 단 몇 줄의 코드로 지도에 나타낼 수 있는 기능을 제공합니다.

> 💬 아래는 HEIC 사진 파일들의 메타데이터를 읽어서 촬영 날짜를 각 파일의 파일명 앞에 붙인 후 사본을 생성해 target_folder에 복사하는 파이썬 스크립트야. 해당 스크립트를 아래 사항들을 반영하여 수정한 스크립트를 생성해 줘.
>
> **1. 이미지의 촬영 연도를 불러오고, 이미지 파일을 target_folder에 복사하는 알고리즘은 삭제한다.**
> **2. 이미지가 촬영된 GPS 좌표를 가져온다.**
> **3. 가져온 GPS 좌표를 folium 라이브러리를 이용해 지도에 마커로 표시한다.**
>
> 이곳에 [get_metadata_rename_date.py] 스크립트 파일의 내용을 복사해 붙여넣습니다.

> ⚛ 아래는 요청 사항을 반영하여 수정한 파이썬 스크립트입니다. 이 스크립트는 HEIC 이미지 파일들의 메타데이터를 읽어서 GPS 좌표를 가져오고, folium 라이브러리를 이용해 지도에 마커로 표시합니다.

```
import os
from pillow_heif import register_heif_opener, open_heif
```

```python
import piexif
import folium

register_heif_opener()

# 원본 폴더 경로 설정
source_folder = r'이곳에 원본 이미지 파일이 위치한 폴더의 경로를 입력합니다'

# folium 지도 생성
map = folium.Map(location=[36, 128], zoom_start=8)

for filename in os.listdir(source_folder):
    if filename.lower().endswith('.heic'):
        source_path = os.path.join(source_folder, filename)

        try:
            heif_file = open_heif(source_path)
        except Exception as e:
            print(f"Error opening {filename}: {e}")
            continue

        metadata = heif_file.info.get('exif')

        if metadata:
            exif_dict = piexif.load(metadata)

            # GPS 정보 가져오기
            gps_info = exif_dict.get("GPS")
            if gps_info:
                gps_lat = gps_info.get(piexif.GPSIFD.GPSLatitude)
                gps_lat_ref = gps_info.get(piexif.GPSIFD.GPSLatitudeRef)
                gps_lon = gps_info.get(piexif.GPSIFD.GPSLongitude)
                gps_lon_ref = gps_info.get(piexif.GPSIFD.GPSLongitudeRef)

                if gps_lat and gps_lon and gps_lat_ref and gps_lon_ref:
                    def convert_to_degrees(value):
                        d, m, s = value
                        return d[0] / d[1] + (m[0] / m[1] / 60.0) + (s[0] / s[1] / 3600.0)
```

```
                    lat = convert_to_degrees(gps_lat)
                    if gps_lat_ref == b'S':
                        lat = -lat

                    lon = convert_to_degrees(gps_lon)
                    if gps_lon_ref == b'W':
                        lon = -lon

                    # folium에 마커 추가
                    folium.Marker([lat, lon], tooltip=filename).add_to(map)
                    print(f"Added marker for {filename} at ({lat}, {lon})")
                else:
                    print(f"No complete GPS data found in {filename}")
            else:
                print(f"No GPS metadata found in {filename}")
        else:
            print(f"No EXIF metadata found in {filename}")

# 지도 저장
map.save(os.path.join(source_folder, 'image_map.html'))
print("Map has been saved as 'image_map.html'")
```

이 스크립트는 다음과 같은 기능을 수행합니다:

1. 원본 폴더에서 HEIC 파일을 찾습니다.
2. 파일의 EXIF 메타데이터를 읽습니다.
3. GPS 좌표를 추출합니다.
4. folium을 사용하여 지도에 GPS 좌표를 마커로 표시합니다.
5. 지도를 HTML 파일로 저장합니다.

위 스크립트를 실행하면 이미지 파일들이 찍힌 위치를 folium 지도를 통해 시각적으로 확인할 수 있습니다.

이와 같이 챗GPT에 촬영 날짜 메타데이터를 불러오는 부분의 알고리즘을 제거하고 대신 GPS 기반의 데이터를 읽은 후 folium 라이브러리를 이용해 지도에 사진이 촬영된 마커를 표시하는 알고리즘을 추가하는 방식의 수정을 요청했습니다.

챗GPT가 생성해준 스크립트에 주석을 추가하고 일부 코드를 조금 수정하면 다음과 같습니다.

```
get_metadata_gps_map.py
```

```
      import os
      from pillow_heif import register_heif_opener, open_heif
      import piexif
      import folium

      register_heif_opener()

      # 원본 폴더 경로 설정
  1   source_folder = r'이곳에 원본 이미지 파일이 위치한 폴더의 경로를 입력합니다'

  2   map = folium.Map(location=[36, 128], zoom_start=8)

  3   for filename in os.listdir(source_folder):
          if filename.lower().endswith('.heic'):
              source_path = os.path.join(source_folder, filename)

  4           try:
                  heif_file = open_heif(source_path)
              except Exception as e:
                  print(f"Error opening {filename}: {e}")
                  continue

              metadata = heif_file.info.get('exif')

  5           if metadata:
                  exif_dict = piexif.load(metadata)

                  gps_info = exif_dict.get("GPS")
  6               if gps_info:
                      gps_lat = gps_info.get(piexif.GPSIFD.GPSLatitude)
                      gps_lat_ref = gps_info.get(piexif.GPSIFD.GPSLatitudeRef)
                      gps_lon = gps_info.get(piexif.GPSIFD.GPSLongitude)
                      gps_lon_ref = gps_info.get(piexif.GPSIFD.GPSLongitudeRef)

  7                   if gps_lat and gps_lon and gps_lat_ref and gps_lon_ref:
                          def convert_to_degrees(value):
                              d, m, s = value
                              return d[0] / d[1] + (m[0] / m[1] / 60.0) + (s[0] / s[1]
      / 3600.0)
```

```
                        lat = convert_to_degrees(gps_lat)
                        if gps_lat_ref == b'S':
                            lat = -lat

                        lon = convert_to_degrees(gps_lon)
                        if gps_lon_ref == b'W':
                            lon = -lon

8                       folium.Marker([lat, lon], tooltip=filename).add_to(map)
                        print(f"Added marker for {filename} at ({lat}, {lon})")
                    else:
                        print(f"No complete GPS data found in {filename}")
                else:
                    print(f"No GPS metadata found in {filename}")
            else:
                print(f"No EXIF metadata found in {filename}")

9   map.save(os.path.join(source_folder, 'image_map.html'))
    print("Map has been saved as 'image_map.html'")
```

| 실행 결과 |

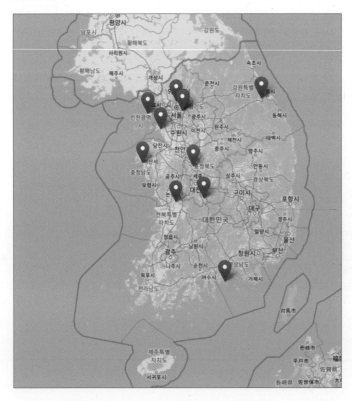

스크립트가 정상적으로 실행되면 터미널에 Added marker for [이미지 파일명] at (GPS 좌표) 메시지가 source_folder 변수로 전달한 경로 내 있는 HEIC 파일 각각에 대해 나타나며, 마지막으로 Map has been saved as 'image_map.html' 메시지가 출력되며 실행이 종료됩니다.

source_folder 변수에 지정된 경로로 가서 'image_map.html' 파일을 실행하면 웹 브라우저가 열리며 실행 결과와 같이 folium 라이브러리를 통해 각 이미지 파일 촬영 위치를 마커로 표시한 지도를 확인할 수 있습니다. 각 마커에 마우스를 올려보면 어떤 이미지에 대한 마커인지 이미지의 파일명이 표시됩니다.

챗GPT를 통해 이미지의 GPS 값을 읽고 이를 folium 라이브러리를 통해 시각화하는 코드를 직접 테스트해 보았습니다. 이제 해당 스크립트의 알고리즘을 설명하겠습니다.

1 메타데이터를 읽어올 HEIC 파일이 있는 경로를 source_folder 변수에 저장합니다.

```
source_folder = r'이곳에 원본 이미지 파일이 위치한 폴더의 경로를 입력합니다'
```

2 folium 라이브러리의 Map을 이용해 새로운 지도를 생성합니다.

```
map = folium.Map(location=[36, 128], zoom_start=8)
```

이때 **Map**에 전달되는 **location**과 **zoom_start** 인자는 지도의 중심과 확대 수준의 초기값을 지정하는 역할을 합니다.

챗GPT가 생성해준 코드에는 각각 [0,0]과 2를 초기값으로 설정했지만, 여기서는 이 값을 **[36, 128]**, **8**로 수정했습니다. 이는 지도의 초기 위치를 대한민국으로 지정하고 확대 정도를 8로 설정하게 해서 대한민국이 한 눈에 들어오도록 설정한 것입니다.

3 source_folder 변수에 입력된 경로에 존재하는 파일을 하나씩 순회합니다.

```
for filename in os.listdir(source_folder):
    if filename.lower().endswith('.heic'):
        source_path = os.path.join(source_folder, filename)
```

source_folder 변수에 저장된 경로에 존재하는 파일을 for 반복문을 이용해 하나씩 순회하며 조회합니다. 이때 각 파일의 이름을 소문자로 변경했을 때 heic로 끝난다면, 즉 확장자가 heic라면 해당 파일의 경로를 포함한 파일명을 **source_path** 변수에 저장합니다.

4 open_heif 함수를 이용해 HEIC 파일을 엽니다.

```
try:
    heif_file = open_heif(source_path)
except Exception as e:
    print(f"Error opening {filename}: {e}")
    continue


metadata = heif_file.info.get('exif')
```

파일을 여는 과정에서 에러가 발생하면 try-except 예외처리 구문을 이용해 에러 메시지를 출력하고 그 다음 파일로 넘어갑니다. **open_heif** 함수를 이용해 가져온 파일에서 메타데이터를 **metadata** 변수에 저장합니다.

5 메타데이터를 파이썬에서 읽을 수 있는 형태로 변환한 후 GPS 값을 변수에 저장합니다.

```
if metadata:
    exif_dict = piexif.load(metadata)

    gps_info = exif_dict.get("GPS")
```

if 조건문을 이용해 메타데이터가 빈 값이 아니라면 **piexif** 라이브러리의 **load** 함수를 이용해 데이터를 파이썬에서 사용할 수 있도록 변환하고 exif_dict 변수에 저장합니다. 그리고 해당 변수에서 GPS 값을 추출해 **gps_info** 변수에 저장합니다.

6 위도와 경도값을 가져와 변수에 저장합니다.

```
if gps_info:
    gps_lat = gps_info.get(piexif.GPSIFD.GPSLatitude)
    gps_lat_ref = gps_info.get(piexif.GPSIFD.GPSLatitudeRef)
    gps_lon = gps_info.get(piexif.GPSIFD.GPSLongitude)
    gps_lon_ref = gps_info.get(piexif.GPSIFD.GPSLongitudeRef)
```

5에서 저장한 gps_info 변수가 빈 값이 아니라면 해당 변수에서 위도와 경도값을 가져와 각각 **gps_lat, gps_lon** 변수에 저장합니다.

7 위도와 경도값에 도(degree) 단위를 붙여 변수에 저장합니다.

```python
if gps_lat and gps_lon and gps_lat_ref and gps_lon_ref:
    def convert_to_degrees(value):
        d, m, s = value
        return d[0] / d[1] + (m[0] / m[1] / 60.0) + (s[0] / s[1] / 3600.0)

    lat = convert_to_degrees(gps_lat)
    if gps_lat_ref == b'S':
        lat = -lat

    lon = convert_to_degrees(gps_lon)
    if gps_lon_ref == b'W':
        lon = -lon
```

convert_to_degrees 함수는 GPS 좌표를 도(degree) 단위로 변환하는 함수이며, 해당 함수를 이용해 도 단위의 GPS 위도와 경도 좌표를 각각 **lat, lon** 변수에 저장합니다. 만약, 위도가 남반구이거나 경도가 서경일 경우 lat과 lon 변수의 부호를 바꿉니다.

8 2에서 생성했던 지도에 마커를 추가합니다.

```python
                folium.Marker([lat, lon], tooltip=filename).add_to(map)
            print(f"Added marker for {filename} at ({lat}, {lon})")
        else:
            print(f"No complete GPS data found in {filename}")
    else:
        print(f"No GPS metadata found in {filename}")
else:
    print(f"No EXIF metadata found in {filename}")
```

folium 라이브러리의 **Marker**에 마커를 표시할 위도와 경도 좌표를 전달하며, **tooltip** 인자에는 표시할 툴팁을 전달하는데, 이때 **filename**을 전달해 마우스를 마커에 올렸을 때 해당 좌표에서 촬영된 이미지 파일의 파일명이 나타날 수 있도록 합니다.

9 **지도를 html 파일로 저장합니다.**

```
map.save(os.path.join(source_folder, 'image_map.html'))
print("Map has been saved as 'image_map.html'")
```

지금까지 생성하고 마커를 새긴 지도를 html 파일 형식으로 저장한 후 **print** 함수를 이용해 지도 html 파일이 저장되었다는 메시지를 출력합니다.

19

CODE

이미지 파일에서 텍스트 추출하기

이번 CODE에서는 OCR(optical character recognitio, 광학 문자 인식)을 이용해 이미지 파일에서 텍스트를 추출하는 방법을 알아봅니다. OCR은 자동차 번호판 인식, 사진 속 텍스트를 추출하거나, 이를 번역하거나, 오래된 문서를 디지털하는 등 이미지에서 문자를 인식해야 하는 다양한 상황에서 사용되는 기술입니다. 여기서는 오픈 소스 기반의 OCR 엔진으로, 다양한 언어를 지원하고 정확도와 속도가 뛰어나서 이미지의 텍스트 변환에 널리 사용되고 있는 **Tesseract**와 이를 파이썬에서 사용할 수 있도록 도와주는 **pytesseract** 라이브러리를 이용해 텍스트를 포함하는 몇 가지 예제 이미지를 텍스트로 변환하는 방법을 소개합니다.

사전 준비 1 │ Tesseract 설치하기

본격적으로 예제를 살펴보기에 앞서 우선 Tesseract을 설치하겠습니다.

01 윈도우 기준으로 우선 다음 URL을 입력해 Tesseract OCR을 공식 GitHub로 접속한 후 'Tesseract installer for Windows' 아래의 'The latest installers can be downloaded here'에서 **tesseract-ocr-w64-setup-[버전명].exe**을 클릭해 가장 가장 최신 버전의 Tesseract를 다운로드합니다.

🏠 **URL** https://github.com/UB-Mannheim/tesseract/wiki

Tesseract installer for Windows

Normally we run Tesseract on Debian GNU Linux, but there was also the need for a Windows version. That's why we have built a Tesseract installer for Windows.

WARNING: Tesseract should be either installed in the directory which is suggested during the installation or in a new directory. The uninstaller removes the whole installation directory. If you installed Tesseract in an existing directory, that directory will be removed with all its subdirectories and files.

The latest installers can be downloaded here:

- tesseract-ocr-w64-setup-5.4.0.20240606.exe (64 bit)

There are also older versions for 32 and 64 bit Windows available.

In addition, we also provide documentation which was generated by Doxygen.

▶ 집필 시점 기준 최신 버전은 5.4.0.20240606입니다. 이보다 최신 버전을 사용해서 실습을 진행해도 무방합니다.

02 다운로드한 Tesseract 인스톨러(이 책에서는 'tesseract-ocr-w64-setup-5.4.0.20240606.exe)를 실행합니다. 그러면 다음과 같이 'Installer Language' 대화상자가 나타나는데 기본 설정인 'English'가 선택된 상태로 **[OK] 버튼**을 클릭합니다.

03 'Welcome to Tesseract-OCR Setup' 화면이 나타나면 **[Next] 버튼**을 클릭하고, 'License Agreement' 화면에서 **[I Agree] 버튼**을 클릭합니다.

 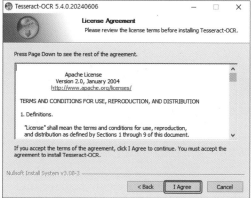

04 'Choose Users' 화면이 나타나면 **[Next] 버튼**을 클릭하고, 'Choose Components' 화면에서 Additional language data의 **드롭다운 버튼**을 클릭해 **Korean**만 체크합니다. 그리고 **[Next] 버튼**을 클릭합니다.

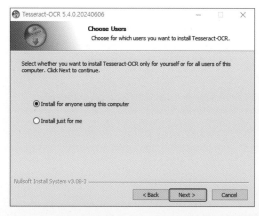 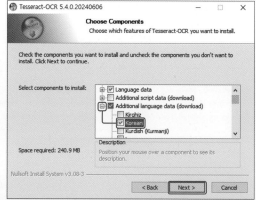

▶ Tesseract는 100개 이상의 언어를 지원하지만, 이 책에서는 영어와 한글로 이루어진 이미지만 사용합니다. 따라서 불필요한 용량을 줄이기 위해 한글(Korean)만 추가 설치했습니다.

05 'Choose Install Location' 화면이 나타나면 **[Next] 버튼**을 클릭하고, 'Choose Start Menu Folder' 화면에서 **[Install] 버튼**을 클릭합니다.

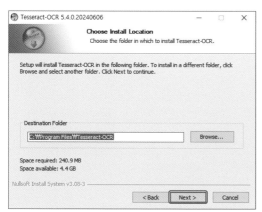 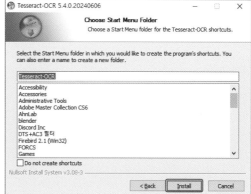

06 잠시 설치가 진행됩니다. 이후 'Installation Complete' 화면이 나타나면 **[Next] 버튼**을 클릭하고, 'Completing Tesseract-OCR Setup 화면에서 **[Finish] 버튼**을 클릭해 설치를 완료합니다.

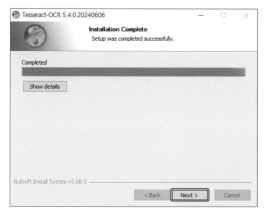 

사전 준비 2   **OCR용 이미지 준비하기**

📎 **준비 파일**: chapter 6/OCR/image1.png

파이썬에서 OCR을 활용해 보기 위해 소스 코드와 함께 제공되는 'OCR' 폴더에 있는 'image1.png' 파일을 준비합니다. 이 이미지는 파이썬 pandas 및 plotly 라이브러리를 이용해 꺾은선 그래프를 그리는 스크립트를 캡처해 이미지로 만든 것입니다.

```
import pandas as pd
import plotly.express as px

data = {
    'Date': ['2023-01-01', '2023-01-02', '2023-01-03', '2023-01-04', '2023-01-05'],
    'Value': [10, 15, 13, 17, 14]
}
df = pd.DataFrame(data)

df['Date'] = pd.to_datetime(df['Date'])

fig = px.line(
    data_frame=df, x='Date', y='Value',
    title='Simple Line Chart',
    width=600, height=400)
fig.show()
```

스크립트 이미지 파일에서 텍스트를 인식하고 추출하는 코드

| 잠깐! | 패키지/라이브러리부터 설치하자!

> pytesseract
> pillow
> ※ 이 책의 앞부분을 참고해 해당 패키지/라이브러리를 설치합니다.

이제 본격적으로 파이썬에서 OCR을 진행해 보겠습니다. 특정 이미지 파일에서 **pytesseract** 라이브러리를 이용해 텍스트를 추출하고 **print** 함수를 통해 추출한 텍스트를 출력하는 스크립트를 정리하면 다음과 같습니다.

참고로 이 스크립트는 **pytesseract** 라이브러리를 사용합니다. pytesseract는 파이썬에서 tesseract를 사용할 수 있게 도와주는 라이브러리입니다.

▶ image_path 변수에 'image1.png' 파일이 있는 경로를 입력한 후 스크립트를 실행합니다.

OCR.py

```
  import pytesseract
  from PIL import Image

1 pytesseract.pytesseract.tesseract_cmd = r'C:\Program Files\Tesseract-
  OCR\tesseract.exe'

2 image_path = r'이곳에 텍스트를 추출할 이미지 파일의 경로를 입력합니다'
```

```
3    image = Image.open(image_path)

4    custom_config = r'--psm 6'
     text = pytesseract.image_to_string(image, config=custom_config, lang='eng')

5    print(text)
```

| 실행 결과 |

PROBLEMS 10   OUTPUT   DEBUG CONSOLE   TERMINAL   PORTS   JUPYTER

import pandas as pd

import plotly.express as px

data = {
'Date': ['2023-01-01', '2023-01-02', '2023-01-03', '2023-01-04', '2023-01-05'],
'Value': [10, 15, 13, 17, 14]

}

df = pd.DataFrame(data)

df['Date'] = pd.to_datetime(df['Date'])

fig = px. line(
data_frame=df, x='Date', y='Value',
title='Simple Line Chart',
width=600, height=400)

fig. show()

스크립트가 성공적으로 실행되면 실행 결과와 같이 터미널에 이미지에서 추출된 스크립트가 그대로 출력되는 것을 확인할 수 있습니다.

작동 원리 | **이미지 파일에서 텍스트가 인식되고 추출되는 이유**

파이썬 스크립트를 캡처한 이미지 파일로부터 텍스트를 추출해 print 함수로 출력하는 예제 스크립트의 동작을 확인했습니다. 이어서 소개한 스크립트의 알고리즘을 설명하겠습니다. 이 스크립트는 앞서 설명한 **pytesseract** 라이브러리를 기반으로 동작합니다.

1 **Tesseract OCR 엔진이 설치된 경로를 지정합니다.**

```
pytesseract.pytesseract.tesseract_cmd = r'C:\Program Files\Tesseract-
OCR\tesseract.exe'
```

앞서 Tesseract를 설치할 때 설치 경로를 변경하지 않았다면 이 스크립트에서 지정된 것을 그래도 사용하면 됩니다. 만약, 설치 경로를 변경했다면 변경한 경로로 수정해야 합니다.

2 **텍스트 추출이 필요한 이미지 파일의 경로를 입력합니다.**

```
image_path = r'이곳에 텍스트를 추출할 이미지 파일의 경로를 입력합니다'
```

image_path 변수에 텍스트 추출이 필요한 이미지 파일의 경로를 입력해야 합니다. 여기서는 소스 코드와 함께 제공되는 'image1.png' 파일을 저장한 경로를 입력합니다.

⊘ **변수**: 언제든지 변할 수 있는 값을 저장하는 공간.

3 **이미지를 불러옵니다.**

```
image = Image.open(image_path)
```

pillow 라이브러리의 **Image.open** 함수를 이용해 이미지를 불러옵니다. 이 함수는 주어진 경로에 있는 이미지를 불러와 **image** 변수에 저장합니다.

⊘ **라이브러리**: 프로그램을 만들 때 자주 사용하는 패키지와 모듈을 모아둔 것.
⊘ **함수**: 특정 기능을 수행하는 코드의 집합. cf.엑셀 함수.

4 **OCR 진행에 필요한 추가 설정 값을 지정합니다.**

```
custom_config = r'--psm 6'
text = pytesseract.image_to_string(image, config=custom_config, lang='eng')
```

custom_config 변수에 Tesseract를 이용하여 OCR을 진행하는데 필요한 추가 설정값을 지정합니다. 여기서 '--psm 6'은 페이지 세그먼트 모드를 지정하는 옵션으로, psm 6은 Tesseract가 이미지 내 존재하는 텍스트를 블록 단위로 처리하도록 설정하겠다는 뜻입니다.

이후 pytesseract 라이브러리의 **image_to_string** 함수로 3에서 저장했던, 텍스트를 추출한 이미지가 담겨 있는 **image** 변수를 전달합니다. 이 함수는 **config 인자**로 앞서 정의했던 custom_config 와 같은 추가 설정을 전달할 수 있으며, **lang** 인자로 텍스트가 어떤 언어로 이루어져 있는지를 설정할 수 있습니다. 파이썬 스크립트를 텍스트 형태로 추출할 것이므로 여기서는 영어에 해당하는 **eng**를 전달합니다.

⊘ **인자**: 특정 동작을 하는 함수나 메서드를 사용할 때 함께 전달되어 동작을 제어하는 데 사용되는 변수.

5 **print 함수를 이용해 이미지로부터 추출된 텍스트를 출력합니다.**

```
print(text)
```

더 알아보기   Tesseract에 사용되는 옵션을 더 알고 싶다면?

Tesseract에는 앞서 소개한 psm 6 외에도 다양한 옵션이 존재합니다. 그 옵션을 모두 설명하기에는 지면의 한계와 더불어 이 책의 주제와도 맞지 않기에 설명을 생략합니다. 대신 다른 옵션이 궁금한 분은 다음 링크를 참고하시길 바랍니다.

🏠 **URL** https://tesseract-ocr.github.io/tessdoc/Command-Line-Usage.html#simplest-invocation-to-ocr-an-image

---

● 데이터프레임: **pandas 라이브러리에서 2차원 데이터 구조를 다룰 수 있게끔 행과 열로 이루어진 데이터 구조.**

다음 예시 그림은 **CHAPTER 1**에서 read_excel 함수를 통해 가져온 [penguins.csv] 데이터셋을 데이터프레임 형태로 확인한 결과입니다.

	species	island	bill_length_mm	bill_depth_mm	flipper_length_mm	body_mass_g	sex
0	Adelie	Torgersen	39.1	18.7	181.0	3750.0	Male
1	Adelie	Torgersen	39.5	17.4	186.0	3800.0	Female
2	Adelie	Torgersen	40.3	18.0	195.0	3250.0	Female
3	Adelie	Torgersen	NaN	NaN	NaN	NaN	NaN
4	Adelie	Torgersen	36.7	19.3	193.0	3450.0	Female

● 딕셔너리: **딕셔너리는 파이썬의 대표적인 자료 구조 중 하나로, {[키]:[값]}의 형태로 데이터를 저장함.**

다음 예시 코드는 **CHAPTER 1**의 데이터 필터링 파트 중 챗GPT의 답변을 일부 가져온 것입니다.

```
data = {
    'Name': ['John', 'Jane', 'Dave', 'Anna'],
    'Age': [34, 28, 45, 32],
    'Profession': ['Doctor', 'Engineer', 'Doctor', 'Teacher']
}
```

⊘ data라는 변수에 딕셔너리를 할당합니다. 이 때 'Name', 'Age'와 같이 콜론(:)을 기준으로 왼쪽에 위치한 것이 **키**이며, 오른쪽에 위치한 것이 해당 키에 할당된 **값**입니다.

● 라이브러리: **프로그램을 만들 때 자주 사용하는 패키지와 모듈을 모아둔 것. 모듈과 비슷하지만 보다 넓은 개념으로 이해할 수 있습니다.**

● **리스트**: ["요소1", "요소2"]와 같은 형태로 사용되며 여러 개의 값을 순차적으로 보관하는 자료 구조.

다음 예시 코드는 **CHAPTER 4** [filename_change_gpt.py] 스크립트의 일부입니다.

```
month_abbr = ["Jan", "Feb", "Mar", "Apr", "May", "Jun", "Jul", "Aug", "Sep",
"Oct", "Nov", "Dec"]
```

✓ month_abbr 변수에 "Jan", "Feb", "Mar", … 과 같은 여러 문자열 데이터를 묶어 저장합니다. 리스트는 대괄호 ([ ])로 하나 이상의 데이터를 묶어 저장할 수 있으며, 각 데이터는 콤마(,)를 기준으로 구분합니다.

● **리스트 컴프리헨션**: 파이썬에서 리스트를 간결하고 효율적으로 생성하는 방법으로 대체로 [표현식 for 요소 in 반복 가능한 시퀀스 if 조건] 형식을 가짐.

반복 가능한 시퀀스에서 요소를 하나씩 가져오며 조건에 맞는지 여부를 검사한 후 조건에 맞을 시 표현식을 리스트에 저장합니다.
다음 예시 코드는 **CHAPTER 5** [CSV_search.py] 스크립트의 일부입니다.

```
csv_files = [f for f in os.listdir(folder_path) if f.endswith('.csv')]
```

✓ 리스트 내에서 for 반복문과 **if 조건문**을 이용하여 해당 리스트 내에 저장될 요소를 정의할 수 있습니다. 반복문을 순회하며 조건문을 만족하는 요소를 하나씩 가져와 리스트에 저장합니다.

● **매개변수**: 함수나 메서드가 호출될 때 입력으로 전달받는 값으로 다양한 입력값에 대해 동작을 수행할 수 있도록 함.

다음 예시 코드는 **CHAPTER 1**의 Plotly boxplot 그리기를 설명하는 코드 블럭의 일부입니다.

```
fig = px.box(
    data_frame=df, x='species', y='body_mass_g',
    width=400, height=350
)
```

⊘ px (plotly express의 축약) 내 box 함수에 data_frame, x, y, width, height를 매개변수라 칭하며, 해당 **매개변수**에 실제로 전달되는 df, 'species', 'body_mass_g'와 같은 데이터들을 **인자**라고 칭합니다.

● 메서드: **함수의 일종으로 클래스 내부에 정의된 함수를 지칭함. cf. 클래스: 프로그램 측면의 설계도 또는 틀**

함수의 일종으로 이해할 수 있습니다. 특히 클래스 내부에서 정의된 함수를 메서드라고 칭하는데, 여기서 클래스란 유사한 주제나 목적의 데이터 및 함수를 하나로 묶어 제공하는 프로그래밍 측면의 설계도 혹은 틀이라고 이해할 수 있습니다.

아래 예시 코드는 **CHAPTER 4** [excel_edit.py] 스크립트의 일부를 변형한 예시입니다.

```
"excel_file.xlsx".endswith(".xlsx")
```

⊘ "excel_file.xlsx"라는 문자열에 문자열 메서드 중 하나인 endswith를 사용한 예시입니다. endswith 메서드는 문자열이 전달된 인자에 해당하는 문자열로 끝나는지를 확인하여 참/거짓을 반환합니다. 위 예시에서는 "excel_file.xlsx" 문자열이 ".xlsx"로 끝나는지를 확인합니다.

● 모듈: **관련 함수, 변수 등을 하나의 파일에 모아둔 것.**

코드의 재사용성과 관리 용이성을 높이는데 도움을 줍니다. 모듈을 사용하려면 import [모듈이름]과 같은 형식으로 불러와야 합니다.

다음은 [samsung_stock_price.py] 스크립트의 일부를 발췌한 모듈 임포트 구문의 예시입니다.

```
import requests
```

⊘ "requests" 라는 모듈을 가져와서 사용할 준비를 합니다.

```
from bs4 import BeautifulSoup
```

⊘ "bs4"라는 모듈 안에 있는 "BeautifulSoup"을 가져와서 사용할 준비를 합니다.

```
import pandas as pd
```

⊘ "pandas"라는 모듈을 가져오는데, 이걸 "pd"라는 이름으로 줄여서 사용할 준비를 합니다.

```
from datetime import datetime, timedelta
```

⊘ "datetime"이라는 모듈 안에서 "datetime"과 "timedelta"라는 두 가지 도구를 가져와 사용할 준비를 합니다.

● **문자열: 문자로 이루어진 배열. ↔ 문자**

● **반복 가능 객체: 파이썬에서 순회할 수 있는 모든 요소들을 포함하는 개념. 예를 들어, 리스트, 문자열, 딕셔너리 등 파이썬에서 사용하는 다양한 자료 구조나 데이터 타입을 의미함.**

● **반복문: 많은 횟수 또는 무한히 반복 작업을 해야 할 때 사용하는 문법.**

● **변수: 언제든지 변할 수 있는 값을 저장하는 공간.**

다음 예시 코드는 **CHAPTER 4** [excel_edit.py] 스크립트의 일부입니다.

```
modifications = 0
```

⊘ "modifications" 변수에 0이라는 값을 할당합니다.

● **사용자 정의 함수: def [함수명]([매개변수]): 형태를 가지며 파이썬에서 기본적으로 제공하는 함수 외에 사용자가 필요에 따라 직접 알고리즘을 구현하도록 정의한 함수.**

사용자 정의 함수를 사용하면 동일하거나 유사한 역할을 수행하는 코드를 반복해야 할 때 동일한 코드를 반복해 작성하는 것이 아니라, 정의해 놓은 함수를 호출하는 방식으로 동일한 알고리즘을 구현할 수 있기 때문에 코드의 가독성을 높이고 재사용성을 높입니다.
다음 예시 코드는 **CHAPTER 1**에서 그룹 연산을 설명할 때 나오는 코드 블럭의 일부입니다.

```
def custom_function(group):
    squared_mean = (group['body_mass_g'] ** 2).mean()
    return squared_mean
```

⊘ "custom_function"이라는 이름을 가지는 함수를 정의하는 구문. 해당 함수는 group이라는 인자를 입력받으며, squared_mean 이라는 값을 계산하여 반환(return)합니다.

● **스레드**: 프로그램의 작업 단위로, 일반적으로 프로그램은 주요 실행 흐름을 담당하는 메인 스레드를 가집니다. 여기서 소개하는 클릭 매크로처럼 프로그램이 동시에 여러 작업을 수행하게 하기 위해서는 여러 개의 스레드를 생성하여 각 스레드가 동시에 다른 작업을 하도록 설정합니다.

● **인덱스**: 리스트 내의 요소의 위치를 나타내는 값으로 0부터 시작함.

● **인자**: 특정 동작을 하는 함수나 메서드를 사용할 때 함께 전달되어 동작을 제어하는 데 사용되는 변수.

다음 예시 코드는 **CHAPTER 1** Plotly boxplot 그리기를 설명하는 코드 블럭의 일부입니다.

```
fig = px.box(
    data_frame=df, x='species', y='body_mass_g',
    width=400, height=350
)
```

⊘ px (plotly express의 축약) 내 box 함수에 data_frame, x, y, width, height를 매개변수라 칭하며, 해당 **매개변수**에 실제로 전달되는 df, 'species', 'body_mass_g'와 같은 데이터들을 **인자**라고 칭합니다.

● **인터프리터**: 사람이 이해할 수 있는 형태의 프로그래밍 언어를 컴퓨터가 이해할 수 있는 형태로 변환해주는 것.

● **정규표현식**: 문자열에서 특정한 패턴을 찾기 위해 사용되는 특수한 기호들의 조합. 주로 텍스트 검색, 치환, 유효성 검사 등에 사용됨.

다음 예시 코드는 **CHAPTER 4** [filename_sorting.py] 스크립트의 일부입니다.

```
file_pattern = re.compile(r"^\d{4}-\d{2}\.csv$")
```
①

- ① 부분이 특정 패턴을 찾기 위한 조건식에 해당하는 부분입니다. 위 예제의 정규표현식은 문자열의 시작에 숫자 4자리에 이어 하이픈(-)이 나타나고 그 뒤에 바로 숫자 2자리와 .csv가 이어지며 문자열이 끝나는 것을 의미합니다.

● 컴파일: 사람이 이해할 수 있는 언어를 컴퓨터가 이해할 수 있는 언어로 변환하는 과정.

● 클래스: 데이터와 함수(메서드)를 하나의 단위로 묶어 관리하게 하는 개념.

이를 통하여 특정 동작을 하는 알고리즘의 재사용성과 코드의 유지보수성을 높일 수 있습니다. 다음 예시 코드는 **CHAPTER 5** [click_maacro.py] 스크립트의 일부입니다.

```python
class ClickMacro(QtWidgets.QMainWindow):
    def __init__(self):
        super(ClickMacro, self).__init__()
        uic.loadUi(r'', self)

        self.click_speed = 1
        self.click_number = 0
```

- 위에서 "ClickMacro" 라는 클래스를 정의합니다. 클래스 안에 "_init_"과 같은 함수를 정의할 수 있습니다.

● 패키지: 특정 기능과 관련된 모듈을 모아둔 것.

● 함수: 특정 기능을 수행하는 코드의 집합. **cf.엑셀 함수.**

다음 예시 코드는 **CHAPTER 1**에서 그룹 연산을 설명할 때 나오는 코드 블럭의 일부입니다.

```python
def custom_function(group):
    squared_mean = (group['body_mass_g'] ** 2).mean()
    return squared_mean
```

- "custom_function"이라는 이름을 가지는 함수를 정의하는 구문. 해당 함수는 group이라는 인자를 입력받으며, squared_mean 이라는 값을 계산하여 반환(return)합니다.

● 헤더: 웹상에서 데이터를 주고받는 데 필요한 인터넷 통신 프로토콜 중 하나로, 요청하는 주체가 누구인지 등의 여러 가지 정보를 포함함.

● base64: 데이터를 텍스트 형식으로 인코딩 하는 방법 중 하나.

이메일이나 URL과 같은 텍스트 전송이 요구되는 곳에서 바이너리 형식의 파일을 (예를 들어 이미지, 동영상, 문서 파일 등) 텍스트 형식으로 변환할 때 사용합니다.

● for 반복문: 'for [요소] in [시퀀스]' 형태로 이루어지며 [시퀀스]에서 각 요소를 하나씩 순차적으로 불러와 for 반복문 내 들여쓰기된 구문을 반복해 실행하는 기능을 함.

다음 예시 코드는 **CHAPTER 1**의 CODE 03 코드블럭의 일부입니다.

```
for file_path in file_paths:
    df = pd.read_csv(file_path)
    dfs.append(df)
```

⊘ file_paths 변수에 저장된 요소를 순서대로 하나씩 file_path에 가져오며 아래쪽에 들여쓰기 된 코드 블록을 반복하여 실행합니다. file_paths 변수에 저장된 모든 요소들을 순회하면 반복문을 탈출하여 다음으로 넘어갑니다.

● if 조건문: if [조건식]: 의 형태로 표현되는 조건식은 조건식이 참인 경우에만 함께 묶이는 구문을 실행함.

● JSON: JavaScript Object Notation의 약자로 데이터를 구조화하는 경량 데이터 형식. 주로 웹 애플리케이션에서 서버와 사용자 간에 데이터를 교환하는 데 많이 사용됨.

● smtp: 단순 전자우편 전송 규약으로 우리가 온라인에서 이메일을 주고 받을 때 사용하는 통신 규약.

현존하는 대부분의 이메일은 해당 규약을 기반으로 만들어졌습니다.

● try-except 예외처리: 프로그램에서 오류가 발생했을 때 이를 처리하여 프로그램이 중단되지 않도록 처리하는 방법.

try 블록에 오류가 발생할 수 있는 구문을 작성하고 except 블록에 오류가 발생했을 때 실행할 구문을 입력합니다.
다음 예시 코드는 **CHAPTER 3** [email_stock_table.py] 스크립트의 일부입니다.

```
try:
    date_parsed = datetime.strptime(date, '%Y.%m.%d') ①
except ValueError:
    continue ②
```

⊘ try 구문 아래에 들여쓰기된 ① 코드를 실행하며, 해당 코드 실행 시 ValueError가 발생하게 되면 ② 부분을 실행합니다.

● **with 구문**: with [표현식] as [이름]의 형태로 정의되며 [표현식]을 [이름]으로 사용한 후, with 블록이 끝나면 자동으로 [표현식]을 닫아주는 기능을 함.

파일 열기/닫기 등에 주로 사용됩니다.

● **while 반복문**: while [조건문]: 의 형태로 정의되는 반복문으로 조건문이 참인 경우에 해당 구문을 계속해서 반복함.

```
while True:
    response = requests.get(f'{url}&page={page}', headers=headers)
    html = response.text
    soup = BeautifulSoup(html, 'html.parser')
    table = soup.find('table', class_='type2')
[중략]
    if date_dt < start_date:
        break
```

⊘ 위에서는 while 반복문의 **조건문**에 **True**를 전달하였습니다. 이러한 경우 해당 반복문은 항상 참이므로 계속해서 반복되게 되는데 (무한루프라고 합니다.) 제일 아래쪽과 같이 특정 조건을 만족한 경우 해당 반복문을 탈출할 수 있게끔 **break**문을 함께 사용하는 경우가 많습니다.

MEMO